U0274499

短视频
与直播运营

主　编　陆　焰　王少炳　黄清霞
副主编　丁仁秀　许华漂　陈江生

清华大学出版社
北京

内 容 简 介

本书作为短视频与直播运营的权威教学指南，从实战应用出发，系统而又深入地剖析短视频与直播运营的核心技术。本书循序渐进地讲解短视频与直播运营的基础知识以及高级技巧，帮助读者系统地掌握短视频与直播运营的关键要素，并配套 PPT 课件、教学视频、习题与答案、全书的彩色配图文件。

全书共分 9 章，内容包括短视频直播的基本概念和运营原理、平台账号的运营策略、如何打造热门短视频、短视频的拍摄与剪辑技巧、短视频的发布与推广策略、短视频带货盈利的奥秘、直播间的搭建与直播团队的管理、带货主播的话术技巧、直播运营的实战经验。

本书由具备丰富实战经验和教学经验的一线知名教师倾力编写，内容翔实、案例鲜活、操作性强。无论是短视频与直播从业者，还是中、高职院校相关专业的师生，或是培训机构的教学人员，都能从中获益。本书将助你在短视频与直播运营领域取得卓越成果，实现个人和事业的双重突破。

图书在版编目（CIP）数据

短视频与直播运营 / 陆焰，王少炳，黄清霞主编.
北京 ：清华大学出版社, 2024. 6. -- ISBN 978-7-302
-66471-0

Ⅰ. F713. 365. 2

中国国家版本馆 CIP 数据核字第 2024K7T013 号

责任编辑：夏毓彦
封面设计：王　翔
责任校对：闫秀华
责任印制：沈　露

出版发行：清华大学出版社
　　　　网　　　址：https://www.tup.com.cn，https://www.wqxuetang.com
　　　　地　　　址：北京清华大学学研大厦 A 座　　　　邮　　编：100084
　　　　社 总 机：010-83470000　　　　邮　　购：010-62786544
　　　　投稿与读者服务：010-62776969，c-service@tup.tsinghua.edu.cn
　　　　质 量 反 馈：010-62772015，zhiliang@tup.tsinghua.edu.cn

印 装 者：北京嘉实印刷有限公司
经　　销：全国新华书店
开　　本：190mm×260mm　　　印　张：17.5　　　字　数：472 千字
版　　次：2024 年 7 月第 1 版　　　印　次：2024 年 7 月第 1 次印刷
定　　价：69.00 元

产品编号：107116-01

前　言

随着数字技术的飞速发展和互联网的普及，短视频与直播已经成为人们获取信息、娱乐休闲的重要渠道。在这个时代，掌握短视频与直播运营的核心技能，无疑将成为个人与事业发展的重要助力。本书应运而生，旨在为广大读者提供一本权威、实用的短视频与直播运营教学指南。

我们衷心希望，通过本书的学习，读者能够全面掌握短视频与直播运营的核心技术，提升个人在短视频与直播领域的竞争力，实现个人和事业的双重突破。同时，我们也期待与广大读者共同探讨、交流，推动短视频与直播运营领域的发展与创新。

关于本书

本书从实战应用出发，系统而深入地剖析短视频与直播运营的核心技术。我们深知，理论知识是基础，但实战经验同样不可或缺。因此，在编写过程中，我们注重理论与实践的结合，通过循序渐进的讲解方式，从基础知识到高级技巧，帮助读者全面、系统地掌握短视频与直播运营的关键要素。

本书共分为 9 章，每一章都针对短视频与直播运营的一个关键领域进行深入探讨。第 1 章引领读者走进短视频直播的世界，了解其基本概念和运营原理；第 2 章深入剖析平台账号的运营策略，指导读者进行精准的内容定位；第 3~9 章分别就热门短视频的打造、短视频的拍摄与剪辑、发布与推广、带货盈利、直播间搭建与团队管理、带货主播话术技巧以及直播运营实战等方面进行详细解读。

配套资源下载

本书配套 PPT 课件、教学视频、习题与答案、全书的彩色配图文件，请读者用微信扫描下面的二维码获取。如果下载有问题，请联系 booksaga@163.com，邮件主题为"短视频与直播运营"。

本书作者与适合的读者

本书的编写团队由广州科技贸易职业学院和广州美迪教育科技有限公司具备丰富实战经验和教学经验的一线知名教师组成。他们不仅拥有深厚的理论功底，更在实践中积累了丰富的经验。因此，本书内容翔实、案例鲜活、操作性强，无论是短视频与直播从业者，还是中高职院校相关专业的师生，或是培训机构的教学人员，都能从中获益。

鸣　谢

感谢所有为本书的出版付出辛勤努力的团队成员，感谢广州科技贸易职业学院和广州美迪教育科技有限公司对本书写作的大力支持，也感谢广大读者对本书的信任与支持。

愿本书成为你在短视频与直播运营之路上的良师益友，助你走向成功！

编　者

2024 年 5 月

目　　录

第1章

短视频直播如何抓住风口

【学习目标】

了解短视频的发展趋势；了解短视频平台的分类；掌握短视频平台的选择；掌握搭建短视频+直播的闭环生态系统。

【导入案例】

鸭鸭羽绒服是如何抓住短视频风口的？

鸭鸭羽绒服是国产服饰品牌，成立于1972年，线下店铺遍布全国。鸭鸭羽绒服长期以来专注于制作羽绒服，因其高性价比而受到用户喜爱。2021年9月，鸭鸭羽绒服入驻快手。"鸭鸭官方旗舰店"账号的粉丝量已经超过150万。这与鸭鸭羽绒服开展的大量短视频营销和直播营销密不可分。如图1-1所示，在抖音上，鸭鸭羽绒服搭建了多个品牌账号的传播矩阵，坚持全天候直播。

图1-1　鸭鸭抖音矩阵账号

鸭鸭羽绒服借助在快手、抖音等平台上的短视频营销和直播营销，成为销量暴增、GMV（Gross Merchandise Volume，商品交易总额）较高、市场占有率较高的服饰品牌之一，这主要得益于以下几点。

1. 产品性价比高，适合短视频平台

在短视频平台，用户在短视频和直播间购买商品受主播话术、价格等因素影响，带有一定的冲动消费心理。鸭鸭羽绒服的高性价比特点比较符合短视频平台用户的消费特征。

2. 搭建品牌账号传播矩阵

鸭鸭羽绒服在抖音和快手等平台布局了大量账号，这些账号不仅发布的内容不同，直播也不同步，做到了不同账号独立运营。

3. 抓住时机，多平台多账号齐发力

每年 9 月份，我国部分地区开始降温，北方部分地区进入冬天，鸭鸭羽绒服在 9 月入驻快手，开始全天候直播，并且发布了大量短视频导流到直播间，抓住了羽绒服销售的先机，抢先一步占领一定的市场。

4. 高密度短视频导流到直播间

不论是在抖音还是在快手，鸭鸭羽绒服的不同账号都发布了大量短视频用以导流到直播间，有些账号甚至每天发布 6 条以上的短视频。

1.1　认识短视频直播

短视频和直播已经成为用户当下及未来文娱生活和内容消费不可或缺的一部分。正确认知并利用好短视频和直播是每个企业都必须重视的事情。

1.1.1　短视频直播的趋势

随着互联网的不断发展，短视频直播已成为一种非常受欢迎的娱乐方式。人们可以通过手机、计算机等设备观看喜欢的内容，同时也可以通过短视频直播分享自己的生活和才艺。而各类企业、县域农村也开始借助短视频、直播推动转型探索之路。

1. 技术

在技术层面，移动互联网的迅猛发展为在线直播行业注入了强大的动力，促使其实现了跨越式的发展。随着新兴技术的不断涌现和快速迭代，未来的在线直播行业有望通过结合这些先进技术实现更为显著的突破。在线直播的核心在于通过视频形式与用户进行实时互动，因此，视频播放的流畅性和互动氛围的营造对于提升用户体验至关重要。在这方面，诸如 5G、终端设备等先进技术的应用为行业的发展提供了巨大的推动力。

一方面，新技术的应用将成为未来在线直播行业竞争的关键。我们可以看到，视频直播云终端、平衡车、VR（Virtual Reality，虚拟现实）、无人机、人工智能硬件以及直播云镜头等先进设备已经成为行业的新装备，为直播内容的多样性和互动性提供了更多可能性。

另一方面，5G 技术的广泛应用将为在线直播行业带来革命性的升级。5G 技术以其"高带宽""低延时""连接广"三大特性，极大地改善了直播体验。随着带宽的增加，用户的视觉体验将更

加流畅和真实；低延时和多人连接将极大地提升用户的参与感和互动感。此外，厂商还将根据 5G 技术的特性开发更多新的直播内容和玩法，使 5G 技术在直播行业中占据举足轻重的地位。

综上所述，技术的不断创新和应用将为在线直播行业带来更为广阔的发展空间和无限的可能性。

2. 内容

随着用户红利的逐渐消退，内容垂直化正逐渐成为在线直播行业竞争的核心。为了吸引和留住特定的用户群体，平台需要更加专注于满足他们的需求，提供精准而有价值的内容。

（1）"直播+"正成为行业发展的新引擎，跨界融合成为大势所趋。在线直播以其即时互动和沉浸式的特点，为其他行业带来了无限的创新空间。目前，各大在线直播平台正积极探索"直播+"模式，通过直播为电商、综艺等领域注入新活力。这种融合不仅丰富了直播内容的形式，也拓展了直播的应用场景，为行业发展注入了新的动力。

（2）优化产品和提升用户体验是在线直播平台的立身之本。为了满足用户的多样化需求，平台需要提供丰富、优质的内容资源，并不断优化 App 和手机端入口的用户体验。同时，加强平台化建设，运用"众包"思维，为网友打造一个便捷的视频发布分享平台，从而进一步提升用户的满意度和忠诚度。

（3）优秀主播的培养已成为直播行业的重要生态。目前，头部主播仍然是各大直播平台流量的主要贡献者，但未来平台将更加依赖于自身的主播培养机制来打造优质主播。各平台已经纷纷建立起主播养成生态，以优化行业发展环境，促进行业的健康有序发展。

（4）面对成本上升和市场竞争的双重压力，在线直播平台需要积极探索新的商业模式。随着市场逐渐回归理性和流量红利的消退，成本对平台的制约将更加凸显。因此，平台需要挖掘更多的盈利点，比如加强主播 IP 的商业化运作、探索电商多元化直播模式等，以实现多元化发展并降低对单一盈利模式的依赖。

3. 规范

短视频和直播平台的内容监管治理将成为社会关注的热点。针对公众普遍反感的低俗、色情、暴力、恐怖、谣言、自虐、异食等问题，以及奢靡、欺骗、恶搞、放大不公等诸多不良现象，将引发广大网民和相关部门的深刻反思。短视频与直播的整改与规范将深刻影响行业的未来发展，内容的质量和安全将成为短视频和直播行业的生命线。

为此，互联网平台应与传统主流媒体加强合作，相互借鉴，共同提升内容的规范性和公信力。双方可以发挥各自优势，进行互补，避免被主流消费市场边缘化。目前，传统媒体正在积极寻求转型，其中报纸表现得尤为积极，而广播电视则凭借丰富的资源和能力，开始以短视频和直播为突破口。除了打造自有品牌外，传统媒体还可以借助新兴的聚合型短视频平台实现内容双向传导，既扩大了资源渠道，又拓宽了流量，实现互利共赢。

在规范短视频和直播平台内容的同时，我们还应该注重提升内容的质量和多样性，满足用户多样化的需求。通过加强内容审核、建立严格的监管机制、加强用户教育等措施，我们可以共同营造一个健康、清朗的网络空间。

1.1.2 认识短视频直播平台

小红书、哔哩哔哩、抖音、快手和视频号是当下热门的自媒体平台。其中，小红书以图文内容为主，但在短视频和直播领域也在积极布局；而哔哩哔哩、抖音、快手和视频号则主要以短视频和直播为主。这些平台各具特色，为用户提供了多样化的内容消费选择。抖音、快手、视频号产品功能和定位比较如表 1-1 所示。

表1-1 抖音、快手、视频号产品功能和定位比较

项　　目	抖　音	快　手	视　频　号
宣传语	记录美好生活	拥抱每一种生活	记录真实生活
产品定位	记录美好，主推时尚、新潮内容	普惠公平，让普通人可以被看见	简化视频制作过程，鼓励创作，强调社交
产品界面	单列沉浸式	精选 Tab 单列沉浸式,关注/发现 Tab 双列卡片式	单列沉浸式
分发逻辑	中心化、认可度高的作品曝光多	去中心化，长尾创作曝光率高	去中心化，且会接受朋友点赞内容
达人特征	明星、媒体号、南方年轻创作者占比高	素人账号占比高，家族式抱团常见	自媒体号、机构号占比高
主要内容	演绎、生活、美食、影视、文化、新闻、时尚	生活、美妆、教育、三农	情感、音乐、生活、旅行摄影、文化

1. 抖音

抖音是一款短视频分享社交媒体平台，由字节跳动公司开发，于 2016 年 9 月上线。它主要以短视频和直播为特色，吸引了数亿用户和粉丝，成为全球最受欢迎的社交媒体之一。抖音的内容形式丰富多样，包括音乐、舞蹈、美食、美妆、搞笑、教育等各个领域，满足了不同用户的兴趣和需求。同时，抖音还拥有独特的推荐算法，能够根据用户的观看历史和兴趣偏好精准推送内容，提高了用户的观看体验和用户黏性。

除了个人用户外，抖音还吸引了众多政府、媒体、企业等机构的入驻，为平台提供了更多优质内容。这些机构可以通过抖音发布宣传视频，进行产品推广等，提升自己在行业内的知名度和影响力。同时，抖音也为创作者提供了盈利的机会，通过广告、赞赏、直播等方式获得收益。抖音首页如图 1-2 所示。

抖音具有以下特点。

1）泛娱乐化

泛娱乐化现象在抖音平台上表现得尤为明显。该平台最受欢迎的

图 1-2 抖音首页

视频内容以音乐、舞蹈、搞笑段子等轻松、娱乐的元素为主，这反映了用户对于轻松、有趣内容的强烈需求。抖音平台强调短视频内容要"人性化"，这一策略使得那些不符合这一标准的"不人性化"或严肃的内容在平台上难以获得广泛的传播。

在抖音的推荐机制的推动下，大量具有娱乐性的短视频得到了更多的曝光和传播机会。这进一

步促使创作者在创作视频时更加倾向于轻松、娱乐的风格，以满足平台和用户的喜好。为了适应抖音平台的特点和用户需求，企业和机构纷纷以亲民的新形象出现，采用一种更加轻松、接近大众的方式传播有价值的内容。例如，一些警官转变了传统的严肃形象，通过通俗易懂的段子来教授大众如何识破诈骗。这种寓教于乐的方式不仅取得了良好的传播效果，还拉近了与大众的心理距离，成为泛娱乐化趋势下的成功案例。

2）内容为王

抖音虽然在定位上被视为音乐社交平台，但实质上，它更像是一个短视频版的内容聚合平台，与今日头条有着异曲同工之妙。在这个平台上，内容的吸引力远超过其社交功能，用户更倾向于在这里观看视频和直播，而非将其作为日常社交工具。抖音对于内容的定位非常精准，对视频的画质和爆点要求极高。因此，许多抖音运营团队都会投入大量精力来制作高质量的视频内容。

视频在抖音上的时长和观看时间都是以秒为单位的，这极大地降低了创作者和观众的时间成本。尽管时长很短，但每一个视频都力求完整且精彩，这得益于抖音在诸多细节上的精细打磨。例如，抖音的音乐库中精选了短小而精悍的音乐片段，通常只包含歌曲的高潮部分，这使得不少抖音"神曲"充满了"魔性"。

为了弥补时间上的限制，抖音还提供了加快和放慢的功能，让用户在制作视频时能轻松地调节节奏。加快功能让视频在短暂的时间内也能呈现出完整的内容，而放慢功能则可以突出细节，让观众更深入地感到视频的魅力。

3）用户属性

抖音的用户以年轻、时尚、注重颜值和具有小资情调为特点，主要分布在一、二线城市。其中，30 岁以下的用户占比高达 54.79%。这一群体相对年轻，接受新鲜事物及追赶潮流变化的速度比较快。

4）内容创作平民化

内容创作的平民化特质是抖音深受欢迎的重要原因之一。这种"平"体现在其极低的创作门槛上，使得几乎任何人都能轻松参与并享受创作的乐趣。抖音短视频的消费门槛几乎为零，无论男女老少，都能轻松上手并看懂其内容。这种普遍的可及性使抖音赢得了广大用户的喜爱。

抖音平台通过提供"傻瓜式"的视频拍摄方法，以及对嘴表演模式等创新功能，极大地降低了内容创作的难度。这些功能不仅解决了普通人在内容创作上的难题，更使得拍摄短视频变得轻松有趣，人人都能参与其中。这种平民化的内容创作方式不仅拉近了创作者与观众的距离，更为抖音平台注入了源源不断的创意与活力。

5）平台变化快

抖音平台的快速变革与高效响应体现在以下几个方面。

首先，抖音的产品迭代速度极快。以 2018 年为例，抖音在这一年内迭代了高达 35 个版本，平均每隔 10.4 天就有一次更新，这充分展现了其在调整和优化方面的敏捷性，同时不断引入新的功能和玩法，保持平台的新鲜感。

其次，抖音对市场反馈的响应也非常迅速。无论是对于违规账号的封禁、违规内容的删除，还是对社会各界反馈的问题，抖音都能够给予及时的反馈和调整。例如，每月都会公布封禁账号及内容，同时防沉迷机制也迅速上线，体现了其在维护平台秩序和用户权益方面的决心和效率。

再次，抖音上的热点内容更新速度也极快。热点视频一旦出现，很快就会受到广大用户的关注和传播，但同样也会迅速被新的热点所替代。这种快速更迭的特点使得抖音始终能够保持活力和新鲜感，吸引用户持续关注和参与。

最后，抖音的增长速度同样惊人。无论是用户数量的增长，还是优秀创作者账号粉丝数的增长，都在初期展现出了迅猛的上升势头。这种快速增长不仅体现了抖音平台的吸引力，也预示着其未来的巨大发展潜力。

6）独特的算法

抖音独特的算法机制是其成功的关键之一。这套算法能够精准地捕捉用户的行为习惯，根据每位用户的喜好智能推荐相应的内容，从而为用户提供个性化的体验。抖音的推荐策略融合了智能与社交元素，初始推荐主要基于用户标签（占 90%），同时辅以用户关注的内容（占 10%）。这意味着，抖音的算法不仅注重用户的历史行为，还考虑其社交关系，使得推荐结果更为精准。

在内容质量方面，抖音的算法赋予其极高的权重。这意味着，优质的内容将更容易获得推荐，进而吸引更多的观众。这种机制促使平台上涌现出大量受欢迎、高质量的短视频内容，为创作者提供了展现才华的舞台，同时也满足了用户的观看需求。

7）盈利方式

随着抖音平台的成熟发展，它已经孕育出了丰富多样的盈利方式。这些盈利方式包括渠道分成、广告盈利、粉丝盈利、电商盈利、IP 人设打造、知识付费以及商业盈利等，如图 1-3 所示。每一种盈利方式都有其独特的魅力和优势，为创作者和商家提供了广阔的盈利空间。

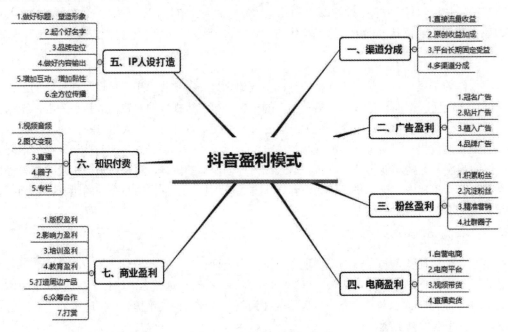

图 1-3　抖音平台盈利方式

提示：本书将聚焦电商盈利方式，深入探讨电商盈利的具体策略和操作技巧，帮助读者更好地利用抖音平台来实现其商业价值。

2. 快手

快手是由北京快手科技有限公司开发的短视频分享平台。它最初是一款用于制作和分享 GIF 图片的手机应用，名为"GIF 快手"，诞生于 2011 年 3 月。随着智能手机的普及和移动流量成本的下降，快手在 2015 年以后崭露头角，并成功转型为短视频社区，专注于记录和分享用户的生活点滴。

2019 年，快手与中央广播电视总台合作，成为《春节联欢晚会》的独家互动合作伙伴，进一步提升了其品牌知名度和用户活跃度。

如今，快手已经成为一个集内容创作、社交互动和娱乐消费于一体的综合性平台，拥有庞大的用户群体和丰富的内容生态。它致力于为用户提供高质量的短视频体验，并持续推动行业创新和发展。如图 1-4 所示为快手精选页面。

图 1-4　快手精选页面

快手平台的特点主要体现在以下几个方面。

（1）草根达人的崛起：快手的用户群体非常广泛，包括一、二线城市的网民、三、四线城市的用户、农村留守人群以及"城归"群体，这些用户大多拥有草根背景。在快手平台上，许多粉丝量巨大的用户并非明星或专业人士，而是生活中真实的、充满魅力的草根小人物。

（2）轻松休闲的内容定位：快手并未追随以明星为中心的策略，而是致力于营造轻量级、休闲化的氛围。它鼓励所有人表达自我、分享生活。达人创作的内容涵盖搞笑段子、情侣日常、创意视频和日常生活情景等，强调真诚与真实。在内容分发上，采用"去中心化"的方式，基于社交和兴趣进行智能分发，确保流量相对平等地分配给每个用户，从而提高了粉丝的互动性。

（3）算法驱动优质内容推荐：快手完全依赖先进的算法系统来个性化推荐内容，没有任何人工团队介入。该算法能够理解视频内容、用户特征以及用户行为，并通过分析这些因素将合适的内容精准推荐给用户。

（4）独特的用户属性：快手平台上的用户文化独具特色，以"老铁文化"和"草根文化"为主，三、四线及以下城市的用户占比高达 64%。他们展示的是真实、不加修饰的"原生态"生活，不刻意追求高级感。男女用户比例大致平衡，与当前互联网网民的整体属性相吻合。

（5）多元化的盈利途径：快手提供了丰富的盈利方式，包括礼物打赏（适用于才艺主播、PK连麦、电商打榜等场景）、带货赚钱（通过快手小店、有赞和魔会星选等渠道）、创建付费内容、快接单以及广告宣传等，为创作者和商家提供了多样化的盈利机会。

3. 视频号

视频号是微信旗下的一个短视频平台，其依托微信这一社交软件的强大用户基数，具有极高的潜力和影响力。视频号的分发机制主要基于社交关系链和用户喜好，同时也融入了少量的中心化推荐和地理位置推荐。如图 1-5 所示为视频号的推荐页面，可以看到朋友点赞过的内容。

图 1-5　视频号的推荐页面

视频号的特点主要体现在以下几个方面。

1）平台入口的独特性

视频号作为微信生态内的一款短视频平台，与抖音、快手等独立移动互联网应用平台形成鲜明的对比，用户无须切换应用，即可在微信内轻松访问视频号，观看短视频内容。

2）内容形态的丰富性

视频号在内容形态上提供了更大的灵活性。它不仅支持时长在一小时内的视频或最多 9 幅图片，还采用全屏式滑动的浏览方式，视频尺寸可在 6:7 到 16:9 之间自由变换，同时支持 1000 字以内的文字描述。相比之下，抖音等短视频平台通常限制时长为 15 秒至 60 秒，采用瀑布流式滑动的浏览方式，全屏固定尺寸，且对标题字数有限制。

3）用户属性的多元性

无论是个人还是机构，均可注册视频号，但每个微信号仅限注册一个（需实名认证）。视频号的种子用户主要涵盖公众号创作者、微商以及抖音快手的意见领袖（Key Opinion Leader，KOL）。而抖音等短视频平台允许用户注册多个账号（无须实名），其种子用户多以时尚高颜值的年轻人为主，快手则更偏向三、四线城市的用户。

4）算法机制的创新性

与其他平台主要依赖算法推荐不同，视频号在推荐机制中加大了社交推荐的比重。它不仅考虑用户的兴趣爱好，还会将朋友分享、点赞、收藏过的视频推荐给用户，从而扩大了用户信息选择的范围。这种综合了社交和算法推荐的方式是其他短视频平台无法实现的。

5）社交生态的便捷性

尽管抖音等短视频平台支持在平台内私信博主，但当用户希望建立更深层次的联系时，往往需要通过微信进行沟通。视频号用户本身就在微信平台上，无须跨平台即可建立联系，并可以借助微信群、朋友圈和公众号进行传播分享。但需要注意的是，视频号用户不能给号主发私信。

6）盈利模式的多样性

依托微信成熟的商业生态体系和支付体系，视频号为用户提供了丰富的盈利方式。除了常见的直播打赏、知识付费、带货盈利、社群盈利和广告盈利外，视频号还提供了微信公众号、小程序等其他平台所没有的盈利渠道。这为创作者提供了更多元化的盈利机会。

4. 哔哩哔哩

哔哩哔哩，英文名称为 bilibili，简称 B 站，是中国年轻一代高度聚集的文化社区和视频平台。它由上海宽娱数码科技有限公司开发，成立于 2009 年 6 月 26 日。该平台早期是一个以 ACG（Animation，Comic，and Games，动画、漫画和游戏）内容创作与分享为主的视频网站，经过多年的发展，已经涵盖生活、游戏、时尚、知识、音乐等多个品类的内容。如图 1-6 所示为 B 站首页。

图 1-6　B 站首页

B 站的特点如下。

1）用户人群

B 站的用户主要集中在一、二线城市，这些用户通常具有较强的付费意愿。Z 一代（指 2000 年后出生的人群）以其年轻活力和高消费潜力而著称，他们往往愿意为优质内容和服务支付费用。鉴于此，一、二线城市的年轻群体成为许多大众化品牌推广策略的重点目标。特别是对于那些希望吸引年轻消费者的传统品牌来说，这一群体尤为关键。

2）网络学生的青年文化

B 站上汇集了丰富多样的内容和讨论，涵盖了从时尚、动画、美容、电影评论等主流话题，到乐器教学、ASMR（Autonomous Sensory Meridian Response，自发性知觉经络反应）、量子物理等细分领域。这种内容的全面性和多样性不仅反映了 Z 世代的广泛兴趣，也使 B 站成为新一代网络文化的重要发源地和传播者。

3）高活性和高黏性

B 站作为一个内容社区，拥有一群稳定的核心用户，他们以高活跃度和高黏性著称。尽管许多视频网站都提供了评论和弹幕功能，但就弹幕和视频评论的数量而言，B 站仍然占据着领先地位。用户活跃度高不仅体现在 B 站内部的活跃社区上，B 站的活跃用户在全网的其他平台和论坛上也表现出了高度的活跃性。正是这种广泛的用户参与，使得 B 站的文化能够对整个互联网的网络文化产生显著影响。

5. 小红书

小红书是一个生活方式分享平台，用户可以在上面发现全世界的好东西，并将线下的购物场景搬到线上。它最初是一个用户生成内容（User Generated Content，UGC）社区，主要供用户分享购物心得和体验。随着平台的发展，小红书逐渐成为一个集内容分享、消费决策、电商购物等功能于一体的综合性平台。

小红书作为一个融合社交媒体与电子商务的综合平台，被誉为"中国的 Instagram"。其核心理念"标记我的生活"充分展现了其独特魅力。该平台主要吸引的是 20 岁至 35 岁的女性用户群体，这一年龄段的女性不仅热衷于对美的追求，而且热衷于社交网络。小红书为她们打造了一个理想的分享空间，让她们通过发布笔记，轻松记录购物心得和各类生活点滴。小红书的社区功能也备受用户喜爱。用户可以通过文字、图片和视频笔记分享自己的生活和见解，传递年轻人的正能量和展现美好生活。小红书不仅是一个记录生活的平台，更是一个发现美好、分享快乐的社区。在这里，用户可以发现灵感、找到共鸣，并与志同道合的朋友共同创造精彩生活。如图 1-7 所示为小红书首页的"发现"页面。

图 1-7　小红书首页

小红书平台的特点如下。

1）精准的内容定位

小红书从早期的"找到国外的好东西"转变为"找到你想要的生活"，紧密贴合了现代年轻人对美妆、时尚、健身、护肤、读书、旅行等生活领域的热衷。这些丰富多样的内容每天在小红书上被分享和标记，成为大众购物前的重要参考。

2）精细化的内容选题

小红书的内容选题围绕主要话题进行裂变，根据不同维度，比如用户成长路径、生活场景、品类等进行划分。这种选题策略确保了内容的多样性和针对性，可以满足不同场景和需求的用户。

3）用户互动与反馈机制

小红书的点赞、收藏和评论功能是衡量用户体验高低的重要指标。用户倾向于关注点赞数高的笔记，因此制作高质量的内容对于提升互动和曝光至关重要。

4）高效的流量分发体系

小红书的推荐流量分发特点使得平台能够在一定程度上为用户和笔记提供流量支持。当目标人群被准确锁定时，笔记不仅会被推送给粉丝，还能出现在相关标签人群的首页，从而带来大量精准流量。这种机制使得内容生产者能够以较低的流量成本获得高曝光。

5）强大的社交功能

小红书作为社交电商平台，具有显著的社交优势。用户可以通过发布视频、图片等内容，以及通过评论区、关注发布者等方式进行互动交流。这种强互动性和高关联性增强了用户之间的信任度，促进了商品的成交。小红书通过社交方式吸引用户进入商城，实现了社交电商的有效转化。

名师提点

> 抖音娱乐化强，小红书干货价值高，快手适合下沉市场，B 站受年轻人追捧，视频号适合私域营销。大家一定要结合自己的优势和行业产品特点，理性分析，找到最适合产品的平台。当然，很多自媒体运营者、企业都采取多平台矩阵布局的策略，全平台发展。
>
> 抖音聚焦的一线、新一线、二线城市用户，相对更喜欢"小资"情调的内容，颜高艺多、打造精品是重要的流量密码。快手下沉市场用户较广泛，"老铁"更倾向于真实、贴近生活的内容。

1.1.3　短视频直播赛道选择

短视频自媒体平台众多，每个平台都有自己的特色，如何选择适合自己的平台呢？建议从以下几个方面进行参考。

1. 明确目的导向

在涉足短视频领域之前，首先要明确自己的初衷，是为了积累内容底蕴，还是追求快速盈利？若你的目标在于扩大曝光，特别是针对年轻受众的产品或服务，抖音无疑是绝佳选择，其强大的内容曝光功能结合带货策略，效果斐然。若你更看重粉丝的忠诚度和深度互动，计划构建私域流量池，快手则更为合适。而视频号作为一个现成的私域流量阵地，对于希望直接转化粉丝为私域资源的你来说，将是不二之选。

2. 基于自身条件考量

若你手中握有大量私域流量，视频号直播将是你激活这些资源的首选，其直观的社会化属性和商品交易功能将助你一臂之力。若你的核心战略是打造爆款产品，抖音和快手将是你最佳的舞台。当你的产品拥有明确的目标受众时，选择与之匹配的平台至关重要。另外，团队规模和运营能力也需纳入考量。若团队规模有限、运营经验尚浅，建议专注于一个平台运营，辅以其他平台的分发策略；若团队实力雄厚，则三个平台皆可涉足，关键在于根据自身实际情况做出明智选择。

3. 平台特性深度解析

抖音作为短视频领域的佼佼者，拥有庞大的用户基础和成熟的运营机制。其多样化的盈利方式和广泛的行业适用性，使其成为企业品牌宣传、产品销售、私域盈利和自媒体 IP 建设的理想之地。

视频号虽在电商领域尚处于起步阶段，但深厚的社交属性和微信平台的支持，使得它在私域流量运营方面独具优势。对于希望利用私域流量的企业来说，视频号无疑是一个值得布局的平台。

快手以其"去中心化"的流量分发机制著称，注重社交和兴趣导向，能够平等地将流量分配给用户，推动粉丝间的深度互动。因此，教育、美妆、服装、传统机械、医美、母婴、服务、旅游、汽车、房屋以及电子科技等行业在快手平台上都能找到广阔的发展空间。其电商和社交属性之强，甚至可以与抖音媲美。

长远来看，每个平台都有其独特的魅力和用户基础，因此，企业完全可以考虑同时运营这三个平台，以最大化地触达目标受众。当然，若你有兴趣和精力，还可以探索其他短视频平台，根据自身需求进行多元化运营。

1.2   搭建闭环生态系统

短视频直播通过实时互动、内容展示和产品推广形成营销闭环。主播借助直播平台吸引观众，展示产品特点，激发购买欲望；观众则通过评论、点赞、购买等行为与主播互动，实现营销转化。同时，直播数据可即时反馈，优化营销策略，形成有效闭环。

1.2.1   短视频直播打造营销闭环

相比于直接直播带货，视频"种草"与直播"拔草"的结合能够发挥更大效能，打造营销闭环，更好地实现产品销售。短视频"种草"这一环节十分重要，是消费者对产品形成认知的关键环节。短视频"种草"是对消费者的一种引导，通过多样化内容引导消费者对产品产生情感认同，促进消费者从"种草"向"拔草"转化。

在运用"短视频+直播"进行营销时，运营者需明确在不同阶段的工作重点。

1. 短视频"种草"阶段

在此阶段，运营者需深入考虑以下几个方面。

1）选择什么样的产品

产品的自身因素会对"种草"的效果产生极大影响。在产品品类选择方面，一般食品类、装饰类、美妆类等品类的产品更受消费者青睐。同时，在选择产品时，还需要保证产品的质量及确定产品的卖点。

2）"种草"的对象是谁

"种草"的对象即产品的目标用户。运营者需要从产品出发，分析产品的目标用户是哪些群体，以及目标用户的痛点和痒点是什么。例如，运营者选择的产品是某品牌的一款代餐产品，其目标用户就是想减肥的"吃货"，而目标用户的痛点是"想吃又怕胖"，痒点是"做健康、身材好的人"。了解目标用户的痛点和痒点后，运营者才能够更有针对性地设计短视频的内容。

3）在哪里"种草"

运营者需要选择合适的平台"种草"。抖音、快手、小红书等都是适合进行短视频"种草"、拥有巨大流量的平台。

4）用什么样的方法"种草"

为了起到更好的效果，运营者需要掌握有效的"种草"方法，突出产品的卖点。例如，当产品为某明星同款时，运营者需要在短视频中突出"明星同款"这一卖点；也可以从产品成分入手，将产品富含的某一成分作为卖点，如富含氨基酸的洗面奶等。

2. 直播带货"拔草"阶段

在直播带货"拔草"阶段，运营者最需要思考的是如何提高直播的转化率。为此，运营者需要做好以下两个方面的工作。

1）在直播中突出产品优势

通过短视频"种草"向直播"拔草"进军的消费者往往对于产品已有初步的了解，其对产品是存在需求的。为了进一步激发消费者的购物欲望，运营者需要在直播阶段进一步强调产品的优势，比如质量有保证、功效明显等。如果产品与同类产品相比存在价格优势，运营者也需要将这种价格优势表现出来。

2）突出产品的性价比

适当地开展一些优惠活动，能够有效地激发消费者的购买欲望。运营者可以在直播间发放一些产品的优惠券，或开展分享有礼、满赠等活动，以福利活动激发消费者的购买欲望。

短视频"种草"与直播"拔草"的结合能够建立"引流+带货"的营销闭环，短视频的精准引流能够提高直播的转化率。运营者要想挖掘短视频领域的流量红利，就要做好引流和流量盈利两方面的工作。

1.2.2　主流短视频平台短视频直播小店闭环盈利

以抖音为代表的短视频平台已经发展成为一个多元化的商业生态体系，从最初的短视频分享，到现在涵盖直播互动、图文展示、中视频创作、电商销售、生活服务推广、综艺节目呈现以及演唱会等多元化内容形式。这些平台不仅积累了庞大的用户流量，更探索出多种流量盈利的策略，旨在将尽可能多的用户流量转化为商业价值。

平台持续致力于在内部形成完整的商业闭环，以最大化地发挥其盈利能力。而对于商家而言，如何利用短视频直播这一新兴的商业形式来实现自己的商业盈利，已成为他们面临的重要课题。商家需要深入思考并制定出符合自身特点的短视频直播策略，以吸引和留住目标用户，进而实现商业价值的最大化。在这个过程中，商家不仅要关注产品的展示和销售，还需注重与用户的互动体验，以及如何在平台内形成有效的商业闭环。

1. 流量闭环

短视频平台通过构建流量闭环，旨在将用户流量牢牢锁定在 App 内部，从而构建一个垂直的产业生态。这一策略不仅激发了品牌广告和效果广告之外的广告需求，还为平台带来了新的营收增长点。流量闭环意味着从用户触达到交易转化都在平台内部完成，无须用户跳转到其他平台，从而确保了创作者和流量的有效盈利。

2. 电商闭环

以抖音为例，平台在流量闭环的基础上进一步实现电商闭环。商家在抖音开设小店、企业号蓝 V 和直播间，准备专属的货盘；抖音则通过掌握流量和供给，以及强大的人货匹配能力，实现电商闭环。这一闭环通过 KOC（Key Opinion Consumer，关键消费者）流量节点、视频媒介和算法推荐，提高了人货匹配效率，成为新一代推荐电商的典范。在电商领域，信息触达是交易的第一步，而触达效率的提升则是电商进化的根本动力。抖音电商正是依赖其高效的视频展示和直观的直播展示，成为独立的电商平台。

3. 实现电商闭环的具体流程

主流短视频平台允许品牌商家开设品牌小店，如抖音小店、快手小店和视频号小店，这些小店成为短视频和直播流量的成交载体。短视频可以直接挂载小店产品进行售卖，或引导用户进入直播间；直播同样可以挂载小店产品。短视频和直播的流量可以相互补充，提升彼此的权重和播放量。商家通过投放广告增加短视频和直播的曝光，从而实现更大的经营闭环。小店产品不仅可以在平台商城展示并获得商品卡流量，还可以通过直播带货和短视频曝光获得更多曝光和成交机会。同时，小店作为流量成交的载体，也需要承担电商店铺的基本功能，如店铺装修、商品维护、订单和客服处理等。

电商闭环的架构如图 1-8 所示。

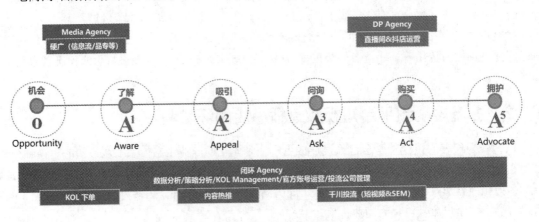

图 1-8　电商闭环的架构

第2章

平台账号运营与内容定位

【学习目标】

了解账号的盈利思路；了解账号的运营模式；掌握平台账号的四大定位；掌握对标账号的寻找与分析。

【导入案例】

疯狂某某哥账号运营与内容定位思路

作为全网粉丝过亿的达人博主：疯狂某某哥，目前在各大平台的表现都非常不错。2016年年初，疯狂某某哥在快手发布首个视频；2018年正式入驻抖音，聚焦家庭创作搞笑视频，父母、兄弟等家人常作为演员出现，并有网瘾弟弟、暴力老妈等鲜明人设，被称为"土味搞笑一家人"，"家庭地位"是评论区津津乐道的梗。

由此可以看出，想要让观众熟记我们的账号，就要在布局账号时做好账号运营与内容定位。

2.1 确定账号的盈利模式

账号开始正式运营之前，首先要确定盈利模式，再由盈利模式延伸到内容、商品、人群等。盈利模式分为直播模式、短视频模式、引流模式、账号售卖模式。

2.1.1 直播的盈利模式

直播的盈利模式主要有3种类型：直播带货、付费直播和打赏礼物收入。

1. 直播带货

直播带货作为当下极具盈利能力的一种商业模式，通过融合精美的背景布置、口才出众的主播以及精选的爆款商品，可以有效促进用户在直播间完成购买行为。有观点认为，直播带货如同一本动态的详情页，不仅为用户提供实时的互动体验，更能迅速响应用户的疑问，从而实现高效的商品推广与销售。如图2-1所示为某带货直播间。

2. 付费直播

该模式类似于开演唱会，可以在开直播之前创建直播间门票，并且可以让用户免费在直播间观看三分钟，三分钟过后，用户如果想要继续观看，则需要支付门票费用。在直播前，可点击"付费直播"按钮，开启付费直播，如图 2-2 所示。

图 2-1　带货直播间　　　　　　　　　　　　　图 2-2　付费直播

3. 打赏礼物收入

该模式尤其适合娱乐类和游戏类主播，他们能够通过打造有趣且富有价值的直播间吸引用户的喜爱，并有机会获得用户的打赏。以抖音平台为例，打赏所获得的虚拟币可以进行提现，其中 1 音浪等于 0.1 元人民币。通过这种方式，主播不仅能够与用户进行实时互动，还能实现收益的多元化。然而，主播收到的音浪在提现前需要经过平台的一定比例抽成。如图 2-3 所示为直播打赏的礼物。

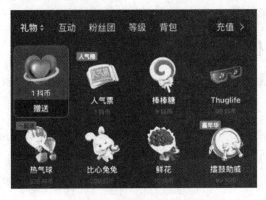

图 2-3　直播打赏的礼物

2.1.2　短视频的盈利模式

短视频的盈利模式主要有 3 种类型：短视频带货、中视频计划和全民任务。

1. 短视频带货

除了直播带货外，短视频也是一种有效的带货方式。短视频以其多样化的表达方式，能够快速吸引用户的关注并喜欢上展示的产品。这种带货方式具有长久性的优势，只要视频持续保留，用户就可以通过短视频内置的购物车进行购买。这种便捷性使得短视频带货成为越来越多品牌和商家的选择。如图 2-4 所示为短视频带货。

2. 中视频计划

中视频计划是一种创新的内容创作模式，它鼓励创作者在抖音平台上发布长视频，比例为 16:9，并将这些视频同步到西瓜平台。当这些视频获得平台的推荐和用户的喜爱后，创作者将根据视频的质量和时长等因素获得平台的奖励。参与中视频计划需要满足以下条件：首先，视频时长必须超过 1 分钟；其次，视频的比例必须为 16:9；最后，创作者至少需要发布三个视频，并且这些视频的播放量需达到 17000 人次才能加入计划。一旦加入计划，创作者只需按照要求发布视频，即可根据视频的表现获得平台的奖励。这种奖励机制旨在激励创作者创作出更高质量的中视频内容。如图 2-5 所示为中视频计划页面。

图 2-4　短视频带货

图 2-5　中视频计划页面

3. 全民任务

针对个人类型账号，平台与商家联合推出了全民任务，为创作者提供了丰富的创作机会和奖励。

用户只需按照任务要求，如携带指定话题标签或@特定账号，进行内容创作即可。平台将根据视频的质量、播放量、转化量等数据综合评估，公平瓜分任务佣金，以奖励那些创作出优质内容的创作者。这一机制不仅鼓励了个人创作者积极参与，还通过数据驱动的方式确保了奖励的公平性和有效性。例如，抖音的"交出你家小奶肚"全民任务活动页面如图 2-6 所示。

图 2-6   全民任务活动页面

2.1.3   引流线下或微信盈利

引流线下或微信盈利，主要指引流到线下实体门店，或者引流到微信盈利。

1. 引流到线下实体门店

对于有实体门店的商家而言，一种有效的盈利模式是利用线上平台将流量引导至线下门店。商家在发布作品时，可以附上定位信息及其线下门店的具体地址，如图 2-7 所示。这样，用户在观看视频时便能清晰地看到实体门店的位置。一旦用户对该门店产生兴趣，他们可以直接点击地址信息，并选择导航到店，从而轻松实现线上流量向线下的转化，有效提升门店的客流量和销售额。这种策略不仅利用了线上平台的广泛覆盖和便捷性，还充分发挥了线下门店的实体优势，实现了线上线下的有机结合。

2. 引流到微信

短视频平台作为公域流量的聚集地，为运营者提供了将公域流量有效引导至私域流量池的机会，从而实现盈利目标。其中，将流量导入微信平台的公众号、社群或个人号是常见的策略。私域流量池具有高度的灵活性和可控性，运营者可以在此基础上开展裂变、老带新等营销活动，以进一步扩大流量池并提高转化率。当私域流量池建设得足够强大时，还可以将这部分流量反哺至公域平台账号，形成一个高效转化、持续增长的闭环系统，如图 2-8 所示。通过这种方式，运营者不仅能够充分利用公域流量的优势，还能通过私域流量的精细化运营实现更高的商业价值。

图 2-7　引流到线下实体门店

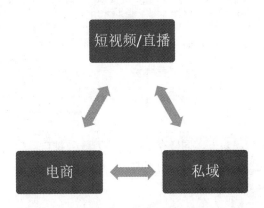

图 2-8　高转化闭环系统

2.1.4　买卖账号的盈利模式

买卖账号的盈利模式指的是账号运营者或内容创作者在积累了一定数量的粉丝后，选择将其账号进行出售以实现盈利。这种模式常见于音乐号、影视号、美食号等各类账号。当账号粉丝量达到一定规模后，运营者可能会选择将其出售给有需求的人或机构，从而获取相应的经济利益。需要注意的是，抖音、快手、小红书、公众号、微博等不同类型的账号都可以进行交易，但每个平台的交易规则和流程可能有所不同。在进行账号买卖时，运营者需要了解并遵守相关平台的规则，以确保交易的合法性和安全性。同时，购买者也需谨慎选择账号，确保其真实性和价值，以实现双方共赢。如图 2-9 所示为支持抖音、快手、小红书、公众号、微博等类型账号的账号交易平台。

课堂讨论

你会选择什么类型的盈利模式？

图 2-9 账号交易平台

作为需求方，同样存在购买他人账号供自己使用的需求。然而，在买卖账号时，我们必须意识到其中蕴含的风险，并为此做出审慎的考量。以下是一些关键问题，建议在购买账号前进行细致审查：

- 分析 PV 值稳定性：首先，应关注账号的页面浏览量（Page Views，PV）。对比账号近期的作品数据与之前的数据，观察是否存在显著差异。若数据相对稳定，且波动不大，则通常意味着该账号的运营状态正常。

- 了解粉丝画像匹配度：购买账号前，深入了解其粉丝群体的特征至关重要。这包括粉丝的年龄、性别、兴趣等多维度的信息。通过分析粉丝画像，确保账号与你的目标受众、布局类型、类目及产品等维度高度契合。例如，若你计划打造一个时尚女装品牌，选择一个女性粉丝占比高、年龄集中在 20~35 岁的账号更为合适。

- 评估互动数据：账号的互动数据，如点赞、评论和转发量，是判断账号活跃度和用户参与度的重要指标。仔细审查账号近期作品的互动数据，确保其表现正常且符合行业平均水平。这将有助于降低购买风险，确保账号的真实性和价值。

- 检查违规记录：确保账号的合规性同样至关重要。通过访问账号后台或使用官方工具，如抖音的"账号状态检测"，检查账号及其发布的内容是否存在违规记录。这将有助于避免潜在的法律风险，确保购买的账号安全、合规。

综上所述，购买他人账号供自己使用时，务必进行全面细致的审查。通过关注 PV 值稳定性、粉丝画像匹配度、互动数据及违规记录等方面的指标，降低购买风险，确保账号的真实性和价值。这将为你后续的运营和推广奠定坚实的基础。

2.2　产品与目标人群定位

在深入理解账号盈利的思路后,本节将从产品定位和目标人群定位两个方面详细分析账号定位。这样的分析有助于我们更准确地把握市场需求,从而制定有效的营销策略,实现账号价值的最大化。

2.2.1　产品定位

产品涵盖真实产品和虚拟产品两大类。对于拥有稳定货源的创作者,真实产品无疑是首选。而对于没有货源的创作者,则可以先塑造独特的账号人设,再基于这个人设推广精选联盟的产品,并从中获取佣金。在决定打造哪种人设之前,对未来销售的产品及其定位需要有清晰的认识。

选择销售产品时,建议从以下 4 个维度进行考量。

- 供应链能力:是否具备稳固且高效的供应链。
- 价格策略:是否有足够的空间进行价格调整以适应市场变化。
- 差异化竞争:与市场上其他同类产品相比,你的产品是否有独特之处。
- 市场需求:目标产品是否迎合当前或潜在的市场需求。

例如,若计划销售纸巾,拥有自主的供应链(如生产或深度合作)将赋予你更大的定价自由和溢价空间。

对于产品定位,以下是几种常见且实用的方法。

- 产品差异定位法:通过对比市场上的竞品,明确自己产品的独特之处。例如强大的供应链、创新的设计或独特的生产工艺等,这些都是你的产品在市场中的独特卖点。
- 利益定位法:根据用户购买时关注的要点(如价格、品质、售后服务等),将产品与这些利益点相结合,以满足用户的实际需求。
- 使用者定位法:明确产品的目标用户群体,了解他们的需求和习惯,从而更精准地定位产品。
- 使用场景定位法:深入了解用户如何使用产品,以及在何种场景下使用,有助于更精准地满足用户需求并定位产品。
- 分类定位法:将产品与市场上的同类产品进行比较,明确自己在市场中的位置和竞争优势。

综合考虑以上因素,创作者可以更精准地进行账号定位,为后续的内容创作和营销策略奠定坚实基础。

2.2.2　目标人群定位

目标人群,即为我们服务的核心消费者,精准定位目标人群对于后续的推广活动和广告投放至关重要。在确定目标人群时,我们需要从目标人群的基本属性和消费水平这两个维度进行深入分析。

课堂讨论

你的目标人群是哪些?

1. 明确目标人群的基本属性

- 性别：了解产品主要服务于男性还是女性，或者两者都涵盖。
- 年龄：确定目标人群的年龄范围，如年轻人、中年人或老年人。
- 地域：分析目标人群主要集中在哪些地区或城市。
- 兴趣与职业：了解目标人群的日常兴趣、爱好和职业背景，这有助于更精准地推送相关内容。
- 从对标账号进行学习：分析成功账号的粉丝画像，可以为我们提供相同类目、类型下目标人群的基础属性参考。

2. 评估目标人群的消费水平

- 商品价格区间分析：通过研究商品在市场上的价格区间，可以大致判断目标人群的消费水平。例如，对于华为充电器，通过购物平台的搜索和筛选功能，我们可以观察到大多数消费者选择的价格区间，从而了解他们的消费能力，如图 2-10 所示。
- 消费习惯与购买力分析：进一步分析目标人群的消费习惯、购买频率和购买力，以制定更符合他们需求的营销策略。

通过综合分析这两个维度，我们可以更准确地定位目标人群，为后续的推广和广告活动提供明确的方向。

图 2-10　价格区间

2.3　确定账号的类型

在精准定位账号后，明确内容输出方向至关重要。这一选择不仅决定了账号内容的垂直性与一致性，更是提升账号专业度和吸引力的关键。本节将深入探讨不同类型账号的特色及其打造策略。在打造不同类型的账号时，需根据目标受众和账号定位制定合适的内容策略，确保内容既符合账号特色，又能吸引目标用户。同时，注重内容的更新与优化，以保持账号的活力和吸引力。

2.3.1　人设类型

对于素人、没有产品的达人，打造一个强有力的人设 IP，是短视频账号盈利较快的一种模式。

1. 什么是人设

人设，简而言之，是对一个人物特征的集中展现与设定。它好比为虚拟人物披上一件富有特色的外衣，上面贴满了代表其特色的标签和符号。每当提及此人或事时，与之关联的其他元素便会自然而然地浮现于脑海中。

2. 打造人设的 3 个要素

要构建稳固的人设，三大核心要素不可或缺：自我定位、职业与身份、独特特质。

- 自我定位：首先，你需要明确"我是谁"。这不仅仅是简单的性别、年龄和地域介绍，更是一个深入展现自我个性的过程。
- 职业与身份：接着，思考"我是做什么的"。这关乎你的职业、社会地位和日常角色。无论是教师、工厂老板还是学生，你的身份都将成为构建人设的关键部分。
- 独特特质：最后，考虑"我有什么与众不同的"。这涉及你的特长、技能或独特魅力。无论是讲段子、烹饪美食、时尚穿搭还是唱歌跳舞，这些都是你与众不同的地方，应加以放大并作为人设的核心。成功的网红们在构建账号之初，都已明确了自己的人设定位。在人设成熟后，他们利用这一优势进行账号裂变、视频内容创作、直播带货等多种操作来盈利，而这些都离不开前期精准的人设定位，如图 2-11 所示。

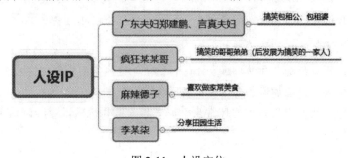

图 2-11　人设定位

3. 人设的重要性

一个鲜明的人设对于账号的成长与盈利具有不可替代的作用。它不仅能够帮助你快速吸引并积累粉丝，还能够强化粉丝对你的记忆与黏性。人设自带的流量属性有助于你的内容更快速、更广泛地传播，进而形成有深度、有认可度的用户群体。这样的用户群体不仅稳定，还具备裂变式传播的潜力，为你的账号带来持续的增长与盈利机会。

4. 打造人设的 4 个技巧

打造一个鲜明而引人入胜的人设，关键在于凸显自己的独特性和魅力。以下 4 个技巧可以帮助你更好地打造个人品牌。

1）技巧一：突出个性特点

- 言谈举止：包括独特的口头禅、声音特点、动作习惯、语速和性格特征。这些元素能够帮助观众快速记住你，并建立起与你的情感联系。例如，在"美迪电商教育"的抖音账号中，每次在干货视频的开头，都会亲切地说上一句："好的，各位同学。"这样的细节不仅增加了用户的黏性，还使你的形象更加鲜明。
- 穿着打扮：通过精心选择的发型、服装和道具，展现你的个人风格和品味。这些视觉元素可以强化你的人设，并让你在众多内容创作者中脱颖而出。例如，papi 酱经常运用各种道具来增强视频的趣味性，而毛毛姐的男扮女装则成为他的标志性特色。

2）技巧二：利用外貌和形象

- 长相特点：虽然外貌不是唯一标准，但具有特色的外貌或标志性的形象特征可以成为你吸引粉丝的亮点。无论是天生丽质还是通过化妆、造型等手段打造的独特形象，都能帮助你在观众心中留下深刻印象。

3）技巧三：创造独特的视频风格

- 视频内容：确定你擅长的视频类型和主题，如搞笑、教育、美食等，并围绕这些主题创作独特而有趣的内容。通过不断尝试和创新，形成自己独特的视频风格，吸引观众的关注和喜爱。无论是疯狂某某哥的搞笑风格，还是朱一旦的黑色幽默，这些鲜明的风格使他们在众多的内容创作者中脱颖而出。找到并坚持你的视频风格，不仅可以增加用户的黏性，还可以使你的内容更具辨识度。
- 视频制作：注重视频剪辑、音效、配乐等制作细节，提升视频质量和观感。这些专业元素可以增强你的视频的可观性和吸引力，提升观众对你的认可和喜爱。

4）技巧四：与观众建立情感连接

- 互动沟通：积极与观众互动，回应评论和私信，让他们感受到你的关注和热情。通过建立良好的互动关系，增加粉丝对你的忠诚度和黏性。
- 分享生活：在视频中分享你的日常生活、兴趣爱好和情感体验，让观众更深入地了解你，与你建立情感共鸣和信任。

综上所述，打造人设需要综合运用个性特点、外貌形象、视频风格和情感连接等技巧。通过不断尝试和优化，找到适合自己的人设定位，在短视频领域展现出独特的魅力。

2.3.2　产品展示类型

产品展示类视频专注于展示和推广产品，内容应突出产品的特点、优势和使用场景，以吸引潜在消费者的关注。同时，结合用户的需求和反馈，不断优化产品展示方式，提升转化率。对于有产品的商家，可以选择打造一个产品展示类型的账号，从而带动盈利。

1. 产品展示的定义

产品展示是指通过各种视觉和听觉手段，全面、生动地呈现产品的外观、功能、特点和使用效果，从而激发消费者的购买欲望。在电商领域，产品展示通常借助主图视频来实现，这些视频以产品为核心，深入挖掘并展示其卖点，帮助消费者快速了解并产生购买意向。

2. 产品展示的类型

（1）生产流程视频：此类视频聚焦于产品的诞生过程，向消费者展示从原材料到成品的每一个环节。这不仅体现了产品的品质承诺，还增加了产品的透明度和可信度。例如，通过拍摄汽车制造车间的流程视频，可以让观众深入了解产品的制作工艺，从而建立对产品的信任感。

（2）开箱视频：这类视频常见于科技类产品的推广中，它们通过展示产品从包装中取出的全过程，结合生动的音效，为消费者带来沉浸式的体验。这类视频在 YouTube 等平台上备受欢迎，并经常由消费者和评测者发布，为产品带来广泛而有效的宣传。

（3）测评视频：此类视频侧重于对产品性能的极限测试，通过对比不同品牌或同一品牌的不同产品，展示它们在特定功能或维度上的表现。例如，通过测试集成洗碗机的耗电量和清洗效果，消费者可以直观地了解产品的实际性能，从而做出更明智的购买决策。此测评账号通过开箱测评，给用户展示真实的效果，从而更好地得到用户的信任和买单，已经积累了 900 多万粉丝关注，如图 2-12 所示。

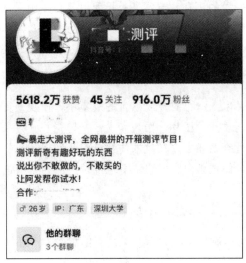

图 2-12　测评账号

（4）使用技巧视频：这类视频主要教授消费者如何更好地使用产品，包括服装搭配、护肤步骤、美食烹饪等各个方面。通过观看这些视频，消费者不仅可以提高使用产品的效率，还能感受到品牌对消费者的关心和贴心服务。

3. 产品展示类视频的制作技巧

制作不同类型的产品展示视频时，需要掌握一些关键的技巧和策略，以确保视频内容既能吸引观众的注意力，又能有效地传达产品的信息。以下是一些建议的制作技巧。

1）生产流程视频

- 强调关键步骤：突出生产过程中的重要环节，如使用高质量的原材料、精密的工艺技术等。
- 清晰解说：使用简洁明了的语言解释每个步骤，帮助观众理解产品的制造过程。
- 视觉呈现：使用高清摄像头捕捉细节，确保每个生产环节都清晰可见。

2）开箱视频

- 悬念设置：在视频开头设置悬念，比如展示一个神秘的箱子，激发观众的好奇心。
- 节奏感：保持视频的节奏感，快速而流畅地展示开箱过程。
- 突出产品特点：在展示产品时，强调其设计、颜色、尺寸等关键特点。

3）测评视频

- 对比展示：如果可能，将你的产品与竞争对手的产品进行对比，突出其优势和特点。
- 数据支撑：使用实际测试数据来支持你的观点，增加可信度。
- 公正客观：保持公正客观的态度，避免夸大或误导消费者。

4）使用技巧视频

- 简单易懂：用简单明了的语言和演示来教授使用技巧，确保观众能够轻松理解。
- 分步骤展示：将复杂的过程分解成若干步骤，逐步指导观众如何操作。
- 实用为主：确保所教授的技巧对观众来说是实用和有价值的。

此外，还有一些通用的制作技巧，适用于所有类型的产品展示视频。

- 故事化叙述：将产品融入一个有趣或感人的故事中，使观众更容易产生共鸣和记忆。
- 视觉吸引力：使用高质量的图片、图表和动画来增强视觉效果，吸引观众的注意力。
- 音乐与音效：选择适合视频主题和氛围的背景音乐和音效，提升观众的观看体验。
- 清晰的信息传递：确保视频内容能够清晰地传达产品的核心信息和卖点，帮助观众快速了解产品。
- 用户反馈：如果可能，可以包含一些用户的使用反馈和评价，增加产品的可信度。

通过运用这些技巧，你可以制作出既吸引人又具有信息量的产品展示视频，从而更好地吸引和转化潜在客户。

师提点

为了打造出具有高级感和吸引力的产品展示视频，以下是一些关键的制作技巧。

1. 精心策划场景

● 选择与产品调性相符的场景，确保背景简洁、不分散观众的注意力。
● 利用道具、背景布、色彩等元素，营造出与产品相匹配的氛围，突出产品的特点。
● 考虑产品的目标受众，选择符合其审美和喜好的场景设计。

2. 灯光布置至关重要

● 采用简洁的灯光布置，避免使用过多的灯光造成混乱或喧宾夺主。
● 以主体光线为主，确保产品得到充分的照明，突出其细节和质感。
● 适当添加环境光，营造出舒适、自然的观看环境，但避免让环境光过于强烈，以免削弱产品本身的吸引力。

此外，还有一些额外的建议，可以进一步提升视频的高级感。

● 运用高质量的摄影设备：选择高分辨率的相机和镜头，确保画面清晰、色彩鲜艳。
● 注重画面构图：采用合适的构图技巧，如运用黄金分割、对称等原则，使画面更加平衡、引人入胜。
● 后期制作处理：在后期制作中，适当调整色彩、对比度和锐度等参数，使画面更加细腻、饱满。
● 音乐与音效：选择符合产品调性的背景音乐和音效，营造出高级、专业的氛围。

通过综合考虑场景搭建、灯光布置以及上述额外建议，你可以制作出具有高级感和吸引力的产品展示视频，从而更好地吸引和转化潜在客户。

2.3.3　剧情宣传类型

剧情宣传类视频通过精心构建的剧情故事进行宣传，内容应具备吸引力和悬念，能够引发观众的兴趣和共鸣。同时，确保剧情与品牌形象和宣传目标紧密相连，实现有效的传播和转化。达人和商家都可以选择该类型的视频，比纯产品展示效果好，但是投入成本更高。

1. 剧情宣传类视频的特点

剧情宣传类视频的特点包括明确的情节和故事线、重视视觉效果、内容短小精悍、与品牌或产品紧密结合以及容易引发情感共鸣。

● 明确的情节和故事线：剧情宣传视频通常具有明确的情节和故事线，通过跌宕起伏的剧情吸引观众的持续关注。这种情节设计有助于观众跟随主角经历一系列起伏，从而更加投入和感兴趣。
● 重视视觉效果：在剧情宣传视频中，视觉效果往往被高度重视。通过精美的画面、流畅的剪辑和恰到好处的音效，可以营造出强烈的视觉冲击力，吸引观众的眼球并提升观看体验。

- 内容短小精悍：剧情宣传视频通常时长较短，需要在有限的时间内传达出核心信息。因此，内容需要短小精悍，突出重点，迅速抓住观众的注意力。
- 与品牌或产品紧密结合：剧情宣传视频通常会巧妙地融入品牌或产品的信息，使观众在享受故事情节的同时，能够对品牌或产品有更深入的了解和认识。这种结合需要自然而不突兀，避免使观众产生反感。
- 引发情感共鸣：优秀的剧情宣传视频能够通过深入人心的故事或情感元素引发观众的情感共鸣。这种共鸣能够使观众更加投入地观看视频，并对品牌或产品产生更强烈的认同感和好感度。

这些特点使得剧情宣传视频能够有效地吸引观众的注意力，传达出核心信息，进而提升品牌或产品的知名度和美誉度。

优秀的剧情宣传视频不仅能够快速而广泛地传播，而且能够在观众心中留下深刻的印象。如图2-13所示为东鹏特饮的宣传视频。当人们感到疲惫时，会自然联想到东鹏特饮的广告，这正是强烈的代入感所带来的效果。

图 2-13   剧情宣传类视频

为了实现这一目标，制作团队需要深入思考如何留住观众并引发他们的共鸣。一个好的剧情宣传视频不仅要有引人入胜的故事情节，还需要在短短30秒内迅速抓住观众的注意力。以下是一些建议的优化策略。

- 紧凑而富有张力的剧情：确保视频中的故事情节紧凑且引人入胜，能够在短时间内传达出核心信息。
- 情感共鸣：通过深入人心的故事或情感元素，激发观众的情感共鸣，使他们更容易记住和分享你的视频。
- 强烈的视觉冲击：利用高质量的视觉效果和摄影技巧，增强视频的视觉冲击力，吸引观众的眼球。
- 明确的品牌信息：确保在视频中巧妙地融入品牌信息，使观众在享受故事情节的同时，也能够记住品牌的核心价值。

综上所述，一个成功的剧情宣传视频需要在短时间内迅速吸引观众的注意力，并通过引人入胜的故事情节和强烈的情感共鸣使观众产生强烈的代入感。遵循上述优化策略，你可以制作出更具影响力和传播力的剧情宣传视频。

另外，这类视频时长一般较短，需控制在 3～5 分钟，这样能够保证在观众注意力集中的时长范围内。如果这类视频时长过长，观众很可能会流失。

2. 剧情宣传类视频的制作思路

剧情宣传类视频作为一种有效的宣传手段，其制作思路需要严谨而富有创意。以下是有关剧情宣传类视频制作思路的建议。

1）起始阶段：设定情境与引入主角

- 情境营造：首先，要构建一个引人入胜的情境，这可以是一个日常生活场景、一个特定的节日氛围或者一个充满悬念的未知世界。
- 主角介绍：在此情境中，巧妙地引入主角。主角可以是人、动物或任何具有象征意义的物体。确保主角的特点与品牌形象相契合，且能迅速吸引观众的注意力。

2）发展阶段：故事展开与情感建立

- 情节发展：随着故事的展开，逐渐揭示主角的动机、目标及所面临的挑战。确保情节连贯、节奏紧凑，以维持观众的兴趣。
- 情感共鸣：通过细腻的人物刻画和情感表达，使观众与主角产生共鸣。这可以通过对话、表情、动作和音乐等手段来实现。

3）高潮阶段：冲突升级与剧情反转

- 冲突升级：在故事的高潮部分，加大冲突的力度，使观众更加期待主角如何解决问题或实现目标。
- 剧情反转：通过出人意料的剧情反转，给观众带来惊喜。这可以是一个意想不到的解决方案、一个突如其来的转折或者一个令人震撼的真相。

4）结尾阶段：总结回顾与品牌植入

- 总结回顾：在结尾部分，对整个故事进行简单的总结，强调主角的成长和变化。同时，通过回顾关键情节，使观众对整个故事留下深刻印象。
- 品牌植入：巧妙地将品牌或产品融入结尾中，使其与故事情节紧密相连。这可以通过主角使用品牌产品或展示品牌理念来实现。确保品牌植入自然、不突兀，且能增强观众对品牌的认知和好感度。

通过以上优化后的制作思路，可以打造出更具吸引力、感染力和传播力的剧情宣传类视频。这样的视频不仅能够吸引观众的眼球和耳朵，还能在情感上与观众建立深厚的联系，从而更有效地传达品牌价值和产品特点。

2.3.4　记录生活类型

记录生活类视频以真实记录生活的方式呈现内容，通过分享日常生活、点滴感悟和成长经历，与粉丝建立亲近感，内容需真实、有趣且能引发情感共鸣，以吸引关注并建立稳定的粉丝群体。

1. 记录生活类视频的类型

记录生活类视频有很多类型，以下介绍一些主要的类型。

- 日常生活记录：这是最基础的记录生活类视频，主要展示博主的日常生活，包括吃饭、睡觉、工作、学习、休闲等。观众可以通过这些视频了解博主的生活习惯和日常生活状态。

- 主题分享：这种类型的视频会有一个明确的主题，例如"我的一天""周末日常""我的工作生活"等。博主会围绕这个主题进行内容创作，分享自己的经验和感受。

- 技能教学：如果博主拥有某项技能，例如烹饪、手工艺、园艺、健身等，他们可以通过视频将这些技能教授给观众。这种类型的视频既有助于观众学习新技能，也能展示博主的专业能力。

- 旅行和探险：这种类型的视频主要展示博主的旅行和探险经历，包括目的地介绍、旅行故事、风景美食分享等。观众可以通过这些视频开阔视野，了解不同地方的风土人情。如图 2-14 所示的视频账号主要展示博主开着房车，去不同的地方旅游，分享不同地方的美景、人文、美食等，并且还会记录路上的一些突发状况、临时事件等，这样更容易抓住用户的心弦。

图 2-14　放行和探险类视频

- 家庭亲子：这种类型的视频主要记录博主与家人的互动，尤其是与孩子的互动以及孩子的成长过程，内容包括亲子游戏、家庭教育、家庭活动等。

- 宠物生活：如果博主有宠物，可以通过视频记录宠物的日常生活，分享与宠物的互动和故事。这种类型的视频通常非常有趣，能吸引大量宠物爱好者观看。

- 挑战和体验：这种类型的视频通常涉及一些有趣的挑战或体验，例如尝试新的食物、参加社交活动等。这些视频能让观众感受到博主的生活态度和冒险精神。

总的来说，记录生活类视频非常多样化，内容主要取决于博主的兴趣和专长。无论选择哪种类型，最重要的是保持真实、自然和有趣，让观众能够感受到博主的生活态度和个性魅力。

2. 记录生活类视频的制作要点

制作记录生活类视频时，可以遵循以下制作要点。

- 明确主题和目标：首先，你需要确定视频的主题和目标。这可以是你想要分享的生活经历、感受，或者是想要展示的生活技能、生活方式等。明确主题和目标有助于你更好地规划视频内容和拍摄方式。
- 选择合适的拍摄设备和场地：根据视频主题和目标，选择合适的拍摄设备和场地。如果是日常生活记录，使用手机或家用摄像机拍摄即可；如果是技能分享或旅行记录，可能需要更专业的拍摄设备。同时，选择一个适合拍摄主题和氛围的场地，能够更好地展现视频内容。
- 制定拍摄计划和脚本：在拍摄前，制定一个详细的拍摄计划和脚本，有助于你更好地掌控拍摄进度，确保每个镜头都能准确表达你想要传达的信息。脚本可以包括对话、旁白、镜头描述等，使视频内容更加丰富和生动。
- 注重细节和真实性：记录生活类视频的魅力在于真实和细腻。在拍摄过程中，注重细节，捕捉生活中的点滴美好。同时，保持视频内容的真实性，让观众能够感受到你的真实生活状态和情感。
- 后期编辑和剪辑：拍摄完成后，进行后期编辑和剪辑。选择合适的剪辑软件，将镜头按照脚本进行拼接和剪辑，添加音乐、字幕、滤镜等元素，使视频更加生动有趣。同时，注意剪辑的节奏和流畅性，让观众能够轻松观看。
- 分享和互动：最后，将制作好的视频分享到适合的平台，如抖音、快手、B站等。与观众进行互动，听取他们的反馈和建议，不断改进和提升你的视频制作水平。

总之，制作记录生活类视频需要注重真实性、细节和趣味性。通过明确的主题和目标、合适的拍摄设备和场地、详细的拍摄计划和脚本，以及精心的后期编辑和剪辑，你可以制作出一个引人入胜的记录生活类视频。

3. 记录生活类视频的制作思路

记录生活类视频的制作思路如下。

（1）开篇点题，明确主题：在视频开头，要清晰地向观众传达整个视频的主题和核心思路。例如，如果是关于开着房车去旅游的视频，开头可以明确提到："今天是我开着房车旅行的第三天，我们的目的地是美丽的丽江。"这样的开头不仅设定了视频的主题，还激发了观众的好奇心，期待接下来的旅程中会发生什么，从而吸引他们继续观看。

（2）中间环节，制造反转与惊喜：在记录生活类视频中，为了使内容更具吸引力和观赏性，中间部分可以加入一些反转或突发情况。这不仅能增加视频的趣味性，还能让观众更加投入。因此，在拍摄时，要养成随手抓拍美好瞬间的习惯，捕捉那些意想不到的瞬间，为视频增添色彩。

（3）结尾部分，情感升华与号召：一个优秀的记录生活类视频，结尾部分往往能给人留下深刻的印象。可以通过一些情感上的升华，如分享个人感悟、传递正能量或发起某种号召，来增强与观众的共鸣。例如，可以号召大家一起保护环境，鼓励大家积极健身，或是简单地祝福大家。这样的结尾不仅能让观众感到温暖，还能增强视频的传播力。

综上所述，在制作记录生活类视频时，要注意开篇点题、中间制造反转与惊喜以及结尾情感升华与号召等方面。通过精心策划和执行，可以创作出既有趣又有深度的记录生活类视频，吸引更多观众的关注和喜爱。

2.3.5 短视频内容定位的万能公式

短视频定位并不限于前面列举的类型。对于不同的类目和类型，如何更有效地进行短视频内容定位，我们可以参考这个公式：表现形式+类目+类型，具体如图 2-15 所示。

图 2-15 短视频内容定位的万能公式

这个公式提供了一个清晰且实用的框架，能够帮助你进行短视频内容定位。通过结合具体的"表现形式""类目"和"类型"，能够精准地定义你的短视频内容，并确保与你的目标受众高度匹配。

- 真人上镜+美妆+测评：这种组合适合展示美妆产品的实际使用效果，通过真人演示和讲解，观众可以更直观地了解产品的特点和优势。
- 真人上镜+汽车+解说：这种组合适合介绍汽车的性能、特点和使用技巧。通过真人实地解说，观众可以更加深入地了解汽车的相关知识。
- VLOG+母婴+情感：这种组合适合记录母婴生活中的点滴情感，通过 VLOG 的形式展现母亲与孩子的互动和成长，触动观众的情感共鸣。

一旦你确定了短视频的内容定位，就可以围绕这个定位持续输出高质量的内容，从而保持账号的垂直度和专业性，吸引更多对你的内容感兴趣的粉丝。记住，持续性和一致性是短视频成功的关键。

确定你的短视频内容定位公式。

2.4　确定账号的运营模式

确定账号的运营模式是短视频内容定位后的重要步骤，涉及选择适合内容特色和目标受众的运营模式，如内容生产模式、用户互动模式、商业盈利模式等，以确保内容的持续输出和账号的稳健发展。通过深入了解不同运营模式的特点和适用场景，并根据账号定位进行有针对性的选择，可以更好地布局账号，实现内容的连贯性和稳定性，同时吸引新用户并维护老用户的忠诚度。因此，在确定账号运营模式时，需要综合考虑内容定位、目标受众和运营策略，以制定出最适合账号发展的运营模式。

2.4.1　短视频和直播的关系

短视频和直播是紧密相关的媒体形式，短视频为直播提供了流量和内容基础，而直播则为短视频带来了更实时、互动性更强的观看体验。通过短视频预热和引流可以吸引观众进入直播间，增加直播的观众基数和互动性。同时，直播的即时互动和深度参与也为短视频创作提供了更多灵感和素材，促进了两者的良性循环。因此，短视频和直播在内容创作、用户互动和商业盈利等方面都具有很高的协同价值。

1. 不同点

短视频和直播虽然都属于新媒体领域，但它们在流量获取和内容呈现上有着明显的不同。短视频主要依赖于平台的推荐算法，通过短视频的内容质量和用户互动来获取流量推荐。而直播则更多地依赖于实时互动和用户参与，直播间的活跃度和观众黏性对流量有着直接影响。因此，两者在流量来源上属于不同的赛道，短视频的流量不会因直播的违规而受到影响，反之亦然。

2. 相辅相成

尽管短视频和直播在流量来源上有所不同，但它们之间存在着相辅相成的关系。短视频可以通过精彩的片段和吸引人的内容为直播进行预热和引流，增加直播间的观众基数。同时，直播间的互动和实时性也可以吸引观众在直播结束后，前往账号主页查看往期短视频内容，从而为短视频带来二次曝光。这种相互促进的关系使得短视频和直播在内容创作和用户互动上形成了良性的循环。如图 2-16 所示，可以看到用户在观看短视频的时候，头像处显示为"直播"，并且可以直接点击头像进入直播间。

图 2-16　点击头像图标即可进入直播窗口

2.4.2　短视频和直播运营策略

在运营短视频和直播时，有三种方向可供选择：以短视频为主、以直播为主、短视频与直播并重。每种方向都有其独特的优势和考量因素。以短视频为主可能更注重内容创作和用户互动,以吸引更多流量;以直播为主则可能更注重实时互动和用户参与,以提升用户黏性和转化率;而短视频与直播并重则需要平衡两者之间的关系,实现流量和内容的最大化利用。选择哪种运营方向,需要根据账号定位、目标受众和运营策略来综合考量。

1. 以短视频为主的账号运营策略

以短视频为核心的账号,主要依赖于高质量的短视频内容进行品牌宣传、价值传递以及商业盈利。例如,知名短视频创作者李某柒的账号,便是一个以短视频为主的成功案例,如图 2-17 所示。她通过精美的短视频展示生活技艺、传递文化价值,并巧妙地融入产品推广,不仅吸引了大量粉丝的关注,还实现了可观的商业收益。

对于以短视频为主的账号,其出发点往往侧重于构建个人品牌或塑造独特的个人形象。这类账号通常具有较强的个人特色,如鲜明的人设、深厚的专业知识等,从而吸引与之相契合的目标受众。因此,适合走个人 IP 路线的创作者、知识型博主等可以考虑朝这个方向发展。

在运营这类账号时,创作者需要注重视频内容的创意与质量,保持内容更新的频率与持续性,同时积极与粉丝互动,提升粉丝的参与度和黏性。此外,通过精准的市场定位和分析,创作者还可以有效地融入商业元素,实现内容盈利和品牌价值提升。

2. 以直播为主的账号运营策略

以直播为核心的账号,其特点在于简洁、高效且能迅速实现盈利。这类账号无须预先准备短视频内容,甚至在 0 粉丝、0 作品的情况下,完成实名认证后便可直接开播。商家中有货源的往往更倾向于选择这种模式,如图 2-18 所示。然而,直播对主播、商品以及直播环境都有较高要求,尤其是主播,必须能够有效承接进入直播间的流量,才能确保推流效果,避免流量流失。

图 2-17　李某柒抖音账号

图 2-18　低粉丝账号开播

大多数短视频平台在开播前都要求对账号进行实名认证,如抖音和快手。这些平台允许用户在注册后不立即进行实名认证,但在开播时会强制要求。值得注意的是,每个身份证只能实名认证一个抖音号。若用户不想再运营某个账号,可以选择注销该账号。注销后等待 7 天,该账号会成功注销,与此相关的手机号及身份证号将被释放,用户便可以利用这些资源注册和实名认证新的抖音账号。但请注意,注销账号意味着所有与之相关的数据,如作品、粉丝和点赞,都将永久消失。

因此,在选择以直播为主的账号运营策略时,商家和主播需要确保具备高质量的直播能力,包括优秀的主播、吸引人的商品以及专业的直播环境,以最大限度地吸引和留住流量,实现商业目标。

课堂讨论

你会选择哪种运营方向?

3. 短视频与直播结合的账号运营策略

短视频与直播相结合的账号类型,已成为当下用户广泛选择的一个方向。其布局思路十分明确:在前期,主要依赖短视频内容吸引粉丝、进行品牌曝光和产品种草。通过创意、有趣或具有信息量的短视频,激发用户的兴趣并引导他们关注账号。当账号积累了一定的粉丝基础和用户关注度后,再结合直播形式进行商业盈利。

直播前的预热和直播中的互动都可以通过发布短视频来实现。这些短视频不仅能够为直播带来流量,还能够提高用户进入直播间的精准度。例如,直播前可以发布预告性短视频,介绍直播的主题、亮点和时间,激发用户的观看欲望;直播中则可以发布与直播内容相关的短视频,引导用户继续留在直播间并参与互动。

总之,短视频与直播的结合既能够充分利用短视频的广泛传播和引流优势,又能够通过直播实现与用户的深度互动和商业盈利。对于希望在新媒体领域取得成功的创作者和商家来说,这是一个值得深入探索和实践的方向。

2.4.3 利用短视频为直播间引流

短视频作为一种高效的传播工具,能够为直播间带来可观的曝光和精准引流。那么,如何巧妙地运用短视频为直播间吸引流量呢?以下介绍一些实用方法。

1. 直播前发布预告视频

在直播开始前,精心制作一段预告视频是关键。这段视频应包含以下内容。

- 直播主题:明确告知观众本次直播的核心内容,如"年货节大酬宾"。
- 直播福利:突出直播中的优惠和福利,如"全场买一送一",以吸引观众的兴趣。
- 直播时间:明确告知观众直播的具体时间,如"今晚七点不见不散"。

为增加预告视频的吸引力,抖音平台提供了直播预告贴纸功能。在发布视频时,插入这一贴纸,观众可以直接点击预约,直播开始时系统将自动提醒他们。

直播预告贴纸入口:依次点击抖音 App→我→直播动态(没有直播动态入口,说明账号还未开播过)→预告视频→发布。例如,某短视频中设置的直播预告信息如图 2-19 所示。

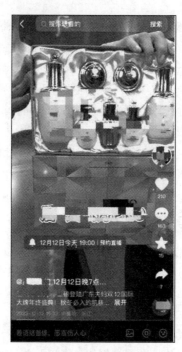

图 2-19　直播预告贴纸

设置好预告贴纸后，用户点击"想看"按钮，在开播前 15 分钟，系统会通过信息提醒用户，这样能够更好地通知用户。该贴纸在直播结束后会自动消失，不会影响视频的正常观看。

 师提点

> 运用贴纸之后，需要注意：要在设置时间前后15分钟开播，未准时开播算违约，7 天内违约 2 次，未来 14 天将无法使用预告功能。

2. 直播中发布花絮视频

在直播进行过程中，发布一些直播花絮视频也是吸引观众的好方法。这些视频应做到以下几点。

- 时长简短：控制在 7~10 秒，以保持观众的注意力。
- 内容高潮：展示直播中的精彩瞬间或高潮部分。
- 配乐热门：搭配当下热门的音乐，提升视频的吸引力。

这类视频制作简单，虽然数据可能会受到一定影响，但其引流效果通常非常显著。

3. 直播后发布总结视频

直播结束后，不妨拍摄一些团队下播后的场景，如加急打包发货等，让观众感受到你们的努力和专业。同时，也可以在视频中预告明天的直播内容，为下一次直播做好预热。

总之，通过精心策划和制作短视频，结合抖音平台的直播功能，你可以有效地为直播间吸引和引流精准的用户，从而实现商业目标。

2.5　分析对标账号

在入驻新的短视频平台之前，我们必须对该平台及其入驻的类目行情进行全面细致的了解。而通过寻找对标账号，可以直观地获取所需的信息，从而做出更为明智的决策。

2.5.1　利用工具精准定位对标账号

在寻找合适的对标账号时，高效利用工具能够极大地提升我们的工作效率。以下介绍两种方法。

1. 搜索关键词找对标账号

以抖音平台为例，我们可以在抖音 App 的主页搜索框内输入关键词，如"男装"，如图 2-20 所示。随后在搜索栏下面点击"用户"选项，这里会出现许多与"男装"相关的用户名。这些用户均可视为我们的潜在对标账号。但只是关键词匹配并不意味着适合作为对标账号。还需要进一步评估其类目、视频内容方向、产品客单价以及目标人群画像是否与我们的目标一致。这需要结合实际情况进行综合判断，从而筛选出最合适的对标账号。

2. 利用第三方工具

例如，在微信中搜索"轻抖"小程序，进入其"热门达人榜"，如图 2-21 所示。这里包含涨粉榜单、潜力榜单、总粉丝榜单、蓝 V 榜单和新晋榜单等多种类别。通过这些榜单，可以快速找到与我们的业务或内容方向匹配的对标账号。这些工具不仅提供了丰富的账号供我们选择，还可以帮助我们更精准地定位符合我们需求的对标账号。

图 2-20　搜索关键词找对标账号

图 2-21　轻抖小程序

综上所述，结合平台内搜索和第三方工具，我们能够更加高效、精准地找到适合的对标账号，为后续的运营和策略制定提供有力的支持。

2.5.2 对标账号的深入剖析

1. 对标账号分析步骤

选定对标账号后，我们可以进行详尽的分析以深入了解其特点和策略。以抖音平台为例，以下是详细的分析步骤。

步骤01 打开抖音 App，找到搜索框，在搜索框中输入"巨量算数"，在搜索结果下面找到"巨量算数"小程序，如图 2-22 所示。

步骤02 点击"巨量算数"小程序后面的"进入"按钮，进入"巨量算数"窗口，如图 2-23 所示。

步骤03 在"巨量算数"小程序的搜索框中输入已确定的对标账号名称，例如"美迪电商教育"，搜索结果如图 2-24 所示。

图 2-22　在抖音搜索框中输入
　　　　　关键词

图 2-23　"巨量算数"小程序
　　　　　窗口

图 2-24　"巨量算数"小程序
　　　　　搜索结果

完成以上步骤后，我们将能够获得关于对标账号的详细数据和分析结果，包括其粉丝增长趋势、互动情况、内容类型分布等，为进一步了解和学习该账号的运营策略提供有力支持。通过深入分析对标账号，我们可以更准确地把握其成功要素，从而为自己的账号发展找到更有效的方向和方法。

具体的分析内容可以从作者分析、作品分析、粉丝画像三大板块进行分析。分析后的数据如图 2-25 所示，从该账号的粉丝画像板块可以看到粉丝主要在广东、江苏和山东，年龄阶段主要是 31～40 岁，男女比例为 8:2。由此可以得出结论，该对标账号是否合适。

对标账号分析表（案例）					
账号分析		作品分析（近7天）		粉丝画像	
名称	美迪电商教育	表现形式	真人上镜	地域分布	广东居多
头像	MD	类型	干货分享	年龄分布	31~40岁
个人简介	电商路，一起走	类目	职场	性别分布	男女比例为7:3
背景图		稿均点赞量	1036	手机品牌分布	苹果
账号标签	教育培训、教育	稿均评论量	230	手机价格分布	4999~8000元
粉丝数量	14.7万	稿均分享量	138	兴趣标签分布	时尚
作品数	879	稿均收藏量	289		
获赞数	102.6万	作品发布时间	21:00		
		作品发布频率	一天一更		

图 2-25　分析美迪电商教育

2. 借鉴对标账号：取其精华，补己不足

在完成对标账号的深入分析后，我们能够从中获取到丰富的信息和启示。从表格数据中，我们可以清晰地看到对标账号的账号定位、运营状况以及粉丝画像，这些都是宝贵的参考资源。

首先，对标账号的账号定位为我们提供了一个明确的方向。如果对标账号的定位在当前类目下备受欢迎，那么可以考虑借鉴这种定位来吸引更多的目标受众。

其次，对标账号的作品发布时间和频率为我们提供了重要的参考。通过模仿他们的发布策略来增加自己成功的概率，少走弯路。

总结起来，本章内容主要聚焦于账号布局前的关键准备工作——定位工作。通过明确运营思路、方向和定位，我们能够更好地实施落地策略，从而更有效地推进账号的发展。在这个过程中，借鉴对标账号的成功经验是一个不可或缺的步骤，它可以帮助我们取其精华、补己不足，实现更快速、更稳健的成长。

第3章

制作热门短视频

【学习目标】

了解短视频制作的流程；掌握内容创作的思路；认识不同类型的脚本；了解脚本创作的思路；了解优质脚本的参考网站；了解优质视频的要素。

【导入案例】

《某某六点半》团队合作提升工作效率

《某某六点半》原创爆笑迷你剧是 2014 年开播的。该团队属于云南爆笑江湖文化传播有限公司，团队中比较出名的演员有毛台、闰土、蘑菇头、妹大爷、吴妈、王炸、猪小明等。

这部爆笑迷你剧融合了电视剧的拍摄方式，以夸张幽默的表现形式讲述了生活中无处不在的趣事，为观众营造了一种轻松愉快的氛围。截至目前，该团队的抖音账号已积累了 6000 多万粉丝，如图 3-1 所示。

通过分析《某某六点半》的爆红原因可以发现，陈翔是最早抓住短视频红利的创作者之一，其爆火的原因是搭上了短视频的顺风车。而该团队在拍摄短视频时有明确的分工以及角色分配，因此才能打造出完美的短视频。

图 3-1 "某某六点半"抖音号

3.1 短视频制作前期的准备工作

制作短视频并不简单，需要一系列的操作流程，并有序地完成。其主要工作包括拍摄前期的准备工作、中期拍摄、后期剪辑。我们首先来了解一下拍摄前期的准备工作有哪些。

3.1.1　组建短视频团队

在制作短视频前，明确且高效的团队分工是确保项目顺利进行的关键。每个团队成员都扮演着独特的角色，共同协作以完成高质量的视频内容。因此，组建一个优秀的短视频团队非常重要。下面简要介绍短视频制作团队的组成与各个角色的职责。

1. 运营总监

- 核心领导者，把控团队整体发展方向与账号运营策略。
- 负责短视频制作、拍摄剪辑、发布推广及付费广告等核心业务的实施与监控。
- 营造和谐的团队氛围，促进团队成员之间的良好沟通。

2. 演员/主播

- 短视频的灵魂人物，负责出镜演绎和视频内容讲解。
- 应具备出色的镜头感和表演天赋，通过演技生动呈现内容。
- 可能兼任直播主播，需具备良好的口才与控场能力。

3. 内容策划编导

- 创作团队的核心成员，负责短视频脚本制作、文案编写及内容创新。
- 要求具备强大的内容创作和创新能力，紧跟时代潮流，围绕新事件、新事物创作相关内容。

4. 拍摄剪辑师

- 被誉为团队的"美工大师"，负责根据脚本完成拍摄和后期制作。
- 熟悉各种拍摄设备和工具，掌握手机端、计算机端的剪辑软件，并拓展使用 AE、ME、UI、PS、AI、PR 等专业软件。

5. 场控

- 负责拍摄场地的策划与布置，特别是外拍场景，需提前踩点并做好相关安排。
- 确保拍摄过程顺利进行，解决现场突发问题。

6. 助理

- 团队中的"多面手"，协助运营总监完成各项任务。
- 在团队运作中起到辅助和协调作用，确保团队高效运作。

通过明确的分工和紧密的团队协作，短视频团队可以更加高效地制作出高质量的视频内容，实现团队的长远发展。

课堂讨论

你符合团队中的哪一个角色？

3.1.2　搭建拍摄场地

在完成团队人员的工作分配后，随即展开视频拍摄工作。在拍摄过程中，场地选择至关重要。场地通常划分为两大类：室内与户外。相应地，场地拍摄与布景也分为室内与户外两大类。

1. 室内拍摄与布景

室内拍摄广泛应用于产品展示和剧情演绎中。为确保拍摄效果，布景时需注意两大核心要素：补光与装饰。

- 补光策略：在室内环境中，固定有线补光灯是常用的补光设备，如图3-2所示。相较于户外拍摄时因电源限制而偏爱的移动无线补光棒（见图3-3），固定有线补光灯提供了更为稳定和均匀的光线效果。这种灯具能够确保拍摄主体得到充足而均匀的光线，减少阴影和反光，使画面更加清晰和真实。
- 装饰艺术：在拍摄视频时，首先要设置好拍摄机位，随后仔细观察画面中展现的每一件物品。若某个物品虽在画面中却无实际意义，我们会选择将其移除，以保持画面的整洁与和谐。而当画面显得过于单调时，我们会利用道具进行修饰，这些被称为场景道具。为达到理想的视频效果和剧情需求，场景道具需根据视频内容和脚本提前准备。例如，对于一部展现职业女性亲情的脚本，可能需要的场景道具包括文件夹或公文包、笔记本电脑、咖啡等，这些道具能够有效展现母亲作为职业女性的身份和日常生活状态。

图 3-2 固定有线补光灯

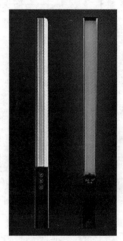

图 3-3 移动无线补光棒

2. 户外拍摄及布景

短视频户外拍摄与布景是短视频制作中的重要环节，它们对于营造出引人入胜的视觉效果和氛围至关重要。以下是一些关键的户外拍摄与布景技巧。

- 选择合适的拍摄场地和取景点：户外拍摄的第一步是找到与视频内容相契合的拍摄场地和取景点。这些场地和取景点应该能够反映出视频的主题和氛围，同时提供足够的空间进行拍摄。
- 留意天气和光线条件：户外拍摄受天气和光线条件的影响较大。因此，在拍摄前，务必留意天气预报，选择适合拍摄的天气和时间。同时，根据光线的不同强度和方向，调整拍摄角度和设备参数，以获得最佳的拍摄效果。
- 利用自然光和环境元素：户外拍摄可以利用自然光和环境元素来增强画面的效果。例如，利用阳光、阴影、树木、建筑等自然和人造元素，创造出丰富的视觉层次和动态感。

- 布景要简洁明了：在户外拍摄中，布景要简洁明了，避免过于复杂或混乱的元素干扰观众的视线。可以选择一些与视频主题相关的道具或背景，以增强画面的表现力和故事性。
- 注意拍摄角度和构图：拍摄角度和构图对于短视频的视觉效果至关重要。通过选择合适的拍摄角度和构图方式，可以突出视频中的重点元素，引导观众的视线，增强画面的冲击力和吸引力。

综上所述，短视频户外拍摄与布景需要综合考虑场地选择、光线把控、自然光利用、布景简洁性，以及拍摄角度和构图等因素。通过灵活运用这些技巧，可以制作出高质量、引人入胜的短视频作品。

名师提点

　　户外拍摄，主要是街拍、剧情段子、生活 VLOG 等类型。而户外拍摄很容易受天气、突发事件影响，所以一定要提前去外景踩点和留意天气预报。以有太阳光的天气为例，日出前 20 分钟和日落后 20 分钟是拍摄的黄金时段，此时光线柔和且呈现黄色，可以为布景增色不少。借助塑料包装纸的褶皱将光分散，形成较大的光晕，可以达到唯美的拍摄效果，这一技巧在户外拍摄中尤为实用。

　　在户外布置短视频拍摄的场地时，首先要选择符合视频内容的场地和取景点，其次是户外拍摄的光线把控。户外的自然光不能人为操控，所以拍摄人员要根据不同时间段自然光的不同强度调整拍摄角度和设备参数。例如，有太阳光的天气，日出前 20 分钟或日落后 20 分钟，太阳在地平线以下，天空没有直射光，但没有完全黑死，也被叫作密度拍摄。这时光线呈现柔和的黄色，在布景时可以借助塑料包装纸的褶皱将光分散，形成较大的光晕来达到唯美的效果。

3.2　热门短视频内容创作方法

在着手制作短视频之前，精心策划和创作内容是至关重要的第一步。然而，许多创作者在内容创作过程中常常面临灵感匮乏和方向迷茫的困境。为了助你摆脱这一困境，本节分享几个实用的灵感激发工具和策略。

3.2.1　通过创作灵感提供高热度的话题

创意是短视频内容的灵魂，它能为观众带来新鲜、有趣和深刻的体验。那么，如何激发创意并捕捉灵感呢？

1. 深入生活，发现创意的源泉

生活中的点滴细节常常是创意的宝库，要善于观察、体验并深入思考，从中挖掘出有趣、独特的元素。结合自身的视频定位，将日常生活中的普通场景转换为引人入胜的故事或情节，创造出既真实又有趣的内容。

2. 集思广益，激发创意的火花

当面临创意困境时，不妨召集团队成员进行头脑风暴。通过集思广益，每个人都可以提出自己的想法和观点，这些想法的碰撞可能会激发新的创意火花。但记住，创意需要遵循一定的规则和逻辑，并不是无目的的发散思维。

3. 遵循创意的套路，提升内容质量

课堂讨论

平时会关注微博热点事件吗？

创意并非无章可循，以下是一些常用的创意套路。

● 反差与反转：在内容中加入出乎意料的反差或反转，能够激发观众的好奇心，让他们更想继续观看。

● 结合热点：时刻关注当前的热门事件和话题，将这些热点融入你的视频中，能够吸引大量关注这些热点的观众。

● 创造差异化内容：避免陷入同质化的泥潭，努力创作与众不同的内容。只有差异化的内容才能在众多短视频中脱颖而出，吸引观众的眼球。

总之，激发创意并捕捉灵感需要不断的实践、观察和思考。只要你保持对生活的热爱和好奇心，勇于尝试和创新，就一定能创作出引人入胜的短视频内容。

师提点

在一些新闻性质的媒体平台上，可以知道目前发生的热门事件与话题。如图 3-4 所示，在微博平台可以看到热门榜单、话题榜、热搜榜等类型下的事件与话题。创作者可参与到这个事件、话题讨论中，拍摄相关视频，这样能吸引来一大批流量。

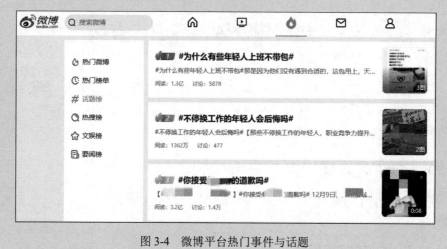

图 3-4　微博平台热门事件与话题

3.2.2 利用节假日活动提供热门创作思路

结合节假日进行短视频创作是一种极为有效的策略，它不仅能够增强内容的代入感和场景感，还能让用户在观看时产生共鸣，从而提高内容的热度和传播性。

1. 选择恰当的节假日

春节、中秋节、七夕节等传统节日都是绝佳的创作时机。这些节日不仅具有浓厚的文化氛围，还伴随着特定的习俗和活动，为创作者提供了丰富的素材和灵感。

2. 融合节日元素与产品特点

以服装类短视频为例，中秋节期间可以推出"逛庙会穿搭指南"，介绍如何在庙会中穿着得体、时尚，吸引路人的目光。这样不仅能展现产品的使用场景和效果，还能与节日氛围紧密结合，提高用户的代入感。

3. 利用营销日历把握热点

营销日历是一个宝贵的工具，它汇总了每个月份下的热门事件和节日，如图 3-5 所示。创作者可以密切关注这些热点，将其作为创作的灵感来源，确保内容始终与时俱进，吸引用户的关注。

图 3-5　营销日历

4. 强化情感共鸣

在视频创作过程中，注重情感元素的融入也是至关重要的。通过讲述与节日相关的故事或情感体验，能够触动观众的情感共鸣点，使内容更具感染力和传播力。

综上所述，结合节假日进行短视频创作不仅能够丰富内容的多样性，还能提高用户的代入感和场景感。创

你的视频类型符合什么节日？

作者应充分利用这一策略，结合节日元素和产品特点，创作出更具吸引力和影响力的作品。

3.2.3 使用热点宝工具助力短视频内容创作

抖音平台推出的热点宝工具为创作者提供了宝贵的类目热门话题指南。这一工具深入洞察了短视频领域的用户喜好，帮助创作者准确把握当前热门内容和话题趋势。

通过热点宝工具，创作者可以轻松浏览上升热点榜、同城热点榜、挑战榜以及热点总榜，如图 3-6 所示，以便深入了解不同领域和类目的热门内容。这不仅有助于创作者紧跟潮流，创作出更符合用户口味的内容，还能通过蹭热度的方式，显著提升作品的曝光度和受欢迎程度。

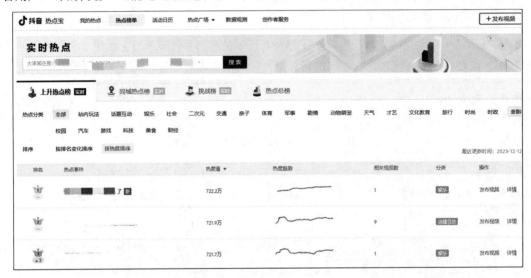

图 3-6 抖音热点宝热点榜单

作为一名优秀的视频创作者，时刻保持对热点事件的关注至关重要。结合热点宝工具提供的数据和趋势分析，创作者可以将热门话题巧妙地融入内容创作中，从而吸引更多用户的关注和喜爱。

总之，热点宝工具为短视频创作者提供了一个便捷、高效的平台，帮助他们准确把握用户喜好，创作出更具吸引力和影响力的作品。

3.2.4 使用九宫格碰撞选题法持续性输出内容

在内容创作过程中，创作者常常面临灵感枯竭的困境，导致内容输出变得困难。为了解决这一问题，我们可以采用九宫格碰撞选题法，帮助创作者持续产生新的创意和选题。

九宫格碰撞选题法是一种简单而实用的方法，通过构建两个九宫格，将内容领域、目标人群和兴趣爱好等元素进行碰撞，激发创作者的灵感。

九宫格选题法的具体操作介绍如下。

（1）首先画出两个九宫格 A 和 B，如图 3-7 所示。

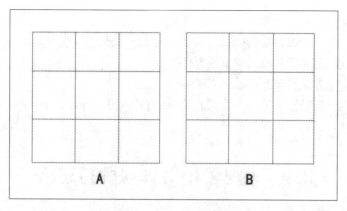

图 3-7　九宫格碰撞选题

（2）在 A 九宫格的中间写下你所做的类目或者类型，在 B 九宫格的中间写下你的目标人群的性别和年龄阶段，如图 3-8 所示。

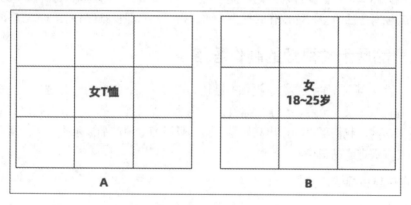

图 3-8　以女装为例填写九宫格

（3）在 A 九宫格剩下的 8 个空格中写下产品、类目的关联词，在 B 九宫格剩下的 8 个空格中则写下目标人群的兴趣爱好，如图 3-9 所示。

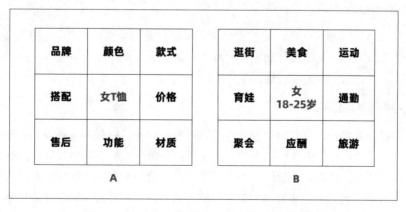

图 3-9　编写产品关联词和目标人群的兴趣爱好

（4）制作好两个九宫格之后，从 A 九宫格里面挑选出一个因素，然后从 B 九宫格里面也挑选出一个因素，让两者产生碰撞，你会发现，会有很多新颖的选题碰撞出来。例如，款式+通勤=适合通勤穿的服装款式，再根据平台热点及季节因素优化文案得出选题：适合通勤的几套穿搭，你喜欢哪一款？这里应用的原理一样是结合使用场景，让用户更有代入感。当 A 与 B 九宫格都碰撞完之后，可以换一批新的因素词，又会产生新的选题。

课堂讨论

根据你的产品完成九宫格碰撞选题？

3.3 短视频拍摄脚本撰写思路

当选题得以确立之后，紧接着进入脚本编写阶段。在这一环节中，创作者需要明确拍摄的具体内容、角色、拍摄地点、拍摄方式以及所要传达的信息等关键要素。这一过程与电影、电视剧制作中的剧本编写颇为相似，都需要提前规划好故事的走向和细节。本节将深入探讨不同类型视频的脚本制作思路及其编写方法，旨在为创作者提供全面的指导，确保视频内容的流畅与精准。

3.3.1 纯产品展示类视频的制作思路

纯产品展示类视频制作的核心在于提炼产品核心卖点、设计视频内容与结构、注重画面质量与视觉效果、控制视频时长与节奏、添加背景音乐与声效，以及优化视频发布与推广策略。通过遵循这些思路并付诸实践，我们可以制作出高质量、具有吸引力的纯产品展示类视频，从而有效吸引潜在消费者的注意并促进产品销售。

1. 视频定位与目标受众分析

首先，我们需要明确纯产品展示类视频的定位。这类视频主要服务于电商平台，旨在通过直观、简洁的方式展示产品的特点与优势，吸引潜在消费者的注意。目标受众主要是对产品感兴趣、在碎片化时间内浏览电商平台的消费者。

2. 提炼产品的核心卖点

在制作纯产品展示类视频之前，我们需要深入了解产品的特点与优势，从中提炼出核心卖点。卖点应该是消费者最关心、最能够打动他们的特点，如品质、设计、实用性等。同时，卖点也需要与竞品有所区分，以突出产品的独特性。

3. 设计视频内容与结构

根据提炼出的核心卖点，我们可以设计视频的内容与结构。视频应该围绕卖点展开，通过可视化的方式将卖点展示给用户。例如，如果产品的布料很舒适，我们可以通过展示皮肤划过布料的画面来表达；如果产品的容量很大，我们可以通过展示产品能装很多东西的画面来展示。

在视频结构方面，我们可以采用"总分总"的方式。首先，通过简短的开场白引入产品，然后分别介绍各个卖点，并在每个卖点之后展示相应的画面或效果，最后进行总结与呼吁。

4. 注重画面质量与视觉效果

纯产品展示类视频的画面质量与视觉效果至关重要。我们需要选择高清的拍摄设备，确保产品的细节与质感得到充分的展现。同时，还可以运用一些摄影技巧，如光线调整、角度选择等，来增强产品的视觉效果，提升用户的观看体验。

5. 控制视频时长与节奏

由于纯产品展示类视频主要面向拥有碎片化时间的消费者，因此我们需要控制视频的时长与节奏。视频时长不宜过长，一般控制在 15 秒至 1 分钟为宜。同时，还需要合理安排每个卖点的展示时间，确保信息传达的完整性与高效性。

6. 添加背景音乐与声效

适当的背景音乐与声效可以为视频增色不少。我们可以选择与产品特点或品牌风格相符的背景音乐，营造出相应的氛围。同时，还可以在一些关键节点添加声效，如产品细节特写时的轻微音效等，以提升用户的观看体验。

7. 优化视频发布与推广

视频制作完成后，需要优化视频的发布与推广策略。在发布时，我们需要选择合适的平台与渠道，如电商平台、社交媒体等，确保目标受众能够轻松找到并观看我们的视频。同时，还可以通过付费推广、合作推广等方式提高视频的曝光率与影响力。

纯产品展示类视频常用于电商平台的主图视频，这类视频无真人出镜，所以用户在碎片化时间下不会停留太久。因此，制作纯产品展示类视频主要的思路为卖点展示法。先提炼产品的核心卖点，再通过视频可视化地展示给用户观看，比如服装的布料很舒适，可以通过用皮肤划过布料的画面来表达；包包容量很大，可以通过包包能装很多东西来展示。

3.3.2　干货解说分享类视频的制作思路

干货解说分享类视频制作的核心在于深入了解用户需求与痛点、构建解决方案并展示效果、总结与提炼解决方案、注重视频制作质量与呈现效果，以及优化推广与互动策略。通过遵循这些思路并付诸实践，我们可以制作出有价值、实用且受欢迎的干货解说分享类视频，帮助用户解决实际问题并提升他们的满意度和忠诚度。

1. 深入了解用户需求与痛点

干货解说分享类视频的核心在于为用户提供有价值、实用的内容，帮助他们解决实际问题。因此，制作的第一步是深入了解目标用户的需求和痛点。这可以通过市场调研、用户访谈、数据分析等方式来实现。例如，如果你打算制作关于"高个子女生穿搭"的干货视频，那么首先需要了解高个子女生在穿搭过程中遇到的主要问题和挑战，如找到合适的衣物长度、搭配出协调的风格等。

2. 构建解决方案并展示效果

在了解了用户的痛点和需求后，下一步是构建解决方案，包括提供实用的穿搭技巧、推荐合适的服装品牌或款式等。重要的是，解决方案需要具体、可行，并且能够真实地解决用户的问题。在展示解决方案时，可以通过实例、对比、演示等方式来让用户更直观地了解效果。例如，你可以分享自己作为185cm的高个子女生，是如何通过不同的穿搭方式来展现不同风格的，同时展示实际的穿搭效果和用户的反馈。

3. 总结与提炼解决方案

在展示解决方案和效果后，需要对这些内容进行总结和提炼。这可以帮助用户更好地理解和记忆所分享的知识和技巧。总结包括关键点、步骤、小贴士等形式，以便用户能够轻松地回顾和应用。同时，也可以通过一些互动方式，如提问、讨论等，来激发用户的参与感和思考。例如，你可以总结出"高个子女生穿搭的三大秘诀"或"五步打造个性风格"等，让用户能够轻松地掌握和应用这些干货知识。

名师提点

引导用户到对应的场景后，就可以对解决问题的方案进行总结，并把解决方案罗列出来。例如，第一套穿出仙女风、第二套穿出御姐风、第三套穿出中国风；或者以第一步要怎么做、第二步要怎么做……具体地罗列下来，如图3-10所示。

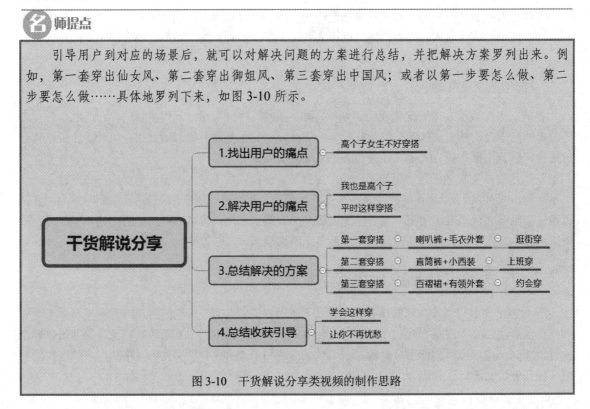

图3-10　干货解说分享类视频的制作思路

4. 注重视频制作质量与呈现效果

除了内容本身的价值外，视频的制作质量和呈现效果也是吸引用户的重要因素。因此，在制作干货解说分享类视频时，需要注重画面清晰度、音质、剪辑等方面的质量。同时，也可以通过一些视觉元素和动画效果来增强视频的吸引力和易理解性。例如，可以使用图表、动画演示等方式来辅助说明一些复杂的穿搭技巧或概念。

5. 优化推广与互动策略

为了让更多人看到并受益于你的干货解说分享类视频，需要优化推广和互动策略。这包括选择合适的发布平台、利用社交媒体进行传播、与其他创作者进行合作等方式。同时，也可以通过设置话题讨论、征集用户反馈等方式来增强与用户的互动和黏性。例如，可以在视频下方设置"你最喜欢哪种穿搭风格？"等话题讨论，或者邀请观众分享自己的穿搭心得和体验。

3.3.3　剧情搞笑类视频的制作思路

剧情搞笑类视频制作的核心在于开篇布局、自然承接、意外反转和完美收尾。通过精心设计和执行这些要点，我们可以制作出既有趣又受欢迎的剧情搞笑类视频。

1. 开篇布局（起）

剧情搞笑类视频的开篇至关重要，它不仅要迅速吸引观众的注意力，还要为整个故事设定基调。开篇部分通常包括以下要点。

- 人物介绍：简要介绍主要角色，为后续剧情打下基础。
- 情境设定：明确故事发生的地点、时间以及背景，帮助观众迅速进入情境。
- 事件起因：通过简短的情节或对话引出事件的起因，为后续剧情做铺垫。

2. 自然承接（承）

承接部分在开篇之后，继续发展故事情节。这部分要注意以下几个要点。

- 逻辑连贯：承接开篇的内容，确保故事情节连贯，不突兀。
- 逐步推进：通过递进的方式逐步引出故事的重点和笑点，增加观众的期待感。
- 细节描绘：通过描绘细节，如人物的表情、动作等，增强故事的感染力和趣味性。

3. 意外反转（转）

反转部分是剧情搞笑类视频的关键，它能够给观众带来意想不到的惊喜。在反转部分需要注意以下要点。

- 反转时机：在故事情节发展到一定程度时，适时地加入反转，让观众产生强烈的期待感。
- 反差效果：通过制造人物性格、行为或情境的反差，产生强烈的喜剧效果。
- 出乎意料：确保反转部分出乎观众的意料，让他们产生"我猜到了开头，却猜不到结尾"的体验感。

4. 完美收尾（合）

结尾部分是故事的总结，也是给观众留下深刻印象的关键。在结尾部分要注意以下要点。

- 适度留白：通过留白的方式，让观众有足够的空间去想象和构思，增加故事的吸引力。
- 情感升华：通过结尾部分的内容，让观众在欢笑之余，也能感受到一些情感上的共鸣或启示。
- 回味无穷：一个好的结尾应该让观众在看完视频后仍然回味无穷，产生再次观看的冲动。

3.3.4 企业宣传类视频的制作思路

企业宣传类视频制作的核心在于开篇概览、深入探索、产品展示、领导寄语以及结尾与升华。通过精心策划和执行这些步骤，可以制作出既专业又引人入胜的企业宣传类视频，有效提升企业的形象和知名度。

1. 开篇概览（介绍企业基本信息）

企业宣传类视频的开篇应当简洁明了地介绍企业的基本信息，让观众有一个宏观而全面的了解。这部分内容主要包括：

- 企业创立时间及发展历程：简要概述企业的成立时间以及关键时刻和节点，突出企业发展的重要里程碑。
- 企业经营范围：清晰说明企业的主要业务和服务领域，以便观众了解企业的专业性和多样性。
- 企业荣誉：展示企业所获得的各类荣誉和奖项，体现企业的实力和信誉。
- 企业地理位置：简要介绍企业的地理位置和办公环境，为观众提供实地感受。

2. 深入探索（介绍企业文化）

在介绍基本信息之后，应当深入探索企业的文化内核，让观众更深入地了解企业的价值观和精神风貌。企业文化部分的介绍可以涵盖如图 3-11 所示的 4 个方面。

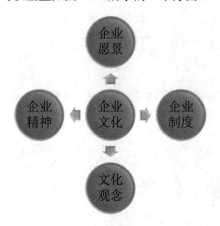

图 3-11 企业文化内容

- 企业愿景：阐述企业的长远目标和追求，展示企业的抱负和志向。
- 企业制度：介绍企业的管理体系和规章制度，体现企业的规范化和高效性。
- 文化观念：探讨企业的核心价值观和行为准则，展现企业的独特魅力。
- 企业精神：强调企业的创新、进取和团结精神，激发观众的共鸣和认同。

3. 产品展示（介绍企业产品）

企业产品是观众最为关心的部分，因此应当使用足够的篇幅来详细介绍。产品展示可以从以下两大板块进行。

- 核心产品介绍：重点展示企业的核心产品或服务，通过详细的描述和生动的画面，让观众了解产品的特点和优势。
- 用户反馈：展示真实用户的反馈和评价，增强观众对产品的信任感和好感度。用户反馈可以通过采访、短视频等形式呈现，确保内容的真实性和可信度。

4. 领导寄语（企业领导讲话）

在视频的最后部分，可以加入企业领导的寄语或讲话。领导寄语可以是对企业的未来展望，也可以是对观众的感谢和期许，目的是再次提升宣传视频的整体格调，做好收尾工作。领导的形象和话语应具有亲和力和感染力，以加深观众对企业的印象和好感。

5. 结尾与升华

结尾部分应当简洁有力，对整个宣传视频进行概括和升华。可以通过一些富有感染力的画面或音乐，让观众在愉悦的氛围中结束观看，并留下深刻的印象。同时，可以提供企业的联系方式或网站链接，方便观众进一步了解和联系企业。

3.4　短视频脚本类型与检测工具

1. 脚本的分类

一般来说，短视频脚本常见的分类方式是按照其功能和特点来划分。一般来说，短视频脚本可以分为三种类型：分镜头脚本、拍摄提纲和文学脚本。

- 分镜头脚本：这是短视频制作中最常用的一种脚本类型。分镜头脚本将剧本内容细化到每一个镜头，包括镜头的景别、拍摄方法、画面内容、角色动作和人物台词等。这种脚本形式相当于文字版的视频，可以帮助制作团队更好地理解和掌握视频的节奏和呈现效果。
- 拍摄提纲：拍摄提纲是一种较为简单的脚本形式，主要用于明确拍摄要点和框架。它通常只包含基本的场景描述、角色动作和人物台词等内容，对于不易掌控和预测的内容较为适用。需要注意，提纲一般比较灵活，摄影师可发挥的空间比较大，但对于视频后期的指导效果较小。
- 文学脚本：文学脚本更侧重于文学性和故事性，通常包含丰富的情节、人物塑造和对话等元素。这种类型的脚本更适用于故事性强、需要展现丰富情感或深度的短视频。

2. 脚本内容检测

针对不同平台对敏感词语的不同要求，脚本创作完成后，务必进行内容检测以确保合规性。在创作过程中，推荐使用句易网（http://www.ju1.cn）这一专业工具进行脚本内容的敏感词语检测，如图 3-12 所示。

这个工具操作简便，只需将编写好的台词复制并粘贴至该网站，即可进行文字过滤。句易网能够精准识别内容中的敏感词、违禁词等，并提供替换或删减建议，从而显著降低内容违规风险。此外，该工具同样适用于公众号文章检测和小红书文案检测，确保你在各种平台上的内容都能符合规范，提升传播效果。

图 3-12　句易网官网

3.5　收集热门短视频脚本素材

作为短视频运营者，持续创新和创作内容是至关重要的。优秀的运营者应具备不断打造热门短视频的能力，以吸引并保持观众的兴趣。然而，在长期的运营过程中，我们不可避免地会遇到灵感枯竭和方向迷茫的情况。为了应对这些挑战，借鉴和参考一些优质的视频和脚本网站进行学习变得尤为重要。通过这些网站平台，我们可以汲取他人的创意和技巧，激发新的灵感，为自己的创作注入新的活力。因此，短视频运营者应当善于利用这些资源，不断提升自己的创作能力和运营水平。

1. 优质视频参考网站

观看优质视频是积累创意思路的有效途径。通过观摩他人的成功作品，我们可以学习到不同的拍摄手法、叙事技巧以及观众喜好。以下是三个推荐的学习价值较高的网站。

- 梅花网：梅花网是一个专注于营销、创意和案例分享的平台。它汇聚了众多知名品牌和市场营销案例，包括短视频广告、品牌宣传片等。在这里，你可以发现各种行业和领域的创意短视频，观察其拍摄手法、创意构思以及观众互动情况，为你的短视频创作提供灵感和借鉴。
- 数英网：数英网是一个专注于数字营销和创意产业的平台。它提供了大量关于短视频、广告、社交媒体等领域的案例分析和研究。通过浏览数英网上的热门视频案例，你可以深入了解短视频创作的趋势、观众喜好以及市场策略，为你的创作提供有力的参考。
- YouTube 趋势视频：YouTube 作为全球最大的视频分享平台，其趋势视频往往代表着全球范围内的流行文化。关注其趋势视频，可以了解全球观众的喜好和热点。

利用方法：定期浏览这些优质视频参考网站，关注不同行业和领域的创意短视频，分析它们的创意构思、拍摄手法和观众互动情况，提取出适合自己的元素和技巧，融入自己的短视频脚本创作中。

2. 优质脚本参考网站

学习同行优质脚本是提升脚本编写能力的重要途径。通过借鉴他人的成功经验，我们可以学习到不同的叙事方式、对话技巧以及情节设置。以下是 4 个推荐的脚本参考网站。

- 巨量创意的脚本工具：巨量创意是抖音官方的创意工具平台，提供了丰富的短视频创意素材和脚本模板。你可以在这里浏览和下载其他创作者的成功脚本，学习他们的创意构思和叙事方式。同时，你也可以利用巨量创意的脚本工具来辅助编写自己的短视频脚本，提高创作效率和质量。
- VLOG 小站：VLOG 小站是一个专注于 VLOG（视频博客）内容的平台。这里汇聚了大量优秀的 VLOG 作品和创作者。通过浏览这些 VLOG 作品，你可以学习到不同主题的创意构思、拍摄手法和对话技巧。同时，你也可以关注其他创作者的创作过程和经验分享，从中汲取灵感和启发。
- 剧本之家：这是一个专门提供剧本资源的网站，包括电影、电视剧、话剧、小品等多种类型的脚本。你可以从中挑选出适合短视频创作的脚本，进行改编或借鉴。
- 原创剧本网：该网站汇聚了大量原创剧本，涵盖各种题材和风格。通过浏览这些剧本，你可以了解不同作者的创意和叙事方式，为自己的短视频脚本创作提供灵感。

利用方法：在创作短视频脚本时，可以参考这些优质脚本网站上的成功脚本，学习其叙事方式、对话技巧和情节设置，提取出适合自己的元素和技巧，融入自己的短视频脚本创作中。同时，也可以利用这些平台提供的工具和资源来辅助编写和优化自己的脚本。

3. 脚本思路参考网站

当你想获取一些高质量、符合自己需求的脚本时，可以考虑到一些付费平台进行下单和购买。以下是 3 个推荐的脚本网站。

- 抖几句：抖几句是一个专注于短视频文案创作的平台。它提供了大量高质量的短视频文案模板和创意点子，可以满足不同行业和主题的需求。你可以在这里选择适合自己的文案模板进行购买和使用，也可以与平台上的专业文案师进行合作，定制个性化的短视频文案。
- 编剧网：编剧网是一个专注于剧本创作和交易的平台。它汇聚了大量优秀的编剧和作品资源，包括电影、电视剧、短视频等多种类型的剧本。你可以在这里浏览和购买其他编剧的优质短视频剧本，也可以发布自己的需求以寻求合作和定制服务。
- 剧本网：剧本网是一个专注于剧本创作和交易的平台。它提供了丰富的剧本资源和创作工具，可以帮助你快速找到符合自己需求的短视频脚本。同时，你也可以在这里与其他编剧和创作者进行交流和合作，共同创作出更加优秀的短视频作品。

利用方法：当你需要高质量的短视频脚本时，可以考虑到这些付费平台进行购买。在选择购买脚本时，要注意脚本的质量、是否符合自己的需求和主题等因素。同时，也可以与平台上的专业文案师或编剧进行合作，定制个性化的短视频文案或剧本，以满足自己的特殊需求。

综上所述，通过合理利用这些优质资源平台提供的素材和工具，结合自己的创意和需求进行创作和学习，你的短视频脚本编写能力和创作水平必将得到大幅提升。

3.6 优化内容不断突破层级流量池

精心制作视频的核心目标在于数据表现，只有当视频获得良好的数据反馈，平台才会赋予其更多的曝光机会，进而吸引更多用户观看。本节将探讨如何优化内容，以打破流量限制，实现更广泛的传播。

3.6.1 了解视频推荐流量池机制

视频发布后，并不会立即获得高曝光，而是经过系统层层筛选和对比，逐步进入更高一级的曝光池。这就是短视频平台的流量池机制，短视频运营者必须深入了解其运作方式。

视频发布初期，平台不会立即给予 10 万级的曝光，而是逐步增加曝光量，这一过程称为"灌流测试"。通过逐步增加曝光，平台测试视频的质量和受欢迎程度，以确定是否值得进一步推荐。

平台判断视频质量的依据是用户反馈数据。例如，当视频首次曝光给 200 名用户时，平台会观察这 200 名用户的互动行为，如观看时长、点赞、评论、转发和关注等。根据这些数据，平台决定是否将视频推荐到下一轮，即进入更大的流量池。

了解并适应这一流量池机制，对于短视频运营者至关重要。通过优化内容，提高用户互动率，可以更有效地突破层级流量池，实现更广泛的传播和更高的曝光量。

3.6.2 优化视频开头让观众留下

在短视频时代，内容竞争异常激烈，用户对于不感兴趣的内容往往一划而过。因此，视频开头的三秒成为吸引用户停留的"黄金三秒"。如何在这短暂的时间内抓住用户的注意力，成为短视频创作者需要掌握的重要技巧。

课堂讨论

如何做好你的开头黄金三秒？

1. 三大公式

- 公式一（受众人群+产品/潘多拉效应）：这种开头方式直接针对目标受众，展示他们感兴趣的产品或利用潘多拉效应引发好奇心。例如，如果目标受众是健身爱好者，开头可以是"健身的朋友们，今天我要给大家介绍一款神器……"或者"你有没有想过，一个小小的健身器材，竟然能……"，这种方式能够迅速吸引目标受众的注意力，提高停留率。

- 公式二（遭遇+反转）：这种开头通过描述一个情境或遭遇，然后突然反转，给观众带来意外和惊喜。例如，"今天我在路上看到一个人，他居然用这种方式健身……"，

然后展示一个与众不同的健身方法。这种方式能够引发观众的好奇心，使其想要继续
看下去。

- 公式三（大话西游式）：这种开头方式借鉴了电影《大话西游》的经典台词"曾经有一份
  真挚的爱情摆在我面前……"，通过类似的情感渲染引发观众的共鸣和情感投射。例如，
  "曾经有一个完美的健身计划摆在我面前，我却没有珍惜……"，这种方式能够迅速拉近
  与观众的距离，让观众产生情感共鸣。

该方法主要从受众人群以及反转式切入主题，利用该方法可以很好地留住用户。开头三大公
式详细说明如表 3-1 所示。

表3-1　开头三大公式

三大公式		例　子
公式 1	受众人群+产品	30 岁以上的人，如果你经常熬夜、喝酒，生活不规律，一定要吃它/一定要好好看这个视频。 管不住嘴的资深吃货，建议多吃这个+a
	受众人群+潘多拉效应	千万别买+d 推荐的+a，因为我怕你吃到停不下来
公式 2	遭遇+反转	吃了+d 推荐的+a 后，真是后悔，后悔怎么没早点买。 我信你个鬼！你直播间推荐的+a 我买了，我倒要看看这跟我平时吃的有什么不一样；好吧+d，我错了……
公式 3	大话西游	曾经有 xx 元 x 盒的+a 放在我面前，我没有珍惜，直到失去才追悔莫及；如果上天能给我再来一次的机会……机会来了
	升级版	曾经有 xx 元 x 盒的+a 放在我面前，不不不，现在也放在你面前+b

2. 三大视角

该方法主要以商家视角、顾客视角、第三人称视角来切入主题，以不同的视角让用户感受到不
同的情景，从而达到更好的留人效果。

- 视角一（商家视角）：从商家的角度出发，介绍产品、福利或行业知识。例如，"作为多
  年健身器材行业的老牌商家，我们为大家带来了这款……"这种方式能够展现商家的专业
  性和权威性，提高观众的信任度。
- 视角二（顾客视角）：从顾客的角度出发，分享使用产品或服务的体验和感受。例如，"作
  为一个长期健身的人，我尝试了这款健身器材，感觉真的不错……"这种方式能够增加观
  众的代入感，提高产品的可信度。
- 视角三（第三人称视角）：以第三方的身份客观介绍产品或服务。例如，"今天我们要给
  大家介绍一款备受好评的健身器材……"这种方式能够保持客观中立，避免过度渲染或夸
  大其词。

（1）商家视角主要站在商家的角度来设计开头。可以借助商家的人设定位、商家福利活动、
行业的认知等来做开头。以商家视角开关如表 3-2 所示。

表3-2　以商家视角开头

视　　角	适用时间	例　　子
商家视角	通用	对不起我来晚了，a+原价 xx，现在下单+b。 有活动的时候你不买，没活动的时候又嫌贵+b，不会再低了。 把+a 的价格打下来；不管你是不是我的粉丝，都能享受这个折扣；如果你是…… （目标人群），一定要买它+b+已卖爆即将断货，赶紧点击下方链接去抢。 虽然+a 很好吃，但不要急着买，因为我怕你错过+b 的活动。 最近很多人留言想买我们家的+a，但又怕没优惠不划算，别担心，这次我们给到 超强优惠。 很多人到 20 多岁还没吃过这款+a，真的很可惜+c。 给大家看个好东西，这叫+a，很多人都只是听过，但没有吃过+c。 大家好，我是卖+a 的小女孩，冬天到了，如果你也想让家人（暖暖身子暖暖胃）， 那你一定要试试+a
	大促前	同行，对不起了，双 11 我们先开始了，现在下单+b
	大促期间	看不懂双 11 规则？没关系，我们的优惠够简单，直接+b。 抱歉，让爱吃 xx（品类）的你久等了，a+一年一度的双十一优惠大促就是现在 +b
	大促后	对不起了，同行，双 11 之后我们还有大额优惠+b

（2）顾客视角是以用户认知、使用产品或者体验的角度来设计开头。例如从顾客用完之后的感受分享、购买产品的心理活动、产品的痛点等方面进行创作设计。以顾客视角开头如表 3-3 所示。

表3-3　以顾客视角开头

视　　角	适用时间	例　　子
顾客视角	通用	昨天刚买了+a，但当我刷到+d，又把价格打下来了，那我一定要再囤几盒。 赶上了，赶上了，a+的优惠终于被我赶上了+b，这次赚翻了。 终于等到火遍全网的+a 打折了。 怎么办，怎么办，我还是没忍住下单了，我以为我买到的会是这样的，没想到 真的…… 求女明星们不要再种草了+明星混剪。 吃了 6 盒的我又回来了。 我等了 2 个月的+a 终于降价了。 这是你等了 30 分钟的外卖，这是我花 5 分钟做的+a（画面对比）。 我真的要被+a 气死了，我差一点就错过了他家 b 的活动，现在下单还来得及， 别怪我没提醒你。 买+a 能遇上这样的活动，我能省一个月工资。 白饿了 1 个月，我决定再囤 x 盒+明星混剪
	大促前	本来想双 11 再囤+a，但当我刷到+d 把价格打下来了+明星混剪
	大促期间	求了 1 年的 a，双 11 终于蹲到了+b
	大促后	双 11 结束了，但我没想到+a 的优惠活动还没结束

（3）第三人称视角是常见的镜头语言。以一个客观公众的视角来讲述，不去影响用户对讲述内容的理解和判断，留给观众足够的个人空间来评判自己对事件的理解，以第三人称视角开头如表 3-4 所示。

表3-4 以第三人称视角开头

视　　角	适用时间	例　子
商家视角	通用	最近大家是怎么了，超多人疯狂在找+a，不就是+c 吗?不就是+c 吗?值得你们这些小仙女天天@别人吗？现在下单+b。 你们要的+a 带着活动来了，买了这个月销 xx 万的+a，我以为我买回来是这样的，结果……它真的是这样+c。 拍一发六，拍一发六（b 改版），a+疯狂大赠送。 全网都在推的+a 现在+b，新手宝妈、单身白领、情侣小两口（圈定人群）预备！ 等了一年的+a 终于降价了，现在+b，你确定不要吗？ 运营把+a 的价格设置错了+现在+b，还不赶紧抢。 喂，不是吧，不是吧，还有打工人不知道这款+a+c。 d+又把价格打下来了+b。 d+不停说好的东西你还不打算入手吗？ d+帮你把 a 的价格打下来了。 八大网红饮料。 你下半年的幸福感，交给它就好了+c。 a+豁出去了+b。 现在的+d 你嫉妒了吗？（d 身材）原来她一直在喝…… 我不信还有人不知道它+明星混剪
	大促前	你双 11 要囤的+a，没想到今天+b。 a+放大招了，双 11 优惠提前享，现在下单+b
	大促期间	a+b 的活动马上就要结束了，d+在吃，d+在吃，d+在吃+明星混剪。 答应我，a+这次的年终活动，你一定不要错过好吗。 没错，没错，你没听错，a+双十一期间下单，单盒低至 xx 元。 a+一整年最狂的优惠来了，现在下单+b
	大促后	错过了双 11，不用再等明年，a+带着优惠回来了。 a+这次玩大了，双 11 没抢到，它又带着活动回来了。 惊！d+把 a+的价格打下来了，力度居然堪比双 11。 双 11 忘了囤+a，没想到+d 帮我把价格打下来了

3. 三大句式

该方法主要以提问式、对话式、反复式来切入主题，这样可以让用户产生思考，甚至停留下来。

- 提问式：通过提出问题引发观众的思考和兴趣。例如，"你有没有想过，健身可以这么简单又高效？"这种方式能够激发观众的好奇心，引导他们继续观看。
- 对话式：模拟对话场景，让观众感觉更加亲切和自然。例如，"A: 你知道吗，我最近发现了一款超赞的健身器材！B: 真的吗？快告诉我！"这种方式能够增加观众的参与感，让他们感觉更加投入。
- 反复式：通过重复强调某个关键词或短语，加深观众的印象和记忆。例如，"健身，不仅仅是锻炼，更是一种生活态度！健身，让我们一起追求更好的自己！"这种方式能够加强观众对视频主题的记忆和认同。

三大句式示例如表 3-5 所示。

表3-5 三大句式

句　　式	例　　子
提问式	如果你的钱只够买一样东西，你会买什么？当然是全网都在推的+a，因为它的优惠力度实在是太大了。 是什么让+d 在直播间一直吃？又是什么让各大明星争相推荐？ 如何做到只花 xx 元吃上一周的米其林星级料理（c）？ 做饭无从下手的你，看到+a 还不心动吗？ 这么多明星都在推荐的+a，到底有多好吃？ 你的女朋友天天都在刷这个，你还不给她囤？ 你的+a 那么牛，那能领优惠券吗？ 明星网红都在吃什么零食
对话式 *两人对话间用分号（；）相隔	你们+a 卖多少钱；领券减 15/把嘴给我闭上，我说一个数+b，卖不卖；安排 那天我问大家多少钱才会买+a/当我 129 元 3 盒，底下的评论都是这样的；你看我还有机会吗；+b。 还卖 79 元一盒呢？你看隔壁都 xx 一盒了；把嘴给我闭上，听我说，现在下单+b，明星网红都在吃。 说吧，你们到底要多少钱才肯买拉面；20 多元；要价这么精准？+b，不用找了
反复式	打折，打折，打折，a+狂欢继续，力度堪比双 11。 优惠，优惠，优惠，我等了这么久的 a/购物车加了这么久，终于降价了。 打价格，打价格，还是打价格，原价 xx，现在下单+b。 降价，降价，降价了，这是明星们都爱吃的 a+c

优质素材开头往往能吸引用户注意，进行较长时间的停留观看，进而产生点击和购买等后续动作。总之，在创作过程中前 3 秒的设计需要重点注意。

3.6.3 优化视频中间让观众看完

在视频内容的中段，为确保观众能够持续观看至结尾，我们可以巧妙地运用反转或引入争议点。这不仅能够有效提升视频的完播率，更是激发观众互动的关键所在。以下是几种建议的反转技巧。

1. 情绪反转

短视频中的情绪反转是一种叙事技巧，它指的是在视频内容中，通过某种情节或元素的安排，使观众的情绪体验发生从一种情感状态到另一种相反或对立情感状态的转变。这种反转不仅增加了视频的戏剧性和观看乐趣，还能有效吸引观众的注意力，促使他们继续观看。

在短视频中运用情绪反转时，需要注意以下要点。

- 前期铺垫：在情绪反转之前，需要通过一些情节或元素来建立观众的某种情绪预期。这可以通过背景音乐、画面氛围、角色表现等方式来营造。
- 反转时机：反转时机要把握得当，不能过早，也不能过晚。过早反转可能会让观众感到突兀，而过晚反转则可能让观众失去兴趣。通常，反转应该在观众情绪达到高潮或出现转折点时出现。
- 对比强烈：情绪反转的效果要明显且强烈，这样才能给观众留下深刻的印象。例如，可以从悲伤突然转为欢喜，或从紧张突然转为轻松等。

- 合理逻辑：虽然情绪反转追求的是意外效果，但也不能违背逻辑和常识。反转应该有一定的逻辑依据和内在动因，不能显得过于牵强或不合逻辑。
- 角色表现：角色在情绪反转中的表现也是关键。他们需要通过表情、动作、语言等方式来表现出角色的情感变化，从而使观众更容易产生共鸣和认同感。

通过合理运用这些要点，可以在短视频中创造出引人入胜的情绪反转效果，从而提升视频的吸引力和观赏性。

名师提点

初始阶段，构建一种特定的情绪氛围，如严肃或沉重。随后，通过出乎意料的情节或元素，将情绪迅速转向对立面，如搞笑或轻松，如图 3-13 所示。这种情感上的落差与对比能够牢牢吸引观众的注意力，促使他们继续观看。

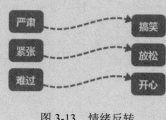

图 3-13　情绪反转

2. 剧情反转

短视频剧情反转指的是在短视频中，通过情节的安排和设计，使得故事的发展走向与观众的初步预期相反，从而达到吸引观众、增加戏剧性和悬念的效果。这种反转通常出现在故事的高潮部分，让观众在意想不到的情况下产生强烈的心理反差和冲击力。

以下是短视频剧情反转的要点。

- 情节铺垫：在剧情反转之前，需要通过情节铺垫来营造观众对故事走向的预期。这包括角色设定、场景布置、对话暗示等，以构建观众的心理预期。
- 反转时机：反转时机非常关键，需要在观众预期最强烈或情感投入最深时发生。通过突如其来的转变打破观众的预期，产生强烈的冲击力和悬念。
- 逻辑合理：剧情反转需要有内在的逻辑合理性，不能显得突兀或不合逻辑。反转应该是基于之前情节的发展和铺垫，有充分的依据和动因。
- 角色塑造：角色在剧情反转中扮演着重要角色。通过角色的行为、决策和转变，来引导观众对故事走向的预期，并在反转时产生更大的冲击力。
- 悬念营造：剧情反转的目的是增加故事的戏剧性和悬念。在反转之前，需要通过情节和角色的表现来营造悬念，让观众对故事的发展产生强烈的好奇心和期待。

综上所述，短视频剧情反转是一种通过情节安排和设计，打破观众预期，增加戏剧性和悬念的叙事技巧。在运用时，需要注意情节的铺垫、反转的时机、逻辑的合理性、角色的塑造以及悬念的营造等要点，以创造出引人入胜的短视频作品。

名师提点

以一个看似不利的局面或逆风开局，为观众设置悬念。随着剧情的推进，逐渐揭示出意想不到的转折或翻盘，使观众的心理预期与实际发展形成鲜明对比，如图 3-14 所示。游戏视频或悬疑类内容尤其适合这种策略，能够引发观众持续的好奇心和探究欲望。

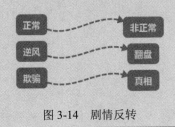

图 3-14　剧情反转

3. 角色反转

短视频角色反转指的是在短视频中，角色的性格、身份、地位或行为等发生颠覆性的变化，给观众带来强烈的冲击和意外。这种反转通常出现在故事的关键节点，使得故事的走向更加曲折和引人入胜。

以下是短视频角色反转的要点。

- 角色设定：首先，需要为角色设定一个初步的形象或立场，让观众对其有初步的认知和预期。这个设定可以是性格特征、社会地位、职业身份等。
- 反转铺垫：在角色反转之前，需要通过情节或对话等方式为反转做好铺垫。这可以是对角色内心的挣扎、矛盾或隐藏的秘密的展示，也可以是对角色所处环境的暗示。
- 反转时机：选择合适的时机进行角色反转是至关重要的。这通常发生在故事的高潮部分或转折点，以产生最大的冲击力。
- 反差强烈：角色反转的效果要明显且强烈，让观众感受到强烈的反差和意外。这可以通过角色的言行举止、外貌变化等方式来呈现。
- 逻辑合理：虽然角色反转追求的是意外效果，但也不能违背逻辑和常识。反转应该有充分的内在逻辑和依据，不能显得过于牵强或不合逻辑。
- 情感共鸣：角色反转不仅要追求意外效果，还要能够让观众产生共鸣和情感上的认同。这可以通过深入挖掘角色的内心世界、情感变化等方式来实现。

综上所述，短视频角色反转是一种通过颠覆性变化来增强故事戏剧性和观众参与感的叙事技巧。在运用时，需要注意角色设定、反转铺垫、反转时机、反差强烈、逻辑合理以及情感共鸣等要点，以创造出引人入胜的短视频作品。

课堂讨论

你打算用哪种方式进行反转？

该模式如图 3-15 所示，例如电视剧《扫黑决战》中的县长曹志远一角，一开始塑造了一个非常支持扫黑除恶的县长，到之后曝光成为罪恶势力的保护伞，这种角色上的反转可以让观众感到意外和不可置信。

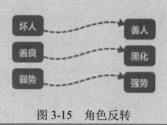

图 3-15　角色反转

3.6.4　优化视频结尾让观众行动

在短视频创作中，结尾部分的重要性不言而喻。当观众能够坚持观看至结尾时，说明他们对内容产生了兴趣或好奇心。此时，作为创作者，我们需要充分利用这一机会，通过巧妙的结尾技巧来引导观众进行互动、关注和评论，从而提升视频的影响力和用户参与度。

结尾引导有以下三个要点。

- 引导互动：在视频结尾处，明确告诉观众你希望他们采取的行动。例如，可以呼吁观众点赞、转发或分享视频，以表达他们对内容的喜爱或认可。这种明确的引导可以增加观众采取行动的可能性，从而提高视频的互动率。

- 引导关注：如果观众对你的内容感兴趣，他们可能会想要继续关注你的后续作品。因此，在结尾处，不妨提醒观众关注你的账号，以便及时获取更多精彩内容。可以通过简洁明了的语言或视觉元素来引导观众进行关注操作，如"喜欢我们的内容吗？快来关注我们吧！"或展示一个明显的"关注"按钮供观众点击。

- 引导评论：评论是观众与创作者互动的重要方式之一。在视频结尾处可以提出一些与视频内容相关的问题或话题，鼓励观众在评论区留言分享自己的看法和感受。这不仅可以增加视频的互动性和讨论度，还能让创作者更好地了解观众的需求和反馈。

优化视频结尾是提升观众互动和参与度的重要手段。通过引导互动、引导关注和引导评论三个要点的巧妙运用，我们可以有效地激发观众的参与欲望，提升视频的互动率和传播效果。同时，我们也需要不断尝试和创新结尾技巧，以适应不同内容类型和观众需求的变化。只有这样，我们才能在短视频创作中脱颖而出，吸引更多观众的关注和喜爱。

名师提点

当用户看到结尾处时，就需要进行引导，比如引导用户进行点赞、评论、转发、关注等行为。据统计，有引导和没有引导相比，有引导的用户行动率会更高，如图 3-16 所示。

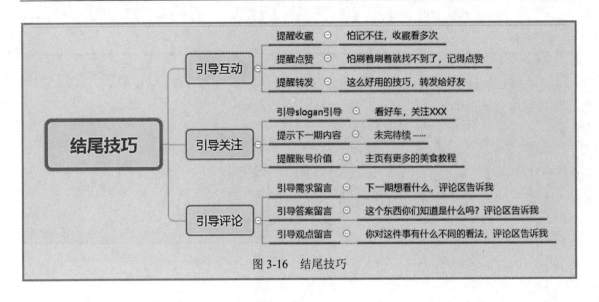

图 3-16 结尾技巧

第4章

短视频的拍摄与剪辑

【学习目标】

了解短视频拍摄的准备工作；短视频拍摄常用的工具设备；短视频拍摄常用的技巧；短视频后期剪辑工具的使用；短视频后期剪辑的思路与技巧。

【导入案例】

李某柒拍摄的短视频

李某柒在抖音发布的视频，其拍摄与制作水准堪称精湛。画面中的美景、精湛的拍摄技艺以及丰富的拍摄技法相互融合，不仅赢得了国内观众的喜爱，更吸引了海外用户沉醉于这如诗如画的田园风光。如图 4-1 所示，每一个镜头都仿佛是一幅幅生动的画卷。

而这些令人陶醉的画面，离不开李某柒的专业拍摄团队。他们运用高超的拍摄技术，结合先进的拍摄设备，呈现出山里溪水长流、鲜花绽放等自然景象。无论是空镜头拍摄大山的延时手法，还是其他多种拍摄技巧，都展现出了他们对拍摄艺术的深刻理解与独特见解。正是这样的团队，为我们带来了这一系列令人难忘的视频作品。

图 4-1　李某柒抖音作品截图

4.1　选择拍摄器材

想要打造出高质量的短视频，前期的精心准备是不可或缺的。这包括对拍摄设备的深入了解、明智的选择以及精准的参数设置。这些步骤共同构成了确保视频质量的坚实基础。

拍摄器材不仅涵盖拍摄设备，如智能手机、相机、摄影机等，还包括一系列常用的拍摄辅助工具，如稳定器、补光灯、录音设备等。这些器材与工具在短视频创作中发挥着至关重要的作用，它们能够提升画面的稳定性、光线效果以及声音质量，使你的短视频更加出色。

接下来，我们将详细介绍这些拍摄器材的作用与特点，帮助你更好地了解它们，从而做出适合自己的选择。通过本节的学习，相信你能够掌握选择拍摄器材的技巧，为你的短视频创作提供有力的支持。

4.1.1 拍摄设备

课堂讨论

你现在所用的手机设备有哪些拍摄功能？

在拍摄短视频前，必须精心选择与准备设备，因为设备类型和功能直接影响最终效果。常见的拍摄设备包括智能手机、相机和摄像机，每种设备都有其独特的优势和应用场景。

1. 智能手机

智能手机已成为现代生活的核心，不仅能够满足通信需求，更成为记录生活的重要工具。随着技术的不断进步，手机摄像功能日益强大，吸引了众多短视频创作者和摄影爱好者。选择智能手机拍摄短视频，主要基于以下显著优势。

- 便捷性与易用性：智能手机小巧轻便，操作简单直观，无须复杂的设置或专业知识，即可快速上手拍摄。无论是日常记录还是专业创作，都能轻松应对。
- 即时反馈与分享：拍摄完成后，用户可以立即在手机上查看效果，实时调整参数，确保每个镜头都达到最佳效果。同时，通过蓝牙、隔空投放等多种方式，能迅速将视频素材分享给团队成员或社交平台，极大地提高了工作效率。

市面上的高端智能手机通常配备先进的摄像系统，包括高像素镜头、多摄像头配置、光学防抖等功能，满足了用户多样化的拍摄需求，如图 4-2 所示为某品牌的智能手机。然而，不同品牌和型号的手机在摄像能力、功能和尺寸上存在差异，因此在选购时需仔细考虑个人需求，确保选购的手机能满足预期的拍摄效果。

总之，智能手机以其便捷性、易用性和即时反馈的特点，在短视频拍摄中占据重要地位。对于初学者和专业人士来说，它都是一个值得考虑的优质选择。

图 4-2　某品牌的智能手机

2. 相机

在短视频拍摄领域，除智能手机外，相机同样扮演着举足轻重的角色。相机种类繁多，涵盖单反相机、无反相机、旁轴相机、双反相机、运动相机、卡片相机以及全景相机等。这些相机类型各有千秋，适用于不同的拍摄场景和需求。

1）单反相机

单反相机即单镜头反光照相机，是一种经典的相机类型，如图 4-3 所示。它的名字源自其独特的光学设计：单镜头和反光板。当光线通过镜头进入相机内部时，反光板会将光线反射到位于相机顶部的五棱镜，经过两次反射后，最终从取景器中射出供摄影者观察。当按下快门时，反光板迅速抬升，失去反光作用，使光线直接由镜头进入感光元件，从而完成成像。

单反相机的优点在于其卓越的画质和灵活性。通过更换不同的镜头，它可以适应各种拍摄场景，如风景、人像、微距等。然而，单反相机的体积和重量相对较大，操作也较为复杂，对于需要频繁移动或长时间手持拍摄的场景来说，可能会带来一定的不便。

2）运动相机

相较于单反相机而言，运动相机体积更小、更轻便，且拍摄更为便捷，如图 4-4 所示。它常用于记录工作日常、激烈运动的 VLOG 以及第一人称视角的运动体验等。运动相机的特点包括体积小、重量轻、防抖功能强大，并配备广角镜头，能在近距离环境中记录更多画面。此外，运动相机还可以结合各种配件安装到汽车、摩托车、头盔等位置，拍摄出别具一格的画面效果。

尽管运动相机在户外视频拍摄方面表现出色，但由于其不可更换镜头且灵活度不如普通相机，因此在拍摄照片方面并不占据优势。

图 4-3　单反相机　　　　　　　　　　　　　图 4-4　运动相机

3）卡片相机

卡片相机也是短视频拍摄中常用的设备之一，如图 4-5 所示。与单反相机不同，卡片相机通常无法更换镜头，但一般配备有变焦镜头，使其在使用中更加灵活。卡片相机的优势在于其小巧的体积和简易的操作，使其成为除运动相机外最小的拍照相机。尽管其功能无法与可更换镜头类相机相媲美，但卡片相机的便携性和简易操控性使其深受用户喜爱。

如果说运动相机更侧重于视频拍摄，那么卡片相机则更侧重于照片拍摄。卡片相机也是录制日常 VLOG 的理想选择，虽然它不能像运动相机一样安装在其他地方，但手持录制已足够应对大多数场景。此外，现代卡片相机还具备视频美颜功能，为后期处理节省了时间。

图 4-5　卡片相机

4）全景相机

全景相机属于运动相机的一种，具备运动相机的所有特性，如图 4-6 所示。然而，全景相机的独特之处在于它能够记录拍摄者周围 360°的影像范围，并能拍出特殊且震撼的视觉效果。地图软件上的 VR 街景功能就是使用全景相机进行拍摄记录的典型应用。全景相机为短视频创作者提供了更广阔的创作空间，使得他们能够创作出更具创意和视觉冲击力的作品。

图 4-6　全景相机

3. 摄像机

除智能手机和相机外，摄像机也是常用的视频拍摄设备之一。随着科技的进步和元器件的更新换代，摄像机的种类和用途日益丰富。常用的摄像机主要分为专业摄像机和家用摄像机。

1）专业摄像机

专业摄像机主要用于广播电视、新闻采访、大型活动等场合，如图 4-7 所示。这类摄像机通常具备机身庞大、电池蓄电量充足、拍摄画质清晰度高等特点。专业摄像机的优点在于其强大的拍摄能力和稳定性，能够满足高质量、高标准的视频制作需求。然而，由于其体积较大、重量较重，不便于携带，长时间手持或肩扛可能会给拍摄者带来一定的负担。

在拍摄大型活动时，专业摄像机可以结合外接工具进行实时直播和转播，为观众提供及时、清晰的视觉体验。此外，专业摄像机还具备多种拍摄模式和功能，如高速摄影、低光拍摄等，以满足不同场景的拍摄需求。

图 4-7　专业摄像机

2）家用摄像机

家用摄像机主要应用于对画质效果要求不高的场合，如家庭生活记录、结婚现场等，如图 4-8 所示。这类摄像机通常非常小，便于携带和操作，使得许多特殊条件下的拍摄成为可能。家用摄像机的价格相对较为优惠，许多家庭都可以购买，因此得名家用摄像机。

图 4-8　家用摄像机

家用摄像机虽然在画质和性能上可能不如专业摄像机，但其便携性和易用性使得它成为家庭用户拍摄视频的首选。无论是记录孩子的成长过程、留下旅行的美好回忆，还是拍摄家庭聚会的欢乐时光，家用摄像机都能满足用户的需求。

总之，摄像机作为视频拍摄的重要设备之一，其种类和用途的多样性为视频制作提供了更多的选择。无论是专业摄像机还是家用摄像机，它们都在各自的领域发挥着不可替代的作用。在选择摄像机时，用户需要根据自己的需求和预算来做出合适的选择。

4.1.2　稳定工具

在拍摄短视频时，尤其是当你独自一人，没有助手协助，或是在户外需要手持移动拍摄时，画面的稳定性往往会受到挑战。轻微的抖动都可能影响最终的观看效果。为了应对这一挑战，你可以考虑使用一些专业的拍摄稳定工具，如固定三脚架、自拍杆或云台稳定器。这些工具不仅能帮助你稳定摄像头，减少抖动，还能提高画面的清晰度和流畅性，让你的短视频更加专业、引人入胜。

1. 三脚架

三脚架是一种摄影辅助工具，用于稳定摄影设备并防止画面抖动，如图 4-9 所示。它通常由三条腿和一个连接这三条腿的支撑点组成，形状类似于一个三角形，因此被称为三脚架。三脚架的主要作用是提供一个稳固的平台，以便摄影师可以在没有外部支撑的情况下拍摄照片或视频。

在视频制作初期，许多博主面临的一个共同难题是如何在没有专业摄影师协助的情况下，自行拍摄出稳定、专业的视频画面。这时，三脚架成为一个不可或缺的拍摄辅助工具。

三脚架的稳定性能出色，可以将摄像头固定在一个位置进行拍摄。结合蓝牙控制器，博主甚至可以轻松自行完成拍摄，非常适合进行固定机位拍摄和口播类内容。此外，三脚架的用途十分广泛，不仅适用于智能手机，还可以与单反相机、摄像机等拍摄设备配合使用。

三脚架由多个组件构成，包括快速拆装板、水平旋转旋钮、竖拍旋钮、中轴升降摇把、中轴锁定旋钮、中轴支撑锁、脚管扳扣、可旋式手柄、重力挂钩以及脚垫等。这些组件协同工作，不仅增强了三脚架的稳定性，还允许博主进行简单的左右摇动、上下移动等操作，进一步丰富了拍摄角度和效果。

综上所述，三脚架对于博主来说，是一个既实用又具备多功能的拍摄辅助工具，能够极大地提升视频画面的稳定性和观感。

2. 自拍杆

除三脚架外，自拍杆也成为许多短视频拍摄者的得力助手。它不仅能助力用户轻松实现多角度拍摄，还能有效延伸拍摄距离，捕捉更宽广的画面。然而，由于拍摄过程中需要手持一端，画面稳定性常常成为一大挑战。尽管如此，随着技术的不断进步，现在市面上许多自拍杆都进行了创新迭代，其中一些甚至配备了可展开的三脚架，为拍摄者提供了更加稳定的拍摄体验。这使得自拍杆在保留其灵活多变的特点的同时，也具备了三脚架的稳定性能。如图 4-10 所示，这是一款集自拍杆与三脚架功能于一体的拍摄工具，为拍摄者带来了更多的便利与选择。

图 4-9　三脚架　　　　　　　　图 4-10　自拍杆

3. 云台稳定器

在户外移动拍摄时，手持和自拍杆可能无法满足对稳定性的高要求。此时，一个优秀的手持云台稳定器将成为你的得力助手，如图 4-11 所示。这种稳定器不仅体积适中、便于携带，更能为你带来稳定且流畅的视频拍摄体验。

除适用于智能手机的云台稳定器外，专为相机设计的稳定器也应有尽有，如图 4-12 所示。选择时，你可以根据自己的拍摄需求，对比不同品牌和型号的稳定器，选择一个最适合自己的。

图 4-11 手持云台稳定器

图 4-12 相机云台稳定器

选购云台稳定器时需要注意以下几个要点。

1）轴向选择

云台轴向分为单轴、双轴和三轴三种模式。单轴主要用于航向拍摄，双轴支持航向和横滚拍摄，而三轴则支持航向、横滚和俯仰模式拍摄。在购买时，可以根据自己的实际拍摄需求来选择适合的轴向模式。

你接触过哪些手持云台稳定器？

2）转向角度

不同品牌和型号的云台稳定器在转向角度上会有差异。航向、横滚和俯仰模式的拍摄角度各不相同，因此，在选购时，请结合自己的实际需求进行对比选择。

3）稳定性

稳定性是购买稳定器时需要考量的关键因素。三轴稳定器配备三个陀螺仪、三个传感器、感应电机和 360°校准功能。双轴稳定器则有两个陀螺仪，可校准水平和横向滚动。单轴稳定器仅有一个陀螺仪，仅可校准水平滚动。一般而言，多个机械臂的稳定效果优于单个机械臂。目前，单轴稳定器已逐渐淡出市场，而在双轴稳定器和三轴稳定器之间，三轴稳定器虽然费用较高，但稳定性更佳。因此，你可以根据自己的预算和需求，在双轴稳定器和三轴稳定器之间做出选择。

4.1.3 补光工具

要打造出具有高级感的短视频画面，光线是不可或缺的关键因素。无论是在室内还是在室外拍摄，光线的控制都是一大挑战。为了有效解决光线问题，补光灯工具成为我们的得力助手。通过补光灯的巧妙运用，我们可以让画面焕发出更加迷人的光彩。特别是在室内拍摄产品时，仅凭场地的顶灯往往难以达到理想效果，这时就需要借助补光工具来提亮和增强画面质感。

补光工具主要分为两种：固定式补光灯和移动式补光灯。固定式补光灯适用于需要长时间稳定补光的场景；而移动式补光灯则更加灵活，可以根据拍摄需求随时调整位置，为画面带来不同的光影效果。选择合适的补光灯工具，并根据拍摄场景和需求进行灵活运用，就能够轻松打造出具有高级感的短视频画面。

1. 固定式补光灯

固定式补光灯也称有线补光灯，如图 4-13 所示，广泛应用于室内拍摄环境，为拍摄提供稳定的光线补充。其主要优势在于可直接接入电源，无须担心续航问题，然而这也限制了其移动性，无法用于户外无电源的场所。固定式补光灯常用于产品拍摄和直播补光，其结构通常由灯体、三脚架、灯罩和电源线四大部分组成。在购买时，灯体瓦数有多种选择，如 100W、150W、220W 等，可根据拍摄场地空间大小来挑选合适的瓦数。三脚架和电源线通常为通用配件，而灯罩则有多种选择，可根据拍摄需求更换不同类型的灯罩。常见的灯罩如图 4-14 所示。例如，在拍摄全身人物时，可选择球形柔光罩，以获得更广泛的光线散射效果；而在拍摄桌面产品或人物坐着口播画面时，柔光箱则是更理想的选择，它能提供更为集中的光线效果。

图 4-13　固定式补光灯

图 4-14　灯罩

2. 移动式补光灯

移动式补光灯在户外拍摄和移动拍摄中发挥着重要作用。如图 4-15 所示，这种补光灯与固定式补光灯有所不同，

课堂讨论

你会购买哪种类型灯罩？

它依赖于电池供电，因此可以在户外无电源的情况下进行补光工作。值得一提的是，移动式补光灯可以手持使用，为拍摄带来极大的灵活性。例如，在拍摄光线扫描而过的画面时，移动式补光灯往往是首选。

然而，移动式补光灯也存在续航方面的考量。市场上常见的移动式补光灯，其续航时间多为 90 分钟。这意味着在进行短时间拍摄或户外拍摄时，携带移动式补光灯是既方便又实用的选择。但如果你需要更长时间连续拍摄，可能需要考虑备用电池或其他充电解决方案。

综上所述，移动式补光灯以其便捷性和灵活性成为户外和移动拍摄的理想选择。在选择时，你可以根据自己的拍摄需求和续航要求来做出最佳决策。

图 4-15　移动式补光灯

4.1.4　录音工具

追求稳定的画面效果，稳定器不可或缺；追求完美的视觉效果，灯光设备至关重要。然而，想要打造高品质的短视频视听盛宴，录音工具同样扮演着至关重要的角色。录音工具是提升声音质量的专业利器，如图 4-16 所示。

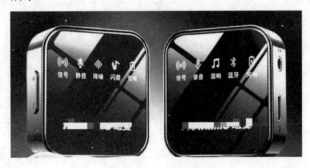

图 4-16　录音麦克风

麦克风作为录音工具的核心，其音质往往优于原拍摄设备的收音效果，并且具有出色的适配性，能够轻松连接各种设备，完成高质量的收音工作。特别是在户外拍摄时，环境杂音较多，为演员配备专业收音麦是确保声音清晰纯净的关键。

在选择麦克风时，以下几点值得注意。

1. 麦克风的指向性

它决定了麦克风收音的范围和敏感度。常见的麦克风指向性包括全指向、心形指向和 8 字指向，分别适用于不同类型的收音场景。

- 全指向麦克风：能够全方位地捕捉声音，适用于大合唱录制、办公室会议记录等需要全方位收音的场合。
- 心形指向麦克风：主要捕捉正前方的声音，对背面和两侧的声音有较好的抑制效果，常用于对话采访、口播类视频。
- 8 字指向麦克风：主要捕捉正前方和正后方的声音，对两侧的声音不敏感，适合公司会议记录、双人口播节目录制等场景。

2. 收音距离

对于无线麦克风而言，收音距离及穿墙效果是购买时的重要考量因素。市场上的一些无线收音麦，如某品牌的产品，宣传可达到无线 100 米的接收效果，但实际效果还需根据具体环境和使用场景来评估。

3. 连接方式

目前大部分的收音麦都支持连接智能手机与相机，不过部分设备连接手机时需要购买对应的转接线才可完成。

综上所述，选择合适的录音工具对于提升短视频的视听品质至关重要。从麦克风的指向性到收音距离再到连接方式，每一个细节都需要我们仔细考虑，以确保最终呈现出的短视频能够达到预期的高品质效果。

知识加油站
设备器材如何保养？ 拍摄短视频所使用的工具，在每次使用之后，都需要进行适当的清洁与保养，以延长其使用寿命。但请注意，保养的频率不宜过高，以免对设备造成不必要的损伤。 **相机清洁与保养**：相机是拍摄的核心设备，其质量直接关系到最终的拍摄效果。因此，定期清洁相机至关重要。常见的清洁工具包括强力气吹、传感器清洁棒、镜头笔、软毛刷、清洁液和镜头布等。使用这些工具时，请确保按照说明书的指导操作，以免对相机造成损害。 **智能手机与云台稳定器**：在使用智能手机和云台稳定器时，特别注意在拆卸和安装时遵循明确的步骤。此外，使用完毕后，应及时为电源类设备充电，并妥善收纳整理。 **三脚架与补光灯**：当你外出携带三脚架和补光灯时，务必小心避免磕碰。建议使用对应的包装袋进行包裹，以减少潜在的损害。同时，使用后应及时清洁设备上的灰尘。需要注意的是，不同材质的设备可能需要不同的保养方法。 **麦克风保养**：麦克风的保养重点在于其保存环境。为了确保麦克风的声音质量，不建议非专业人士自行清洁麦克风。麦克风的声音质量主要取决于其内部的振膜，如果没有经验，自行清洁可能会对其造成损害。因此，只需确保麦克风存放在干燥的环境中即可。

4.2 拍摄参数与设置

在购买好拍摄器材之后，应该先熟悉其常用的拍摄参数，以及如何设置这些常用参数。下面我们将详细讲解这些参数及其设置。

4.2.1 拍摄参数

根据需求选择好拍摄设备后，需要设置拍摄设备的参数，例如分辨率、帧速率、画面比例等，以便后期顺利开展拍摄工作。

1. 分辨率

分辨率是指屏幕图像的精密度，即显示器所能显示的像素有多少。分辨率是衡量屏幕图像精细程度的关键指标，代表着显示器能呈现的像素总数。在显示内容中，每一个点、每一条线、每一个面都依托于像素构成。像素数量越多，画面就越细腻，相同屏幕空间内能展现的信息也更丰富。因此，分辨率在视频制作中扮演着至关重要的角色。

常见的分辨率类型包括 4K（3840×2160 像素）、2K（2560×1440 像素）、1080P（1920×1080 像素）和 720P（1280×720 像素）。在拍摄短视频时，1080P 分辨率通常能满足大多数需求。然而，若追求极致的画面清晰度，4K 分辨率无疑是更好的选择。但需要注意的是，4K 视频文件通常较大，且并非所有短视频平台都支持上传 4K 分辨率的视频。

因此，在选择分辨率时，需根据实际需求、设备性能以及目标平台的支持情况来做出权衡。

2. 帧速率

帧速率（Frames Per Second，FPS）是指图形处理器每秒钟刷新图片的帧数。这可以理解为显示器每秒钟能够展示多少次新的图像。FPS 值越高，所展现的动作就越加流畅和自然。在国内，常见的帧速率有 24FPS、30FPS 和 60FPS。

当帧速率超过 60FPS 时，例如 120FPS、240FPS、480FPS、960FPS 乃至 2160FPS 等，由于每秒捕捉的图片帧数大幅增加，这使得播放时可以形成慢动作效果。例如，120FPS 意味着每秒捕捉 120 幅图片，当以正常速度播放时，动作看起来会非常流畅；若以一半的速度播放，则会出现慢动作效果。

在拍摄短视频时，一般选择 30FPS 即可满足大部分需求。但如果你追求更高的画面流畅度，60FPS 会是一个更好的选择。当然，高帧速率也意味着拍摄出来的素材文件会更大，这可能会增加后期编辑和存储的负担。

综上所述，在选择帧速率时，需要综合考虑拍摄需求、设备性能以及后期处理的便利性，以达到最佳的视觉效果和制作效率。

3. 画面比例

在选择拍摄短视频的画面比例时，需要综合考虑多个因素，包括目标平台的要求、观看体验以及所要传达的内容。不同的画面比例会给观众带来不同的视觉感受，同时也能影响画面所展示的内容量和细节。

常见的画面比例包括 9:16、16:9、3:4 和 1:1 等。9:16 的比例在竖屏观看时较为常见，适用于手机等移动设备上的短视频内容，因为它能够更好地适应手机的竖屏显示。16:9 的比例则更常见于传统电视和计算机显示器，适合横屏观看，能够展现更宽广的画面。3:4 的比例介于两者之间，适用于一些特定的场景或内容。1:1 的比例则是一个正方形，能够确保视频在任何设备上都能保持一致的显示效果。

除考虑观看体验外，还需要根据目标平台的要求来选择拍摄画面的比例。例如，西瓜、知乎等平台支持 16:9 的比例，因此在制作适用于这些平台的视频时，应选择 16:9 的比例。而如果是为电商平台制作主图视频，则推荐使用 1:1 的比例，因为这种比例能够更好地展示产品的细节和特点。

在选择画面比例时，还需要考虑所要传达的内容。例如，如果要展示一个宽广的风景或场景，16:9 的比例可能更为合适。而如果要突出某个产品或人物的特点，9:16 或 3:4 的比例可能更加合适。

综上所述，在选择画面比例时，需要综合考虑目标平台的要求、观看体验以及所要传达的内容，以达到最佳的视觉效果和传达效果。同时，也需要注意不同比例对画面构图和细节展示的影响，以确保最终呈现的视频能够达到预期效果。

名师提点

> 拍摄短视频之前，需要选择好拍摄的比例，不同比例的视频，观感会不一样，所展示的画面也不一样。同时，不同的平台也会有不同的比例要求，例如西瓜、知乎等平台支持 16:9 比例的视频，而电商平台的主图视频推荐 1:1 的比例。

4.2.2 参数设置

1. 手机参数设置

课堂讨论

设置好你手机的拍摄参数。

了解分辨率和帧速率两个较为重要的参数之后，就可以对智能手机进行前期的参数设置了，不同设备的设置入口会有所不同。

1）手机参数的设置步骤

大部分苹果手机的参数设置步骤如下：

步骤01 点击手机中的【设置】图标，进入【设置】页面，选择【相机】选项，如图4-17所示。

步骤02 进入【相机】页面，选择【录制视频】选项，如图4-18所示。

步骤03 在【录制视频】页面中选择【1080p HD/30 fps】选项，如图4-19所示。

图4-17　选择【相机】选项　　　图4-18　选择【录制视频】选项　　　图4-19　选择【1080p HD/30 fps】选项

大部分安卓手机的参数设置步骤如下：

步骤01 点击手机中的【相机】图标，进入拍摄页面，并将页面切换至录像页面，点击页面右上方的 ☰ 按钮，如图4-20所示。

步骤02 进入【设置】页面，点击【视频分辨率】选项，进入【视频分辨率】页面，选择想要设置的视频分辨率，比如选择【[全屏]1080P 30FPS】选项，如图4-21所示（设置视频帧率的方法与设置视频分辨率的方法一样）。

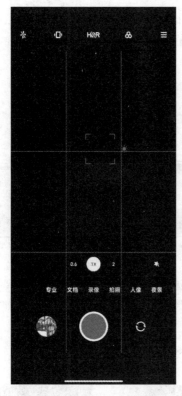

图 4-20　将页面切换至录像页面

图 4-21　设置页面

2）实操：锁定曝光和对焦

课堂讨论

掌握锁定曝光和对焦功能的使用。

在拍摄过程中，大部分智能手机的感光元件会根据环境光线的变化进行自适应调整。例如，当你将手机镜头对准明亮场景（如白天的天空）时，画面会显得相对明亮。而如果你迅速将手机转移到室内较暗的环境中，起初画面可能会显得较暗，但感光元件会迅速响应，进行画面补光，直至画面亮度恢复正常，如图 4-22 所示。这种自动调整画面亮度的功能正是感光元件的工作原理所在，也是许多人选择手机拍摄的重要原因。

图 4-22　感光元件的工作变化

相较于传统相机，智能手机在拍摄时，无须手动调节复杂的参数就能实现智能补光，极大地简化了拍摄过程。比如，在户外拍摄时，面对太阳光线的不稳定，忽明忽暗，可能导致画面亮度不断变化。此时，你可以选择关闭感光元件的自动调整功能，使画面亮度保持在一个稳定的维度上，从而更好地控制拍摄效果。这种灵活性和便捷性使得智能手机在拍摄领域具有独特的优势。

- 锁定对焦的作用：能够一直对焦人物的脸部，保持不模糊。
- 锁定曝光的作用：能够让你的视频画面不会随着环境光的变化而变化。

以华为 P40 系统手机为例，锁定对焦方式与曝光的操作方法如下：

（1）点击手机中的【相机】图标，选择【录像】模式，如图 4-23 所示。

（2）长按页面，即可锁定对焦方式与曝光，如图 4-24 所示。

3）实操：调节画面亮度

当你锁定智能手机的曝光和对焦后，画面的亮度和清晰度将保持稳定，不再受环境光线变化的影响。这意味着，即使在光线条件不断变化的环境中，你也能确保拍摄的画面保持一致的曝光和清晰度。

然而，锁定曝光和对焦后，如果画面的亮度仍然无法满足你的需求，可以通过调节按钮来调整画面的明亮度。你可以在拍摄界面上找到相应的亮度调节按钮或滑块，通过滑动或点击来调整画面的亮度，使其达到你期望的效果。

锁定对焦或者轻点一次对焦之后，旁边有一个小太阳，可以按住上下滑动，往上是提升亮度，往下是降低亮度，如图 4-25 所示。

  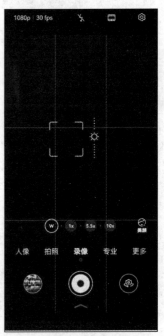

图 4-23　选择录像模式　　图 4-24　长按页面锁定对焦方式与曝光　　图 4-25　画面亮度调节

需要注意的是，虽然智能手机具备一定的自动补光功能，但在极端光线条件下，如环境光过暗，这种自动补光可能难以达到理想的效果。在这种情况下，你可能需要借助专业的补光工具来增强画面的亮度，以获得更好的拍摄效果。

总之，通过锁定曝光和对焦，并结合亮度调节功能，你可以更好地控制智能手机拍摄的画面亮度和清晰度。而在光线条件不佳的情况下，使用补光工具是提升拍摄效果的有效方法。

2. 相机参数设置

相机的拍摄参数设置与智能手机存在显著差异，这主要是因为相机在设计时更侧重于满足专业摄影或高质量影像记录的需求。不同品牌和型号的相机，其设置入口和选项也可能有所区别，这为用户提供了更多的选择和灵活性。

当我们开始设置相机进行视频拍摄时，首先遇到的选择就是视频格式。常见的视频格式有 PAL（Phase Alternating Line）和 NTSC（National Television System Committee）两种。这两种格式在多个方面存在明显差异，因此选择合适的格式对于保证拍摄效果至关重要。

1）PAL 电视标准

PAL 电视标准是一种广泛应用于欧洲和中国等地的电视广播标准。在 PAL 格式下，视频每秒包含 25 帧，电视扫描线为 625 线。这种格式的特点是奇场在前，偶场在后，即先扫描奇数行，再扫描偶数行。标准的数字化 PAL 电视标准分辨率为 720×576 像素，画面的宽高比为 4:3。由于 PAL 标准在中国和欧洲等地广泛使用，因此在进行一般拍摄时，选择 PAL 格式是较为常见的做法。

2）NTSC 电视标准

NTSC 电视标准是主要应用于美国和日本等地的电视广播标准。在 NTSC 格式下，视频每秒包含 29.97 帧（通常简化为 30 帧），电视扫描线为 525 线。与 PAL 格式不同，NTSC 格式的特点是偶场在前，奇场在后，即先扫描偶数行，再扫描奇数行。标准的数字化 NTSC 电视标准分辨率为 720×486 像素，画面的宽高比同样为 4:3。

对于选择 PAL 格式还是 NTSC 格式，拍摄者需要考虑到目标观众所在地的主要电视广播标准。例如，如果视频主要面向欧洲或中国市场，那么选择 PAL 格式会更加合适；而如果目标观众主要位于美国或日本，则应选择 NTSC 格式。此外，拍摄者还应考虑视频的具体用途和播放平台，以确保所选格式与播放环境兼容。

除视频格式外，相机还提供了众多其他参数设置选项，如曝光、白平衡、对焦等。这些参数设置同样需要根据具体拍摄场景和需求进行调整。通过熟悉并掌握这些设置选项，拍摄者可以更加灵活地应对各种拍摄挑战，从而创作出更加专业、高质量的影像作品。

随着科技的进步和时代的演变，智能手机因其便捷性和多功能性，逐渐成为许多人进行拍摄的首选工具。相较于传统相机，智能手机在拍摄功能上或许无法提供多样化的对焦模式和焦距选择，但它通过自动锁定曝光、对焦，并智能调节画面亮度，为用户提供了更加简便而高效的拍摄体验。这种优化不仅简化了拍摄流程，还使得普通用户也能轻松拍摄出高质量的照片和视频。

4.3　短视频拍摄常用技巧

短视频拍摄不仅是一门技术，更是一门充满创意的艺术。每一个镜头背后都隐藏着摄影师的匠心独运和对视觉艺术的深刻理解。为了打造出专业水准的短视频，掌握其核心技法显得尤为关键。从拍摄景别的选择到构图的巧妙运用，再到运镜技法的灵活运用，每一个环节都考验着摄影师的技艺和创意。在接下来的探讨中，我们将逐一深入剖析这些核心要素，帮助读者更好地理解并应用它们，让你的短视频作品焕发出专业而独特的魅力。

4.3.1 拍摄景别

拍摄景别指的是在摄影画面中，被摄主体及其周围环境所呈现出的视觉范围与深度。景别通常可以分为远景、全景、中景、近景、特写等，如图 4-26 所示。每一种都代表着独特的视觉体验和情感表达。景别的选择直接关系到画面的空间感、视觉节奏以及观众的观看体验。

图 4-26 景别

景别通常由以下三个因素所决定。

● 拍摄距离：摄影机与被摄主体之间的距离是决定景别的首要因素。通常来说，距离越近，景别越小，反之则越大。例如，在拍摄风景时，若摄影机距离景物较远，得到的画面就是宽广的远景；而若靠近某一具体物体，则可能呈现出特写或近景的效果。

● 镜头焦距：镜头焦距的长短同样对景别产生显著影响。在不改变拍摄位置的前提下，缩短焦距会使画面中的物体看起来更大，从而得到较小的景别；而拉长焦距则会使画面中的物体看起来更小，得到的景别相应增大。例如，使用长焦镜头可以从远处捕捉细节，形成特写效果。

● 传感器尺寸：摄影机的传感器尺寸也会对景别产生影响。传感器尺寸越大，所能捕捉到的画面细节就越多，从而在一定程度上影响景别的选择。

在拍摄实践中，摄影师需要综合考虑上述因素，结合拍摄意图和现场环境，灵活选择和使用不同的景别，以达到最佳的视觉效果和情感传达。

1. 特写

特写是指将被摄体拍摄得非常近，只拍摄一个局部或者细节。特写可以突出被摄体的细节和纹理，展现出被摄体的个性和特征。它常用于人物肖像、人物情感状态、物品细节及其特征的拍摄。

在表现人物时，运用特写镜头能表现出人物细微的情绪变化，揭示出人物心理活动，使观众在视觉和心理上受到强烈的感染。

特写拍摄具有以下几个特点。

- 突出细节：特写拍摄通常使用非常近的拍摄距离，以捕捉到被摄体的微小细节和表情。这种拍摄方式使观众能够更加近距离地观察被摄体的细微变化和特征。
- 强调主题：特写拍摄通过放大被摄体的局部，将视觉焦点集中在特定的细节上，从而强调被摄体的重要性和表达。它可以突出细节，让观众专注于被摄体的核心内容。
- 探索情感：特写拍摄可以通过近距离的视角和细节呈现，深入挖掘被摄体的情感和精神状态。观众可以更加直观地感受到被摄体所传递的情感和内心世界。
- 表达力强：特写拍摄常常用于传递强烈的情感和表达。通过放大细节和聚焦被摄体的特定部分，特写可以增强画面的表现力，将观众更深入地引入故事中。
- 创造独特视角：特写拍摄可以带来独特的视角和观察方式。它能够展示平常难以察觉的细节，提供不同于人眼的观察视角，让观众看到被摄体的不同侧面和特征。

综上所述，特写拍摄的特点是突出细节、强调主题、探索情感、表达力强和创造独特视角。这种拍摄方式能够通过近距离的视角、细节呈现和聚焦，带给观众更加深入和直接的观察体验，突出被摄体的特定细节和情感。

2. 近景

近景是指将被摄体拍摄得比较近，能够呈现被摄体的整体形状和细节。近景可以突出被摄体的特点和构图，能够让观看者更加接近被摄体，感受到被摄体的真实质感和细节。在表现人物的时候，画面中的人物会占一半以上的画幅，因此可以细致地表现出人物的面部特征和表情神态，尤其是人物的眼睛。

近景拍摄具有以下几个特点。

- 突出细节：近景拍摄通常使用接近被摄体的拍摄距离，可以捕捉到被摄体的细节，展示其纹理及其他微小的特征。这种拍摄方式能够使观众更加近距离地观察和体验被摄体。
- 强调主题：近景拍摄通过聚焦于被摄体的近距离视角，突出了被摄体作为主题的重要性。这种拍摄方式能够将观众的注意力聚焦在被摄体上，强调主题的存在和表达。
- 创造亲近感：近景拍摄能够创造一种亲近感，使观众感受到与被摄体的密切接触。通过近距离视角，观众可以更加贴近被摄体，感受到其真实和生动的细节。
- 掩映背景：近景拍摄可以通过对背景的模糊或限制，使被摄体更加突出。它可以把视觉焦点放在被摄体上，减少背景干扰，让观众更加专注于被摄体的内容。
- 表达情感：近景拍摄有助于通过细节和近距离的视角表达情感。观众可以从近景中感受到被摄体所传递的情感和表情，增强观影的情感共鸣。

综上所述，近景拍摄的特点是突出细节、强调主题、创造亲近感、掩映背景和表达情感。这种拍摄方式能够让观众更加近距离地感受被摄体的细节和情感，并对主题产生更深入的理解和共鸣。

3. 中景

中景是指在摄影或电影中，相对平衡并合理地捕捉被摄体（主体）与环境背景的一种拍摄方式。在中景中，被摄体被摄影师或摄像师以适中的大小和比例呈现，接近实际观察的效果，从而可以清楚地展现被摄体的整体形状、轮廓以及所处的环境背景。中景不同于特写或全景，它更突出被摄体的主题内容，并带给观者一种逼真而直观的感觉。在摄影和电影创作中，中景常常用来衬托主要人物或物体，突出其在故事情节中的重要性。

中景的主要特点包括以下几点。

- 适中的距离：中景拍摄通常选择一个适中的距离来拍摄被摄体，使其既能显示清晰的细节，又能展示出整体的形状和轮廓。
- 平衡的比例：中景关键是将被摄体与环境背景相对平衡地呈现在画面中。摄影师需要考虑被摄体与环境之间的比例关系，保持画面的平衡和协调性。
- 突出被摄体：尽管中景包含一定的环境背景，但被摄体仍然是焦点和主题。摄影师会通过构图、角度和焦点等方式来突出被摄体，使其在画面中更加显眼。
- 提供背景信息：中景可以展示被摄体所处的环境背景，为观众提供更多的背景信息。这有助于增加画面的层次感和故事的连贯性。
- 中等视角：中景通常以中等视角拍摄，即摄影机位于被摄体的大致高度，并有一个适中的拍摄角度。这样可以使观众感觉更加舒适和自然。

综上所述，中景的主要特点是适中的距离、平衡的比例、突出被摄体、提供背景信息和中等视角。这种拍摄方式能够使被摄体与环境背景相互衬托，达到整体形状和环境背景的合理呈现。

4. 全景

全景是指在摄影或视频拍摄中，将一个较广阔的场景或视野拍摄完整并呈现给观众的一种拍摄技巧。全景的特点主要包括以下几点。

- 完整呈现：全景通过广角镜头或拍摄范围较大的摄影机，能够将周围的环境全部纳入画面中，展示出一个全景的景象。
- 广阔视野：全景拍摄通常会利用广角镜头或多次拍摄拼接技术，使得画面能够呈现出宽广的视野，给人一种开阔和宏大的感觉。
- 特色场景：全景拍摄常常用于展示特色场景，如自然风光、城市景观、建筑物等，突出场景的壮观、美丽或独特。
- 视觉冲击力：全景拍摄能够给观众一种强烈的视觉冲击力，使其感受到场景的广袤与壮丽，增强观赏的沉浸感。
- 故事表达：全景拍摄在电影、纪录片等创作中常用来展示故事中的重要场景，通过呈现整个环境，提供更多的背景信息和视觉上的观感。

总而言之，全景的含义是将一个广阔的场景完整地呈现给观众，其特点包括完整呈现、广阔视野、特色场景、视觉冲击力和故事表达。例如，某短视频作品中，展示大熊猫的镜头采用的就是全景拍摄的方法，可以清晰地展现大熊猫的可爱，如图4-27所示。

图 4-27　全景拍摄大熊猫

5. 远景

远景是指在摄影或视频拍摄中，用于展示远离相机的环境全貌的一种拍摄方式。远景的主要特点如下。

- 展示环境全貌：远景通过广角镜头或拍摄范围较大的摄影机，将远离相机的环境全貌展示给观众。这种拍摄方式可以呈现人物周围广阔的空间环境，包括自然景色、城市景观、建筑物等。
- 突出空间感：远景拍摄通过展示广阔的空间，强调了被拍摄对象与周围环境的关系，给观众一种开阔和宏大的感觉，增强了画面的视觉冲击力。
- 展示大场面：远景拍摄常用于展示群众活动、大规模事件、自然灾害等大场面的镜头画面。通过远景拍摄可以更好地表现出人物与环境的比例关系，展示人潮、群众或壮观的自然景象。
- 视觉引导与故事表达：远景拍摄也可以用于视觉引导和故事表达。通过远景的广阔视野，摄影师可以引导观众的视线，将观众的注意力引向重要的元素或发生的故事情节。

总之，远景是一种用于展示远离相机的环境全貌的拍摄方式，其特点包括展示环境全貌、突出空间感、展示大场面以及视觉引导与故事表达。它可以有效地表达人物周围的广阔空间环境和引导观众的视觉体验。

4.3.2　构图技法

短视频构图是一门艺术，它涉及对视频画面中各元素的巧妙组合与调配，旨在打造具有高度观赏性的视觉画面。通过构图，我们不仅能够呈现作品的核心主题与独特美感，还能将观众的注意力引向视频的兴趣中心，实现最大化的视觉吸引力。因此，熟悉视频画面构图的基本规范与常用手法对于创作者而言至关重要。掌握这些技巧将为你的短视频创作增色添彩，提升整体的视觉表现力。

1. 三分法构图

三分法构图也被称为九宫格构图法，是一种在摄影和视频拍摄中广泛应用的构图技巧。当你打开拍摄辅助线时，会看到画面被四条黄金分割线划分为 9 个等分区域，形成了 4 个交点，这些交点被称为黄金结点，如图 4-28 所示。

图 4-28　三分法构图

- 应用方法：运用三分法构图时，你只需将主要的拍摄对象放置在这 4 个黄金结点的任意一个上。这样做的好处是，另一边的画面会自然地形成留白，为观众提供视觉上的引导和缓冲。这种构图方式不仅使画面更加平衡和引人入胜，还有助于突出主体的重要性。
- 适用场景：三分法构图因其简洁而高效的特点，在多种拍摄场景中都有出色的表现。无论是拍摄人物肖像，还是风景、建筑，甚至是静物，三分法构图都能帮助摄影师快速定位并优化画面布局。
- 优势：①平衡感：通过将主体放置在黄金结点上，可以轻松地实现画面的平衡，避免感觉过于拥挤或空洞。②引导视线：黄金分割线本身具有引导观众视线的作用，使观众能够更快地注意到画面中的重点。③突出主题：通过留白和主体的对比，三分法构图能够突出主题，使观众更容易理解和感受摄影师的意图。

2. 对称式构图

对称式构图作为摄影中最为常见和基础的构图方式之一，其核心理念在于利用画面中的对称元素来构建平衡和和谐的视觉效果，如图 4-29 所示。

图 4-29　对称式构图

- 主要模式：①上下对称：上下对称构图通常用于拍摄那些具有垂直轴心的对象，如建筑、树木或自然景观。在这种构图方式中，画面的上半部分和下半部分呈现出镜像般的对称关系，给人一种稳重、平衡的感觉。②左右对称：左右对称构图则更多地应用于水平轴心的对象，如水面、街道或桥梁等。当画面被垂直分割线分为两半时，左右两侧的元素呈现出相同的形态和布局，从而创造出一种和谐、宁静的视觉效果。
- 应用场景：对称式构图在多种拍摄场景中都有广泛的应用。特别是在拍摄建筑结构和风景图时，它能够有效地突出建筑的设计美感，如对称的布局、门窗的排列等。同时，在风景摄影中，对称构图也能够展现出大自然的平衡与和谐，如湖泊的倒影、山脉的呼应等。
- 优势：①平衡感：对称构图能够带来强烈的平衡感，使画面更加稳定、和谐。②突出主题：通过对称的布局，可以有效地突出画面中的主题元素，引导观众的视线。③强调美感：对称构图能够强调建筑设计或自然景观的美感，提升画面的艺术价值。

3. 对角线构图

对角线构图是一种富有创意和视觉冲击力的构图技巧，通过将拍摄主体放置在画面的对角线上，摄影师能够营造出更加立体、动感的画面效果，如图 4-30 所示。这种构图方式不仅使线条更加引人注目，还能拉长视觉效果，从而更加突出主体的特点。

图 4-30　对角线构图

在运用对角线构图时，摄影师需要仔细考虑如何安排主体和背景元素，以形成对角线的关系。通过将主体置于对角线上，摄影师可以创造出一种动态的视觉效果，使画面更加生动和有趣。同时，对角线构图还能够有效地引导观众的视线，使他们的目光更加集中地聚焦在主体上。

此外，对角线构图还具有拉长视觉的效果。通过将主体置于对角线上，摄影师可以创造出一种空间感，使画面在视觉上更加广阔和深远。这种效果不仅能够增强画面的冲击力，还能够使主体更加突出，让观众更容易记住。

总的来说，对角线构图是一种极具创意和视觉冲击力的构图方式。通过巧妙地运用这种构图技巧，摄影师可以营造出更加立体、动感的画面效果，使作品更加引人入胜。无论是拍摄风景、人物还是其他类型的照片，对角线构图都能够为摄影师的创作带来无限的可能性。

4. 三角形构图

三角形构图是一种经典的构图方式，它以三角形为基础形状，为画面带来稳重、坚实的视觉效果，如图 4-31 所示。在建筑摄影中，三角形构图尤为常见，其稳定、踏实的特性使得建筑物体呈现出一种坚固与永恒的美感。

图 4-31 三角形构图

当摄影师运用三角形构图时，他们会在画面中精心安排元素，使其形成或隐含一个三角形。这样的构图不仅可以为观众带来视觉上的稳定感，同时也传达了建筑物体的坚固与稳重。三角形构图在建筑摄影中应用广泛，无论是拍摄高楼大厦、古老的庙宇还是现代的雕塑，都能通过这一构图方式展现出建筑物的独特魅力。

此外，三角形构图还具有一定的动态效果。当三角形以倾斜或倒置的形式呈现时，画面会呈现出一种不稳定、动态的感觉，为观众带来一种紧张和活力。这种构图方式常用于表达建筑物的力量、速度和动感，为观众带来更加丰富的视觉体验。

总的来说，三角形构图是一种稳定而富有表现力的构图方式。在建筑摄影中，它不仅能够展现建筑物的稳重与坚固，还能通过动态效果为观众带来更加丰富的视觉体验。摄影师可以通过巧妙运用三角形构图，将建筑物的独特魅力完美地呈现给观众。

5. 引导性构图

引导性构图是一种巧妙的构图技巧，通过利用线条或其他视觉元素来引导观众的目光，使其自然地汇聚到画面的主要表达对象上，如图 4-32 所示。虽然这种构图法在短视频中的运用相对较少，但在大场景、远景的表现中却极具效果。

图 4-32 引导性构图

在大场景或远景拍摄中，引导性构图能够充分发挥其优势。摄影师可以通过精心布置线条、道路、河流等自然或人工元素来创造视觉上的引导线，将观众的视线引向画面的重要部分。这种构图方式不仅有助于突出主题，还能增强画面的层次感和深度。

值得一提的是，引导性构图并不仅限于明显的线条元素。摄影师还可以通过色彩、光影、透视等手法来创造隐性的引导线，以更加微妙的方式引导观众的视线。这种构图方式的灵活性使得摄影师能够在不同的拍摄场景中创造出丰富多样的视觉效果。

总的来说，引导性构图是一种适用于大场景、远景表现的有效构图技巧。通过巧妙地运用线条和其他视觉元素来引导观众的视线，摄影师能够创作出更具层次感和视觉深度的作品，为观众带来更加引人入胜的视觉体验。

课堂讨论

你用过哪些构图技巧？

6. 框架式构图

框架式构图是一种独特的构图技巧，它通过利用环境中的元素作为框架来突出主体，增强画面的层次感和纵深感，如图 4-33 所示。在摄影中，巧妙地选择框架能够使作品更具吸引力，使拍摄的主体更加突出。

图 4-33　框架式构图

在进行框架式构图时，摄影师需要仔细观察环境，寻找合适的框架元素。这些元素可以是自然的，如树枝、窗户、门框等，也可以是人工的，如建筑物的结构、雕塑的轮廓等。关键是要选择一个与主体相协调、能够突出主体的框架。

比如，窗户作为一个自然的框架，不仅能够为画面提供背景，还能够利用光线的投射营造出一种温馨、柔和的氛围。在这样的框架式构图下，明星的形象会更加鲜明、更具吸引力。

除窗户外，其他框架元素的选择也非常重要。摄影师需要根据主体的特点和拍摄的主题来选择最合适的框架。例如，在拍摄建筑时，可以利用建筑物的结构或雕塑的轮廓作为框架，突出建筑的特色；在拍摄人物时，可以选择树枝或门框等元素，营造出一种温馨、浪漫的氛围。

总的来说，框架式构图是一种富有创意和表现力的构图方式。通过巧妙地选择框架元素，摄影师能够突出主体，增强画面的层次感和纵深感，使作品更具吸引力和感染力。无论是在明星图片的拍摄，还是其他类型的摄影中，框架式构图都能为摄影师的创作带来无限的可能性。

4.3.3 运镜技法

在拍摄短视频时，运镜技巧的运用能够让镜头活跃起来，为画面注入动感和生命力。运镜，即通过灵活调整拍摄设备的机位，创造出富有动态感的视觉效果。这种技巧打破了传统固定视点的限制，为画面的景别、角度、透视空间和构图提供更多的灵活性和变化性，从而极大地丰富画面的表现力和层次感。运镜技法涵盖推、拉、摇、移、升、降、甩、跟等多种手法，每一种都有其独特的表现效果和适用场景。

1. 推

推镜头，即被拍摄主体不动，通过镜头逐渐靠近被拍摄主体，使画面由远至近逐渐聚焦，如图 4-34 所示。这种拍摄方式常用于展示产品的第一印象，细致描绘产品细节，突出主体元素，以及营造悬念氛围。推镜头的运用不仅丰富了视觉表现，还为观众带来了更加沉浸式的观赏体验。

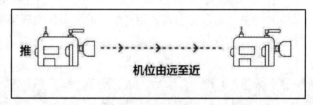

图 4-34 推镜头

2. 拉

拉镜头与推镜头恰恰相反，被拍摄主体不动，镜头慢慢向后远离被拍摄主体，画面也会由近到远展示，如图 4-35 所示。该镜头常用于交代更大的背景，例如拍摄自然风光、拍摄建筑物，营造出一种远离主体的效果，给用户更为宏大的感受。

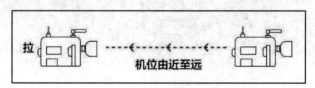

图 4-35 拉镜头

3. 摇

摇镜头是一种拍摄技巧，通过镜头跟随被拍摄主体的移动进行拍摄，从而捕捉其动态，如图 4-36 所示。这种拍摄方式在固定环境下尤为适用，例如拍摄人物走动时，能够突出展现人物的行动轨迹和动态变化，增强画面的生动性和表现力。摇镜头的运用不仅使观众能够更加身临其境地感受场景，还为作品注入了更多活力和动态美。

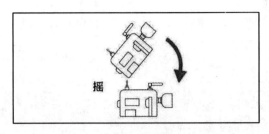

图 4-36　摇镜头

4. 移

移镜头是指镜头的机位发生了位移变化，沿水平面在各个方向进行移动拍摄，如图 4-37 所示，便于展现被拍摄主体的不同角度。

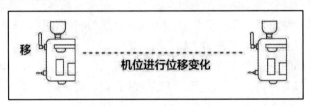

图 4-37　移镜头

5. 升

升镜头，即通过镜头向上运动，逐渐从被拍摄主体的底层升至顶层。这种拍摄方式常用于捕捉塔形建筑、树木等高大物体的全貌。升镜头不仅能够展现物体的宏伟气势，还能通过视角的变化为观众带来全新的视觉体验。在拍摄过程中，摄影师可以根据实际需要调整镜头的升降速度和角度，以达到最佳的拍摄效果。

课堂讨论

你用过哪些拍摄手法？

6. 降

降镜头与升镜头形成鲜明对比，是指镜头向下运动，逐渐远离被拍摄主体。这种拍摄方式常用于展现被拍摄主体的宏大场景或高度。通过降镜头，观众能够从一个较高的视角俯瞰整个场景，获得更加全面的视觉体验。在拍摄过程中，摄影师可以根据具体需求调整镜头的下降速度和角度，以达到理想的拍摄效果。

7. 甩

甩镜头是一种独特且较少见的运镜技法，它指的是镜头从一个画面迅速切换到另一个画面，以实现画面之间的快速转换。这种拍摄方式常用于拍摄画面切换，能够为观众带来强烈的视觉冲击和动感体验。通过甩镜头，摄影师可以创造出更加生动、活泼的视觉效果，使作品更具吸引力和表现力。

8. 跟

跟镜头是一种拍摄技巧，它要求在拍摄主体处于运动状态时，镜头紧随其运动轨迹进行移动。这种拍摄方式能够全方位地捕捉拍摄主体的动作、表情以及运动方向，为观众带来身临其境的感受，使他们仿佛置身于现场，共同经历主体的运动过程。通过跟镜头，摄影师能够更加生动地展现主体的动态美感和力量，为作品注入更多活力和真实感。

> 当掌握每种运镜技法后，后期可以结合两个甚至多个运镜技法拍摄，比如推+升、拉+降等手法，进而拍摄出更多样化的视频效果。

4.4　使用剪映剪辑短视频

在短视频创作中，后期剪辑扮演着至关重要的角色。拍摄只是起点，通过后期剪辑，原本平淡的素材才能够被赋予生命与灵魂，变得更加引人入胜。后期剪辑不仅仅是简单地将拍摄素材串联起来，更是一门关于故事叙述、情感传递和视觉美学的艺术。它允许我们在素材的基础上加入丰富的字幕、流畅的转场、震撼的特效和个性的贴纸，这些元素共同为视频注入了新的活力，使其更具吸引力。本节将深入探索后期剪辑工具的使用，从工具的认识、页面操作到具体的剪辑步骤，每一步都精心打磨，旨在帮助你创作出更加精彩绝伦的短视频作品。

4.4.1　认识剪映剪辑工具

剪辑短视频前，选择合适的剪辑工具至关重要。随着短视频的兴起，众多剪辑软件纷纷涌现，尽管它们在界面设计上可能各有千秋，但在操作逻辑上往往大同小异。在此，我们特别推荐抖音开发的 PC 端剪映软件。你只需在百度中搜索"剪映"，访问其官方网站，即可轻松下载并安装。同时，对于手机用户，抖音也提供了手机版剪映，你可以直接在手机应用商城中搜索并下载。这款工具具备强大的剪辑功能，易于上手，无论你是初学者还是专业人士，都能通过它轻松打造出高质量的短视频作品。

1. PC 端版剪映

随着抖音平台的迅速崛起，其旗下的剪辑工具——剪映受到了广大用户的热烈欢迎，逐渐成为主流的视频剪辑工具之一。这款软件不仅功能全面，而且极具创意。它支持视频变速，提供多样化的滤镜和美颜效果，让用户能够轻松打造出独具特色的视频作品。同时，剪映还拥有丰富的曲库资源，为用户提供了广泛的音乐选择。值得一提的是，自 2021 年 2 月起，剪映支持在手机移动端、Pad 端、Mac 端以及 Windows 电脑全终端使用，满足了不同用户的需求。在设计上，剪映充分考虑了用户的使用习惯、功能需求与审美特点，使得操作更加便捷，界面更加美观。其中，PC 端剪映的主界面如图 4-38 所示，直观展示了其强大的功能和简洁的操作界面。

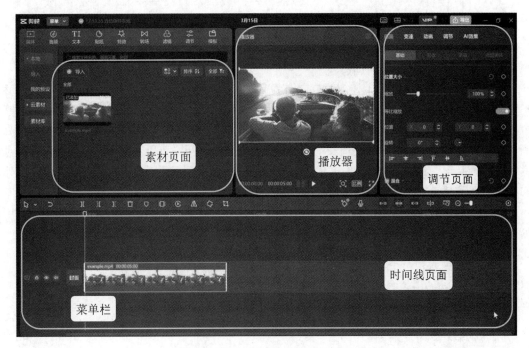

图 4-38　PC 端剪映的主界面

剪映的主界面是一个功能丰富的编辑中心，它为用户提供了一站式的视频剪辑体验。下面对剪映主界面的各个功能进行详细介绍。

（1）媒体：这是素材的入口，无论是计算机本地的视频、音频、图片，还是云素材或剪映官方提供的丰富素材库，都可以通过这一功能轻松导入，为创作提供源源不断的灵感。

（2）音频：音频是视频的重要组成部分。在这里，用户可以导入并使用平台提供的多样音频和音效素材。更妙的是，它还支持从已有视频中提取音频，或是在抖音收藏的音乐中直接同步使用。此外，通过链接下载功能，还能轻松获取他人作品中的音频。

（3）文本：字幕是视频内容传达的重要辅助。剪映的文本功能支持新建文本、花字和文字模板，并且可以自动智能识别字幕，甚至自动识别歌曲歌词并添加歌词字幕。用户还可以导入本地字幕文件，如 SRT、LRC、ASS 格式，一键生成字幕，极大地提高了编辑效率。

（4）贴纸：为视频添加贴纸可以让画面更加活泼和有趣。剪映提供了丰富的静态和动态图片素材，用户可以根据需要将其添加到视频的合适位置。

（5）特效：特效能够增强视频的视觉效果。在这里，用户可以为画面添加各种特效，无论是画面特效还是人物特效，都能让视频更加生动和引人入胜。

（6）转场：转场效果是视频剪辑中不可或缺的一部分。它能够在不同的视频片段或镜头之间创造流畅的过渡效果。剪映提供了多种转场效果供用户选择，并且可以控制转场的时长，使视频更加流畅和自然。

（7）滤镜：滤镜能够为视频画面增添独特的风格和氛围。剪映提供了多种滤镜效果，用户可以根据需要选择适合的滤镜，让画面更加美妙。

（8）调节：调节功能允许用户对视频画面进行精细的调整。无论是调整亮度、对比度还是色彩，用户都可以根据自己的需求和喜好进行个性化设置。此外，用户还可以进行预设，方便下次直接套用，甚至插入事先做好的调色 LUT（Look-Up Table，查找表），实现更高级的调色效果。

（9）播放器：播放器是查看和预览编辑成果的窗口。在这里，用户可以实时查看经过处理的视频效果，方便再次进行调整和优化。

（10）调节页面：这是一个详细的数据调节窗口。用户可以选择不同的类别（如视频、音频、文本等），查看并修改相应的设置。这一功能为用户提供了极大的灵活性和便利性，使他们能够根据自己的需要进行精确的调整和修改。

（11）时间线页面：时间线是剪辑工作的核心。在这里，用户可以看到所有编辑的内容和对视频进行的剪辑操作。不同的素材在时间线上以不同的颜色显示，方便用户进行管理和调整。此外，时间线还提供了时间码和层级功能，用户可以在这里进行录音等高级操作。

（12）导出：最后，当用户对视频编辑效果满意后，可以通过导出功能将成品保存下来。用户可以选择存储的位置、参数和封面等，然后一键导出，完成整个视频剪辑流程。

总的来说，剪映是一个功能强大且操作简便的视频剪辑平台。无论是初学者还是专业人士，都可以通过它轻松创作出高质量的短视频作品。

课堂讨论

你用过 PC 端、手机端剪映吗？

2. 手机端剪映

手机端剪映与 PC 端剪映在功能上存在许多相似之处，这是由于它们源自同一款软件，并致力于为用户提供一致而高效的视频剪辑体验。然而，手机端剪映在某些方面确实展现出了比 PC 端更为强大的功能。手机端剪映的主界面如图 4-39 所示，剪辑界面如图 4-40 所示。

首先，考虑到手机设备的便携性，手机端剪映在界面设计上更加注重简洁和直观。这使得用户即使在移动设备上也能轻松上手，快速完成视频剪辑任务。

其次，手机端剪映充分利用了手机设备的特性，如触摸屏操作、陀螺仪感应等，为用户提供了更加丰富的交互方式和创作工具。例如，用户可以更加便捷地进行手势操作，如滑动、拖动等，来完成视频的剪辑和调整。

此外，手机端剪映还支持实时预览和分享功能。这意味着用户在剪辑过程中可以随时查看效果，并通过社交媒体等平台将作品分享给朋友或粉丝。这一功能极大地提高了用户创作的即时性和互动性。

总的来说，手机端剪映在保持与 PC 端相似功能的基础上，充分利用了手机设备的优势，为用户提供了更加便捷、高效和富有创意的视频剪辑体验。无论是专业剪辑人员还是普通用户，都可以通过手机端剪映轻松创作出令人满意的视频作品。

1）剪映云功能

剪映云功能为用户提供了一个便捷、高效的素材管理和共享平台，如图 4-41 所示。通过剪映云，用户可以轻松上传各类素材，如视频、图片、音频等，实现跨设备、跨平台的素材共享。这意味着，无论用户身处何地，只要登录剪映账号，就能随时下载和使用之前上传的素材，极大地提高了创作的灵活性和便捷性。

图 4-39　手机端剪映的主界面　　图 4-40　手机端剪映的剪辑界面　　图 4-41　剪映云功能

　　具体来说，剪映云的操作流程非常简单。用户只需在剪映云界面选择需要上传的素材，点击"上传"按钮即可。上传完成后，这些素材将存储在剪映云的云端空间中，用户可以在任何设备上登录剪映账号，进入剪映云界面，选择需要下载的素材进行下载。这样，无论是在家中、办公室还是外出旅行，用户都能随时随地进行创作，无须担心素材丢失或无法访问的问题。

　　此外，剪映云还支持多种格式的素材上传和下载，如 MP4、MOV、JPG、PNG 等，满足了用户多样化的创作需求。同时，剪映云还提供了强大的文件管理功能，用户可以根据项目或类别对素材进行分类管理，方便后续查找和使用。

　　总的来说，剪映云作为手机端剪映的一个重要功能，为用户提供了一个便捷、高效的素材管理和共享平台。它不仅解决了用户在不同设备间共享素材的痛点问题，还为用户提供了一个安全、可靠的云端存储空间，让创作变得更加轻松和自由。

　　2）剪同款功能

　　剪同款功能作为手机端剪映的一大亮点，为用户提供了一个快速、便捷的视频制作解决方案。这一功能在 PC 端剪映中并不存在，充分体现了手机端剪映在满足用户即时创作需求方面的独特优势。

　　通过剪同款功能，用户可以轻松找到适合自己的视频模板，这些模板涵盖各种风格和主题，满足不同场合和需求的创作，如图 4-42 所示。一旦选择了合适的模板，用户只需点击"剪同款"按钮，即可进入素材替换环节，如图 4-43 所示。在这一环节，用户可以选择自己的素材来替换模板中的原有素材，实现个性化的定制。替换过程简单直观，用户只需将选中的素材拖动到对应的位置即可完成替换。

　　完成素材替换后，用户可以直接导出成片，无须进行复杂的后期处理。这一功能大大简化了视频制作流程，让没有专业剪辑经验的用户也能轻松制作出高质量的视频作品。

需要注意的是，虽然剪同款功能提供了基本的素材替换和导出功能，但如果用户希望替换更多的素材或享受更多高级功能，就需要付费解锁更多模板。这一设计既保证了基础功能的免费使用，也为有更高需求的用户提供了更多选择和可能性。

总的来说，剪同款功能的推出大大提升了手机端剪映的实用性和易用性，让用户在享受创作乐趣的同时，也能高效完成视频制作任务。无论是个人用户还是专业创作者，都可以通过这一功能轻松实现创意的转化和分享。

图 4-42 "剪同款"功能界面   图 4-43 点击"剪同款"按钮

4.4.2 剪映的常用操作

为了在手机端更好地展示剪辑步骤，并制作出一个流畅自然的视频，下面给出一个优秀的剪辑师应该遵循的十大步骤。这些步骤将帮助你顺利完成从最初的素材整理到最终的导出和分享，确保你的视频作品能够给观众带来最佳的观感。

第一步：收集与整理素材

- 从各个来源收集视频、音频、图片等素材。
- 使用剪映云或其他云存储服务上传和整理这些素材，确保它们有序且易于访问。

第二步：建立项目与导入素材

- 在手机端剪映中创建一个新项目。
- 导入已整理好的素材到项目中。

第三步：粗剪与素材筛选

- 根据故事情节或主题进行初步的视频剪辑，去掉冗余部分。
- 选择高质量、有故事性的素材，确保它们能够传达信息和情感。

第四步：安排顺序与剪辑结构

- 根据视频内容，合理安排剪辑顺序，确保情节连贯。
- 构建剪辑的基本构架，并考虑加入中心思想或主题风格。

第五步：添加转场与特效

- 使用不同的转场效果，使不同画面之间的过渡更加自然。
- 根据视频风格和内容，添加特效字幕、滤镜或其他视觉效果。

第六步：调整节奏与速度

- 根据视频内容和目标观众，调整剪辑节奏，使其更具吸引力。
- 对于某些部分，可以适当调整帧数，加快或减慢画面速度。

第七步：音频处理与配音

- 添加背景音乐、音效或配音，以增强观众体验。
- 如果视频需要，可以进行二次配音或调整音频音量。

第八步：精细调整与美化

- 对视频进行精细调整，如调整颜色、亮度、对比度等。
- 使用调色板或滤镜改善画面质量和氛围。

第九步：添加标题与字幕

- 为视频添加标题、字幕或标签，以传达关键信息。
- 使用字幕样式和动画，使字幕更加醒目和有趣。

第十步：导出与分享

- 在确认剪辑无误后，选择适当的导出参数并进行质量设置。
- 导出视频并分享到社交媒体或其他平台，让更多人欣赏你的作品。

通过遵循这十大步骤，并结合手机端剪映的强大功能，你将能够轻松制作出一个流畅自然、引人入胜的视频作品。不断练习和探索新的剪辑技巧，你将逐渐成为一名优秀的剪辑师。

1. 素材整理与导入

在开始剪辑之前，有一个至关重要的环节，那就是对素材进行备份。无论是通过手机还是相机拍摄的素材，都应进行妥善的备份，以防止在编辑过程中出现任何意外，导致珍贵的素材丢失。为此，你可以选择使用网盘、U 盘等存储工具来确保素材的安全。

当素材备份完成后，接下来的步骤就是对素材进行整理。这意味着你需要从备份的素材中精心挑选出所需的片段，并按照逻辑顺序将它们导入剪映中。这样，你就可以开始构建自己的视频作品了。

提示: 全书以安卓手机为例讲解剪映的相关操作。

导入素材的具体操作步骤如下:

步骤01 打开剪映应用,在首页中点击"开始创作"按钮,如图 4-44 所示。

步骤02 进入素材选择界面,选择需要导入的照片或视频文件,点击"添加"按钮,如图 4-45 所示。

步骤03 通过以上步骤,就可以将需要导入的素材成功导入剪映应用中,如图 4-46 所示。导入素材后,可以在编辑界面对素材进行剪辑、添加音乐和添加效果等操作。

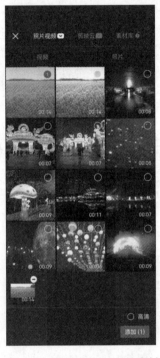

图 4-44　点击【开始创作】按钮　　　图 4-45　选择需要导入的素材　　　图 4-46　成功导入素材

2. 比例与背景填充

导入素材后,需要根据需求选择视频的比例,如果画面有空缺,可以选择背景进行填充。

比例的选择决定了素材的观感,不同平台有不同的比例要求。例如,对于电商平台的主图视频,要求是 1:1。

拍摄素材时,如果不小心拍摄了 16:9 的素材,但是平台要求是 9:16 的比例,这样素材就会显示在中间,上下的位置就会出现没有画面的效果(黑色)。这种情况下,可以选择比例旁边的背景填充功能,该功能共有三种模式,分别是画布颜色、画布样式和画布模糊。

比例与背景填充的具体操作步骤如下。

步骤01 打开剪映应用,点击"开始创作"按钮,添加视频素材,将一级工具栏向右滑动,点击"比例"图标,如图 4-47 所示。

步骤02 在二级工具栏中点击 9:16 画幅的图标后,用双指缩放视频画面,调整画面大小至合适的位置,然后点击√按钮完成画幅比例调整,如图 4-48 所示。

图 4-47 点击【比例】图标　　　　　图 4-48 点击【9:16】图标

步骤 03 返回一级工具栏，点击"背景"图标，如图 4-49 所示。

步骤 04 选择背景填充方式，比如画布模糊，点击"画布模糊"图标，如图 4-50 所示。

步骤 05 选择模糊程度，并点击"全局应用"按钮，最后点击 √ 按钮完成背景填充调整，如图 4-51
所示。

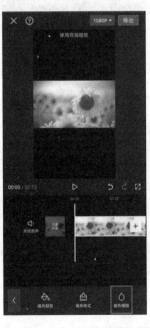
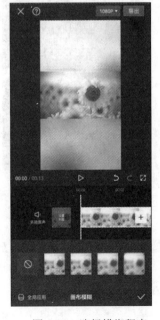

图 4-49 点击"背景"图标　　图 4-50 点击"画布模糊"图标　　图 4-51 选择模糊程度

3. 滤镜与调节

前期拍摄可能会出现画面单调、偏暗、偏亮的效果，可以通过加滤镜与调节进行后期的调整。

滤镜是平台设置的一个调节预设，只需要选择符合的滤镜，就可以让画面效果更好，并且滤镜样式多样。需要注意，不要加太多滤镜，否则会影响视频的画质。

调节拥有亮度、对比度、饱和度、光感、锐化、HSL、曲线、高光、阴影、色温、色调、褪色、暗角、颗粒等效果，可以使用不同的效果完成不同的调节，调节没有固定参数，需要根据画面的实时效果进行调节。

添加调节后，在时间线页面会出现调节因素，选中后，按住"裁剪"按钮，把效果对应到不同的画面中即可。

添加滤镜的具体操作步骤如下：

步骤01 打开剪映应用导入素材，然后将一级工具栏中向左滑动，点击"滤镜"按钮，如图 4-52 所示。

步骤02 进入"滤镜"工具栏，滑动工具栏，可以看到多样化风格的滤镜标签分类，要给美食视频素材添加滤镜，可以选择美食标签中的滤镜。例如，选择"美食"滤镜，当滤镜效果太强或太弱时，可以拖动小圆点调整滤镜强度，然后点击√按钮，如图 4-53 所示。

步骤03 按住滤镜调节层，左右拖动调节滤镜应用视频范围，即可完成添加滤镜，如图 4-54 所示。

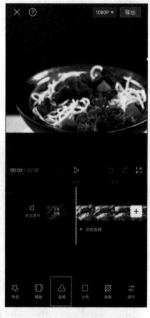 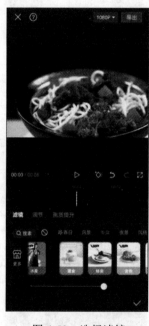 

图 4-52　点击"滤镜"按钮　　　图 4-53　选择滤镜　　　图 4-54　添加滤镜效果

调节的具体操作步骤如下：

步骤01 打开剪映应用，点击"开始创作"按钮，导入一段主体视频素材后，向左滑动一级工具栏，点击"调节"图标，如图 4-55 所示。

步骤02 在二级工具栏中，点击"亮度"图标，将亮度数值调节为 30，接着点击√按钮，如图 4-56 所示。

步骤03 在二级工具栏中，点击"对比度"图标，将对比度数值调节为 30，接着点击√按钮，如图 4-57 所示。

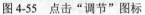

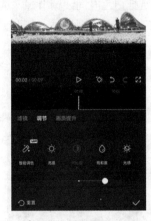

图 4-55　点击"调节"图标　　　　图 4-56　调整亮度　　　　图 4-57　调整对比度

步骤 04 在二级工具栏中，点击 HSL 图标，将色相调整为 10，将饱和度调整为 10，将亮度调整为 30，调整完成后，点击 图标，如图 4-58 所示。

步骤 05 在二级工具栏中，点击"曲线"图标，按住曲线上的调节点进行调节，然后点击 图标，如图 4-59 所示。

步骤 06 返回二级工具栏，点击 √ 按钮，查看最终调色效果，如图 4-60 所示。

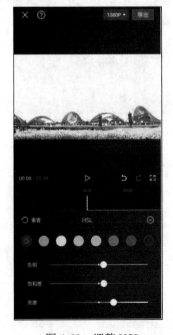

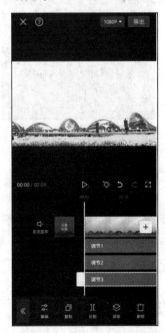

图 4-58　调整 HSL　　　　　图 4-59　调整曲线　　　　图 4-60　最终调色效果

4. 素材废料处理

拍摄素材时，会提前开始拍摄、延迟或暂停拍摄，因此素材的前后、中间就会出现废料，需要进行废料的处理，有两种处理方法：利用分割功能和裁剪。第一种方法是把素材拖动到白色时间线处后，选择调节页面中的分割，即可把素材分割成两个，点击废料的素材，将其删除即可。第二种方法是把白色时间线调节好，选中素材后，按住"裁剪"按钮，直接拖动到对应的位置即可。

下面以第一种方法（删除）为例，为大家讲解素材废料处理的具体操作步骤。

步骤01 打开剪映应用导入素材，然后点击编辑界面下方工具栏中的"剪辑"按钮，如图 4-61 所示。

步骤02 将剪辑轨道上的时间轴定位到需要剪断的位置，点击"剪辑"二级工具栏中的"分割"按钮，即可将视频分割成两段视频素材，如图 4-62 所示。

步骤03 选中需要删除的视频片段，点击"删除"按钮，即可将该视频片段删除，如图 4-63 所示。

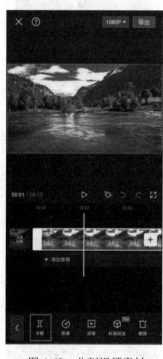

图 4-61　点击"剪辑"按钮　　　　图 4-62　分割视频素材　　　　图 4-63　点击"删除"按钮

5. 变速处理

变速功能主要用于调节视频的速度，可以选择加快、放慢。调节变速的模式有两种，分别是常规变速和曲线变速。常规变速即为整个素材变速，曲线变速可以选择不同时段、不同变速效果。下面以常规变速为例，为大家讲解变速处理的具体操作步骤。

步骤01 打开剪映应用，点击"开始创作"按钮，添加视频素材，点击"剪辑"图标，进入剪辑二级工具栏，如图 4-64 所示。

步骤02 在二级工具栏中点击"变速"图标，如图 4-65 所示。

步骤03 在变速功能的下级工具栏中点击"常规变速"图标，进入常规变速设置页面，如图 4-66 所示。

步骤04 设置变速速度（这里将视频加快 2 倍左右），设置完成后，点击√按钮，即可将原来 12.9 秒的视频压缩到 6.4 秒，如图 4-67 所示。

图 4-64 点击"剪辑"图标

图 4-65 点击"变速"图标

图 4-66 点击"常规变速"图标

图 4-67 设置变速速度

6. 添加音频与音效

为素材添加音频与音效，可以使用剪映平台提供的音频素材，也可以使用抖音平台提供的音效素材，还可以从手机本地导入音频素材。

以使用剪映自带的音频素材为例，在剪映应用中添加背景音乐的具体操作步骤如下：

步骤01打开剪映应用，导入一段没有音乐的视频，接着点击"音频"按钮，如图 4-68 所示。

步骤02在二级工具栏中，点击"音乐"按钮，如图 4-69 所示。

步骤03进入剪映音乐库，选择合适的音乐，点击音乐进行试听后，如果对音乐满意，就可以点击"使用"按钮，如图 4-70 所示。

图 4-68　点击"音频"按钮

图 4-69　点击"音乐"按钮

图 4-70　选择合适的音乐

步骤04如果需要调整音乐的位置或长度，选中剪辑轨道上的音频，按住所选音频拖动调整位置，拖动音频两端修改起始时间，以达到预期效果，如图 4-71 所示。

除添加背景音乐外，还可以使用剪映的音效功能来增强视频的效果。例如，可以添加一些环境音效、特殊音效等来让视频更加生动。

7. 添加转场功能

视频片段与视频片段、镜头与镜头之间会有一个过渡，选中镜头与镜头中间的按钮，可以选择添加转场，加一个过渡效果，添加上去之后，可以控制转场时长，且转场效果模板有多种选择。添加转场的具体操作步骤如下：

步骤01打开剪映应用，批量导入多段视频素材后，点击Ⅱ按钮，如图 4-72 所示。

图 4-71　调整音乐的位置或长度

步骤 02 为素材链接处添加转场效果，这里以叠化转场为例，点击"热门"标签中的"叠化"选项，调整转场数值（范围为 0.1s ～ 3.6s）后，点击√按钮，如图 4-73 所示。

步骤 03 按照上一步的方法，为所有素材添加合适的转场效果，效果如图 4-74 所示。

图 4-72　点击□按钮

图 4-73　添加转场效果

图 4-74　为所有素材添加转场效果

8. 添加贴纸、特效功能

为视频添加贴纸与特效，贴纸模板包含丰富的静态图片、动态图片素材，可以添加到视频合适的位置，让视频画面变得活跃有趣。特效模板包含画面特效、人物特效，根据需求可以给画面增加一种、多种特效效果，让视频画面更加生动吸引。贴纸、特效加入后，可在时间线页面调节对应显示的时长。

下面以添加动画贴纸为例进行讲解，具体的操作步骤如下：

步骤 01 打开剪映应用，导入一段视频素材后，在一级工具栏中，点击"贴纸"图标，如图 4-75 所示。

步骤 02 进入素材库中，选择合适的贴纸，调整位置和大小后，点击√按钮，如图 4-76 所示。

步骤 03 添加贴纸后的效果如图 4-77 所示。

图 4-75　点击"贴纸"图标　　　图 4-76　选择合适的贴纸　　　图 4-77　添加贴纸后的效果

9. 台词字幕生成

视频配备字幕，字幕功能中包含新建文本、花字、文字模板。可以直接使用音频自动智能识别字幕，也可以自动识别歌曲歌词并自动添加歌词字幕。添加字幕后，还可以修改字幕的样式，添加入场动画、出场动画、文字朗读等功能。

下面以识别字幕为例，为大家讲解台词字幕生成的具体操作步骤。

步骤01 打开剪映应用导入素材，然后点击"文字"按钮，如图 4-78 所示。

步骤02 在二级工具栏中，点击"识别字幕"按钮，如图 4-79 所示。

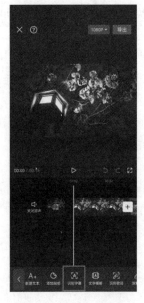

图 4-78　点击"文字"按钮　　　图 4-79　点击"识别字幕"按钮

步骤 **03** 识别类型选择"全部"选项，点击"开始匹配"按钮，如图 4-80 所示。

步骤 **04** 等待片刻，字幕将自动展现在视频上，如图 4-81 所示。

图 4-80　点击"开始匹配"按钮

图 4-81　成功识别字幕

步骤 **05** 如果需要编辑字幕内容，可以选中剪辑轨道上的字幕文本框，然后点击工具栏中的"编辑"
按钮，如图 4-82 所示。

步骤 **06** 在新弹出的文字编辑工具栏中，可以修改文本框中的文字内容以及字体、样式等，如图 4-83
所示。

图 4-82　点击"编辑"按钮

图 4-83　文字编辑工具栏

10. 作品导出

在作品导出之前，需要设置好导出参数，建议选择和拍摄素材的设置参数一样，最后导出即可得到一个成片作品。在剪映应用中，导出视频的具体操作步骤如下：

步骤01 完成视频剪辑后，点击右上角的 1080P 下拉按钮，在弹出的设置界面，选择导出的格式以及分辨率、帧率、码率等参数，以达到更好的画质和流畅度，如图 4-84 所示。

步骤02 设置完参数后，点击右上角的"导出"按钮，跳转到导出界面，显示"努力导出中…"字样和导出进度，如图 4-85 所示。

步骤03 稍等几秒钟，完成视频导出，成功将视频保存到相册和草稿。另外，还可以将视频分享到抖音、西瓜视频等平台上，如图 4-86 所示。

图 4-84　设置导出参数　　　　图 4-85　导出界面　　　　图 4-86　完成视频导出

无论是在手机端还是 PC 端，能对视频进行剪辑加工操作的软件有很多，创作者们可以尝试用不同的软件来操作和学习，这样才能磨炼出更好的短视频剪辑技能。

第 5 章

短视频的发布与推广

【学习目标】

深度研究作品的传播渠道，把握各个平台的特色与受众特征；明确作品发布时的重要注意事项，严防违规操作；积极探寻提升账号自然流量的高效策略，扩大曝光范围并提高影响力；学习并掌握投放付费广告流量的技巧，精准定位并吸引目标受众；掌握账号涨粉的小窍门，推动粉丝数量稳步上升。

【导入案例】

广东夫妇郑建鹏与言真利用付费工具撬动更多流量

广东夫妇郑建鹏与言真，作为抖音平台的头部达人，凭借其独特的 IP 人设——广东搞笑包租公与包租婆的日常，成功吸引了大量粉丝的青睐。自 2019 年起，该账号便开启了直播盈利的新篇章，销售的产品涵盖居家百货、服装及食品等多个领域。

在直播过程中，该账号更是巧妙运用 DOU+、巨量千川等付费投流工具，以获取更多流量，进而实现更出色的盈利效果。这一策略不仅提升了直播间的曝光率，也进一步巩固了其在抖音平台的影响力和地位。

5.1 短视频作品发布方法

本节将深入探索在手机端和计算机端如何发布作品，并研究如何将手机端的作品无缝传输至计算机端。鉴于不同的社交媒体平台各有其独特的发布入口和操作流程，我们将以抖音平台为例，细致讲解其发布的路径及操作步骤。通过本节的学习，你将能够游刃有余地掌握在抖音平台上发布作品的方法，并精通在不同设备间传输作品的技巧，为你的创作之旅增添更多便利。

5.1.1 手机端发布短视频作品

手机端发布短视频的平台有很多，这里我们以抖音平台为例来讲解短视频的发布操作。你只需在手机端下载并安装抖音 App，完成账号注册后，即可轻松发布短视频作品，其具体操作步骤说明如下：

步骤01 打开手机上的抖音 App，在界面下方中间的位置找到+按钮，点击进入拍摄界面，如图 5-1 所示。

步骤02 可以选择即时拍摄作品或者上传手机相册中的作品。即时拍摄的步骤为：选择好对应模式后（视频、图片、文字），点击拍摄页面中间下方的按钮，开始拍摄作品，最大拍摄时长为 180 秒。也可以点击旁边的"相册"按钮，选择手机中已经拍摄并剪辑好的作品。这里以上传手机相册中的作品为例，点击"相册"按钮，如图 5-2 所示。

图 5-1　点击+按钮　　　　　　　　图 5-2　点击"相册"按钮

步骤03 进入视频选择界面，勾选需要上传的视频，点击"下一步"按钮，如图 5-3 所示。

步骤04 进入视频编辑界面，通过界面右侧的工具栏对视频进行编辑，确认无误后，点击"下一步"按钮，如图 5-4 所示。

步骤05 进入发布界面，可以在视频的左侧添加作品描述，同时可以选择话题或者@朋友，然后点击右下角的"发布"按钮就能完成作品的发布，如图 5-5 所示。

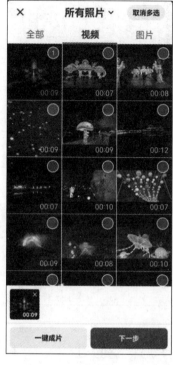

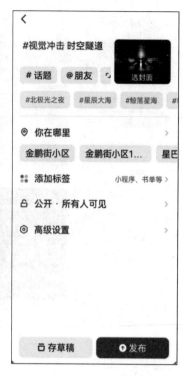

图 5-3 选择需要上传的视频   图 5-4 视频编辑界面   图 5-5 发布界面

5.1.2 计算机端发布短视频作品

除可以在手机端发布作品外，还可以用计算机来发布作品，首先需要准备一台计算机，具体的操作步骤如下：

步骤 01 打开"抖音创作者中心"（https://creator.douyin.com/）界面，点击"登录"按钮后，选择登录角色，进行扫码登录或手机号登录，如图 5-6 所示。

图 5-6 登录"抖音创作者中心"

步骤 02 进入"抖音创作者中心"后，点击"发布作品"按钮，如图 5-7 所示。

图 5-7 点击"发布作品"按钮

步骤 03 进入上传作品界面，可以选择发布视频、发布图文或发布全景视频，这里以发布视频为例，点击上传或直接将视频文件拖入此区域，如图 5-8 所示。

图 5-8 上传作品界面

步骤 04 进入发布界面，添加作品描述、设置封面，完成相关发布操作后，将界面下滑到最底部，点击"发布"按钮就能完成作品的发布，如图 5-9 所示。

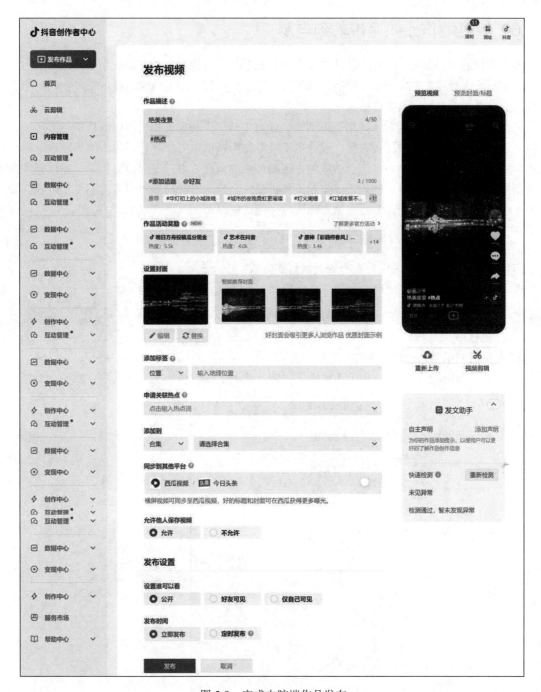

图 5-9　完成电脑端作品发布

电脑端发布作品，对短视频有以下要求：

● 视频格式：支持常用格式，推荐使用 MP4、WebM。

● 视频大小：视频文件大小不超过 8GB，时长在 30 分钟以内。

● 视频分辨率：分辨率为 720p（1280×720）及以上。

5.1.3 手机端作品如何传输到电脑

众多创作者在日常创作过程中，往往倾向于使用手机进行视频剪辑，因此完成的作品自然保存在手机中。若需通过电脑发布这些作品，则需将手机中的视频传输至电脑。接下来，我们将介绍不同类型的手机与电脑间作品的传输方法。

常见的传输方式包括两种：使用百度网盘、U盘中转一下传输，手机与电脑直接连接传输。通过网盘、U盘中转一下传输比较方便，但这里不推荐使用微信或QQ进行传输，因为经过这两个软件传输后，视频的画质和大小可能会被压缩，影响最终的呈现效果。更为便捷且能保证视频质量的方式是使用数据线将手机与电脑连接，实现无损传输。当然，不同品牌和型号的手机与电脑，其具体操作步骤可能会有所不同，需要根据实际情况进行调整。

1. 安卓手机+Windows电脑

以华为 P40 系列手机为例，选择数据线直连方式将手机上的视频作品传送至电脑，具体操作步骤如下：

你平时用什么方式传输文件到电脑端？

步骤01 提前在手机端和电脑上安装"华为手机助手"应用程序。

步骤02 将手机与电脑通过数据线进行连接，先在手机端选择 USB 连接方式，因为传输的是视频，所以选择"传输文件"选项，如图 5-10 所示。

图 5-10 在手机端选择 USB 连接方式

步骤03 将手机端显示的"电脑连接验证码"输入电脑上弹出的【连接设备】界面的文本框中，点击【立即连接】按钮，如图 5-11 所示。

图 5-11　输入"电脑连接验证码"

步骤 04 连接成功后，点击"华为手机助手"首页的"视频"选项，如图 5-12 所示。

图 5-12　点击"视频"选项

步骤 05 在手机端确认授权后，进入相机视频选择界面，勾选需要传输到电脑的视频，然后点击"导出"按钮，即可成功将手机端的视频传输到电脑上，如图 5-13 所示。

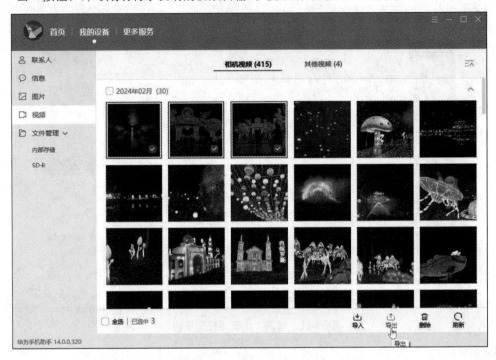

图 5-13　点击"导出"按钮

2. 苹果手机+Windows 电脑

苹果手机与 Windows 电脑传输文件的操作步骤和安卓手机与 Windows 电脑的操作步骤相似，但是需要在 Windows 电脑中下载 iOS 版爱思助手（www.i4.cn）软件，如图 5-14 所示。

图 5-14　爱思助手官网

当使用苹果 USB 数据线将苹果手机连接到 Windows 电脑时，需要在手机上执行"信任"操作，以允许电脑访问手机中的数据。接下来，可以在电脑端打开爱思助手软件，该软件将帮助你管理苹果手机上的内容。一旦连接成功，可以在爱思助手的界面中找到并导出手机端的作品到电脑中。

请注意，为了确保数据传输的顺利进行，请确保你的 USB 数据线是原装的或品质良好的第三方品牌，以避免因数据线问题导致的连接不稳定或数据传输失败。同时，请确保你的手机和电脑都已安装并更新了必要的驱动程序和软件，以确保兼容性和功能的正常运行。

在导出作品时，可以根据需要选择导出整个文件夹或单个文件。此外，爱思助手还提供了其他管理功能，如查看设备信息、备份和恢复数据等，可以根据需要进行操作。

总之，使用苹果 USB 数据线连接 Windows 电脑，并通过爱思助手软件导出手机端作品是一种方便且可靠的方法。

3. 安卓手机+苹果电脑

安卓手机与苹果电脑目前并不支持通过数据线直接连接传输文件，因此建议采用云网盘、百度网盘或 U 盘等外部存储设备进行作品传输。这些方式都能有效地实现文件的跨平台传输，确保作品能够顺利地从安卓手机传输到苹果电脑上。请根据实际需求和设备情况选择最适合你的传输方式。

4. 苹果手机+苹果电脑

对于苹果手机与苹果电脑的组合，可以直接利用隔空投送（AirDrop）功能实现作品的快速传输。这一功能在苹果设备间非常便捷，能够确保文件传输的高效与安全。同时，随着科技的不断发展，许多手机品牌如华为、小米等也推出了类似的生态链功能，允许用户通过无线方式实现手机与电脑之间的快速直连传输，极大地提升了用户的使用体验。

知识加油站

苹果手机连接 Windows 电脑失败，如何处理？

解锁屏幕并在设备上点击"信任"后仍无法连接，请按以下步骤操作：

步骤01 尝试更换其他 USB 接口（机箱后面的 USB 接口）或更换原装数据线进行重连。

步骤02 使用驱动修复工具进行驱动修复后重连，修复驱动。

步骤03 当驱动显示所有内容为正常时，可以尝试重启苹果设备或电脑后重试。

步骤04 若此前通过数据线连接成功，当前无法连接，请尝试 Wi-Fi 连接。

5.2　短视频作品发布技巧

把作品保存到手机端、电脑端后，接下来需要进行作品发布细节的规划，包括编写文案描述、添加话题、@好友、定位设置、作品同步、设置公开、高级设置，以及作品发布的时间与频率设置。

5.2.1　撰写高价值且互动性强的文案描述

文案描述既是对用户的深情诉说，也是对平台的精准对话。它既要激发用户的情感共鸣，引导他们与作品产生深度互动，又要巧妙融入关键词标签，让平台系统能够精准识别，实现更高效的推荐。

在撰写文案时，我们要注重情感与信息的双重传递。用生动的语言描绘作品内容，触动用户的心弦，让他们产生强烈的观看欲望；同时，巧妙地融入与作品主题相关的关键词标签，让平台系统能够准确地捕捉作品的核心信息，从而将其推荐给更多潜在观众。

通过这样精心设计的文案描述，我们不仅能够让作品与用户之间产生强烈的情感共鸣，引发互动；还能让平台系统更好地识别作品的关键词标签，实现更精准的推荐。这样的文案既体现了创作者对作品的深情厚意，又展现了他们对平台规则的深刻理解和巧妙运用。

在编写文案描述时，我们可以从以下三个维度着手，让文案更加精准、吸引人和有价值。

1. 以拍摄主题为文案核心

在拍摄之初，我们便会明确本次的主题。这个主题作为作品的灵魂，自然也是文案描述的最佳素材。它高度概括了作品的精髓，直接作为发布文案，既简洁又明了。无须过多修饰，拍摄主题便能直击观众内心，引发共鸣。

2. 利用"句子控"平台发掘文案灵感

想要创作出富有价值的文案，我们可以借助第三方平台，如"句子控"平台来寻找灵感，如图5-15所示。在这个平台上，众多用户分享了他们的名人名句和心得感想，为我们提供了丰富的素材库。我们可以从中汲取养分，受到启发，创作出既独特又富有深度的文案。但请注意，切勿直接照搬平台上的文案，以免涉及侵权问题。

图5-15 "句子控"平台首页

3. 借助"妙笔"工具生成精准文案

除从"句子控"平台获取灵感外，还可以利用"妙笔"工具的一键智能生成功能来辅助编写文案，如图5-16所示。这款工具可以根据不同行业的特点，输入关键词后便能迅速生成一系列标题文案。这些文案不仅可供我们参考学习，还能根据关键词的不同推荐多样化的标题，极大地丰富了我们的选择范围。通过妙笔工具的帮助，我们能够更加高效地创作出既精准又吸引人的文案。

图 5-16　"妙笔"工具首页

综上所述，通过把握拍摄主题、利用第三方平台寻找灵感以及借助智能工具生成文案，我们能够编写出既符合作品特点又能够吸引观众的文案描述。

5.2.2　精准添加高搜索量话题关键词

随着用户生活方式的变迁，短视频平台已逐渐演变为用户的搜索引擎，他们在遇到疑惑或需要了解的操作时，会首选短视频平台进行搜索，这使得短视频平台的搜索流量持续增长，且搜索结果愈发精准。作为创作者，我们应善于捕捉这一趋势，在发布作品时精准地添加高搜索量的话题关键词，以此吸引更多潜在观众。

要找到这些高搜索量的话题关键词，我们可以借助下面介绍的几个工具。

1. 热点宝

我们在前面提过"热点宝"这个工具，如图 5-17 所示。它不仅能展现最近的热门事件，还能揭示抖音平台上的热门话题。如果你的作品内容与某个热门话题相契合，不妨带上这个话题标签，借此蹭一波热度，提升作品的曝光率。

图 5-17　抖音"热点宝"的热点总榜页面

2. 巨量算数

除热点宝外，巨量算数也是一个寻找热门话题的利器，如图 5-18 所示。它能帮助我们查找并对比不同关键词的热度值，从而筛选出更具吸引力的话题。

图 5-18 "巨量算数" 首页

在 "算数指数" 页面，输入关键词后，可以清晰地看到该关键词的搜索指数趋势图，如图 5-19 所示。利用这一趋势图，我们可以更精准地规划工作布局，比如在搜索指数的高峰期加大相关内容的产出，以获得更佳的传播效果。

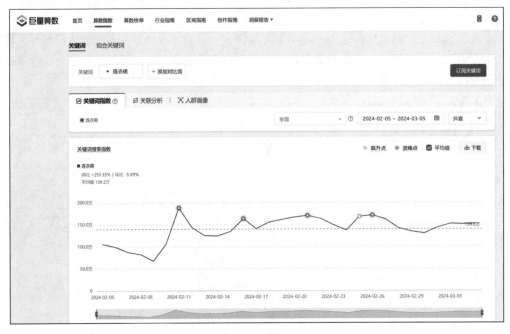

图 5-19 搜索指数趋势图

巨量算数还提供了关键词的 "综合指数解读" 功能，其中包含内容分、传播分和搜索分三个维度。内容分反映了带有该关键词的内容数量；传播分则衡量了用户在看到相关内容后是否愿意进行分享；而搜索分则直接体现了用户搜索该关键词的热度。同时，该版块还展示了上周期与本周期的增长率对比，如图 5-20 所示。

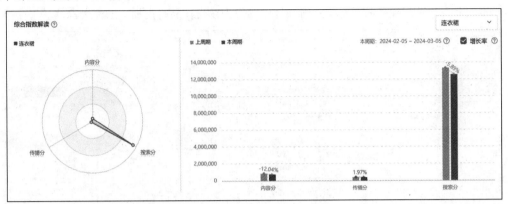

图 5-20 "综合指数解读"版块

如果想要对比不同关键词的综合指数，可以在顶部输入不同的关键词，如连衣裙与碎花连衣裙，如图 5-21 所示。

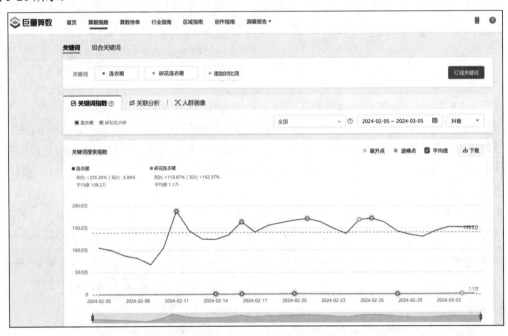

图 5-21 不同关键词综合指数对比

在图 5-21 中，第二个模块可以查看该关键词的关联分析，即查看与该关键词相关联的其他关键词。

内容关联词的关联度为某关键词和其他关键词在文章/视频中共同出现的次数与两个关键词分别出现的次数之和的比值。

搜索关联词的关联度指的是搜索场景下某关键词和另一关键词共同出现的次数与两个关键词分别出现的次数之和的比值。比如搜索"连衣裙"关键词，如图 5-22 所示。从图 5-22 可以看出，用户搜索连衣裙时，还会去搜索其他的关键词，例如女装连衣裙、黑色连衣裙、吊带连衣裙。红色代表着热度趋势上升，绿色代表着热度趋势下降，越靠近中心相关度越强，越远则越弱。由此可以得到一些与中心关键词关联的其他关键词，也可以作为发布作品时添加关键词之选。

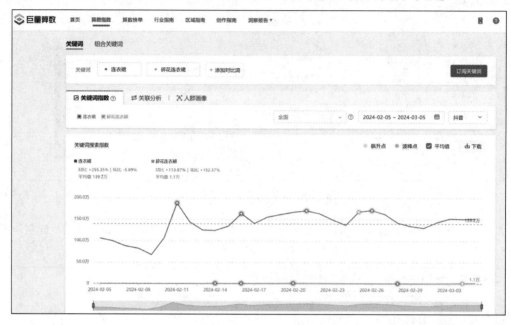

图 5-22 关联分析图

在图 5-22 中，第三个模块可以查看该热词相关的内容消费"人群画像"特征，如图 5-23 所示。内容消费人群是指对该热点相关内容有观看、互动等行为的用户。TGI（Target Group Index，目标群体指数）是反映目标群体在特定研究范围（如年龄段、性别、兴趣爱好等）内的强势或弱势的指数。TGI 越大，说明该特征在该垂直领域下越显著。比如搜索"连衣裙"关键词，可以看到搜索该关键词的女性居多。

总之，精准添加高搜索量话题关键词是提升短视频作品曝光率和吸引力的关键一步。借助热点宝和巨量算数等工具，我们能够更加科学地选择和运用这些关键词，为作品带来更多的流量和关注。

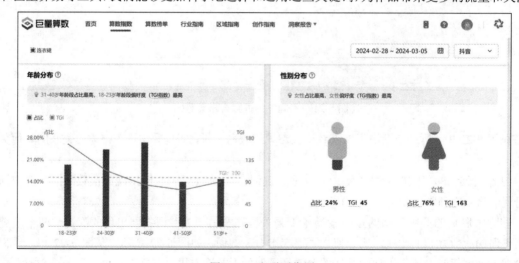

图 5-23 人群画像图

5.2.3　利用定位功能强化吸引同城流量

在发布作品时，巧妙地添加定位信息，不仅可以提升作品的精准度，还能有效吸引同城流量。特别是对于拥有线下门店的商家而言，标注门店地址更是一个绝佳的引流策略。

如果你希望作品能够触达更多同城用户，那么选择所在地区的热门地点作为定位将是一个明智的选择。以四川省成都市为例，你可以选择太古里、春熙路等热门商圈作为定位，从而将作品精准推送给当前在该区域的潜在观众，进一步增加作品的曝光机会，如图 5-24 所示。通过合理利用定位功能，你可以轻松实现同城流量的精准吸引，为作品带来更多的关注和互动。不妨在发布作品时尝试一下这个策略，相信你会收获到意想不到的效果。

5.2.4　利用合集功能实现高效系列化管理

利用合集功能实现作品系列化管理是短视频平台提供的一项强大工具。通过合集功能，我们可以轻松地对同系列的作品归类整理，形成一个统一的集合。当用户欣赏到某一部作品并产生浓厚兴趣时，他们很可能会点击进入该作品的合集，从而带动之前发布的作品获得二次曝光和引流机会，这种效果十分显著，如图 5-25 所示。

图 5-24　发布作品带定位　　　　　　　　图 5-25　合集功能

在抖音平台上，开通合集功能非常简单。在电脑端进入"抖音创作者中心"，依次点击"内容管理"→"合集管理"→"创建合集"。在创建过程中，需要输入合集的标题（最多 20 个字）和简介（最多 200 个字），并上传一幅合适的封面图片（文件大小不超过 5MB，分辨率至少为 100×100 像素，推荐 1080×1080 像素）。最后一步是将之前发布的作品添加到合集中，具体操作如图 5-26 所示。

图 5-26　合集功能创建

合集功能创建完成后，每当发布新作品时，都可以直接选择对应的合集进行归类。作品发布成功后，将自动添加到所选的合集中，并且可以设置该作品为合集的某一集数。这样，用户在浏览合集时，就能按照顺序欣赏整个系列的作品，提升用户体验和观看连贯性。

总之，利用合集功能实现作品系列化管理，不仅有助于提升作品的曝光度和引流效果，还能为用户提供更加便捷和舒适的观看体验。

5.2.5　作品发布的时间与频率

在发布作品时，我们需要审慎考虑发布操作的两大核心要素：发布时间和发布频率。

1. 发布时间

首先，关于发布时间。不同的短视频平台，其用户群体和活跃时间都会有所差异。因此，我们需要深入了解目标受众在何时最活跃，并倾向于打开短视频平台。只有在这些黄金时段发布作品，才能更有效地将内容推荐给目标观众。以下是一些可供参考的发布时间。

课堂讨论

你的作品发布时间定在什么时候？

- 清晨 7:00 前：适合"晨型人"，他们自律性强，偏爱学习思考类内容，有购买课程的潜力。
- 7:00~8:00：上班族起床时间，他们可能匆忙浏览手机，简短精练的内容（如图片）更受欢迎。
- 8:00~9:00：黄金时间点。通勤高峰，上班族在赶路时，更愿意阅读长篇文章。
- 9:00~12:00：雷区时间点。工作时段，较少看手机，内容浏览较为匆忙。
- 12:00~14:00：午休时段。用户更愿意浏览内容并交流想法，但需注意午休时间。
- 15:00~16:00：小黄金时间点。"下午茶"时间，人们容易疲劳，适合阅读文章。
- 18:00~19:30：晚餐及娱乐时间，阅读内容较少。
- 20:00~21:30：适合"夜型人"，部分人开始进入学习状态，愿意浏览内容。

● 22:00~24:00: 夜晚情感丰富，用户更喜欢走心或有强烈情感共鸣的内容，但竞争激烈。

2. 发布频率

发布频率也是衡量账号活跃度的重要因素。在账号初期，为提升活跃度，建议增加发布频率，如一天两次更新甚至更多。随着账号进入中后期，可以调整为一天一更新。但无论在哪个阶段，都应避免长时间不更新，以防止粉丝流失。间隔更新时间不宜超过一周。

总之，精准把握作品的发布时间与频率不仅能提升内容的曝光率，还能有效维护粉丝的忠诚度，为账号的长远发展奠定坚实基础。

5.3 如何引爆作品的自然推荐流量

当作品成功发布后，我们可以采用两大策略来为其增加流量，这两大策略一种是自然流量的吸引，另一种是付费流量的驱动。本节将深入剖析用来提升作品账号权重和内容权重的方法，从而引爆作品的自然推荐流量。

5.3.1 提升账号权重的策略

要提升账号权重，关键在于完善账号资料和保持账号活跃度，这两项举措能有效增加账号权重，进而获取更多的自然流量。

1. 完善账号资料

首先，完善账号资料是提升权重的基础。以抖音平台为例，我们应仔细填充头像、个人简介、背景图、账号名称、生日、所在地、学校等每一项资料。这些资料不仅有助于平台更好地了解账号的定位和特点，还能让用户在访问账号主页时迅速把握账号的核心信息和风格。

1）账号名称

账号名称作为用户与平台识别账号的关键标识，其编辑方式对于账号的辨识度与传播效果至关重要。在编辑账号名称时，需根据账号类型（个人号或企业号）进行差异化考虑。

对于个人号而言，账号名称的选取应兼顾关键词的融入与易记性。关键词的加入有助于用户快速了解账号的主题或领域，而好记顺口的名称则更易在人群中传播，如"电商老炮儿"这样的名称，既包含电商关键词，又简洁明了，便于记忆和称呼。

相比之下，企业号的账号名称则更注重品牌与专业的展现。一般来说，建议使用企业的简称或品牌名作为账号名称，这样既能凸显企业的品牌形象，又方便用户快速识别。例如，"广州美迪信息科技有限公司"可以选择"美迪信息科技"作为账号名称，既简洁又易于记忆，同时能够准确传达企业的核心信息。

综上所述，无论是个人号还是企业号，在编辑账号名称时都应注重关键词的融入、易记性以及品牌与专业的展现，以提升账号的辨识度和传播效果。

2）账号头像

在选择账号头像时，我们需要根据账号类型——个人号与企业号的不同特性进行考量。

对于个人号而言，头像的选择应紧密贴合账号的人设定位。例如，若你的账号致力于塑造美食 IP 形象，那么做菜时的情景照或穿着厨师服领奖的荣誉照都是极佳的选择。这些头像能够直观地展示你的专业领域和身份特点，有助于用户快速理解并记住你的账号。

而企业号在头像的选择上则更倾向于使用企业的官方 LOGO 或产品图片。这样的头像不仅能够有效提升品牌的辨识度，还能直观地展示企业的产品或服务，帮助用户快速了解企业的业务范围。

总的来说，无论是个人号还是企业号，头像的选择都应与账号的定位和内容紧密相关，以便更好地展示账号的特色和优势，吸引更多用户的关注和喜爱。

3）个人简介

在编写个人简介时，我们可以围绕三个核心维度展开：自我介绍、内容提供与感谢关注。通过清晰阐述这三方面的内容，不仅能够让平台和用户更好地了解你的账号，还能有效引导用户产生关注行为。

首先，自我介绍是建立信任感的第一步。你可以简要介绍自己的身份、背景或专长，如"拥有十年女装生产经验的工厂老板"，这样的介绍能够让用户快速了解你的专业性和实力。

其次，内容提供是吸引用户关注的关键。你可以明确告知用户，你的账号将提供哪些有价值的内容或服务，如"专注于分享时尚女装穿搭技巧"。这样的承诺能够激发用户的兴趣，并促使他们关注你的账号。

最后，别忘了在简介中表达感谢。一句简单的"感谢关注，不负遇见"能够传递出你的诚意和感激之情，让用户感受到你的真诚和用心。

综上所述，一个优秀的个人简介应该包括自我介绍、内容提供和感谢关注这三个方面。以服装商家号为例，你可以这样编写："在广州拥有十年女装生产经验的工厂老板，每日分享时尚女装穿搭技巧，带你领略不一样的美。感谢关注，让我们一起不负遇见。"这样的简介既简洁明了，又能有效吸引用户的关注。

4）背景图

账号背景图作为展示账号实力与特色的重要窗口，其选择与设计同样不容忽视。一幅合适的背景图不仅能够凸显账号的专业性与实力，还能增强用户对账号的信任感与好感度。在选择背景图时，我们应注重图片的内容与意义。对于美食 IP 号而言，可以选择展示所获得的荣誉奖项或美食制作过程的精彩瞬间，以体现账号在美食领域的专业性与成就。而对于服装商家号，则可以选择展示工厂的实拍图、门店的正面图或热销产品的展示图，以体现账号在服装行业的实力与产品优势。

除内容选择外，背景图的设计尺寸同样需要注意。建议使用 1125×633 像素的图片，以确保在不同设备上都能够清晰展示，提升用户的视觉体验。

综上所述，选择合适的背景图并注重设计尺寸，能够有效提升账号的整体形象与吸引力，为吸引更多用户关注与互动打下坚实基础。

5）其他资料

其他资料包括抖音号、学校、生日、性别、所在地等，这些信息看似琐碎，但实则对于完善账号信息和提升用户对账号的了解至关重要。在填写时，我们应根据实际情况如实填写，确保每一项资料都真实可信。

可以使用表格提前规划好账号资料，如表 5-1 所示。

表5-1　账号资料完善

账号资料规划					
抖音名称					
头像					
个人简介					
背景图					
抖音号					
其他资料	生日		所在地		学校	

完善这些资料不仅能够让平台更全面地了解账号的特点和定位，还有助于用户更深入地了解我们，从而增加对我们的信任感和好感度。因此，我们应尽可能将资料填写完整，让账号信息更加丰富和立体。

需要注意，填写资料时应避免虚假信息或夸大其词，以免给用户留下不良印象或引发信任危机。只有真实可信的资料，才能帮助我们建立起良好的用户口碑和形象。

完善其他资料是提升账号权重和吸引用户关注的重要一环。我们应注重细节，确保每一项资料都真实、准确、完整，为账号的长期发展奠定坚实基础。

2. 保持账号活跃

保持账号活跃是提升账号权重，进而获取更多自然流量的关键步骤。除完善账号资料外，积极互动和日常运营同样重要。我们可以将账号视为一个日常运营的实体，每天投入一些时间和精力来维护。

具体而言，保持账号活跃并不意味着要频繁发布内容，而是要有规律地进行互动和浏览。每天打开抖音，浏览热门视频，参与话题讨论，甚至偶尔观看直播，都是让平台感知账号活跃度的有效方式。这样的行为模式不仅有助于平台了解账号的真实运营状态，还能增加账号的曝光机会，提升权重。

此外，积极互动也是提升账号活跃度的重要手段。我们可以关注同领域的优质账号，学习他们的运营策略，同时留下有价值的评论和点赞，与其他用户建立良好的互动关系。这不仅有助于提升账号的知名度，还能吸引更多潜在用户关注我们的账号。

保持账号活跃需要我们投入一定的时间和精力，通过日常浏览、互动和运营来维护账号的活跃度。这样不仅能提升账号权重，还能增加自然流量，为账号的长期发展奠定坚实基础。

5.3.2　如何提升内容权重

除通过增加账号权重来提升自然流量外，我们还可以通过优化内容权重来进一步增加流量。提升内容权重关键在于从数据分析入手，细致审视数据后，进行深度的复盘总结，进而针对性地优化作品，使其权重得到显著提升。

1. 查看数据入口

以抖音平台为例，作品的数据入口分为手机端与电脑端，且数据更新时间为次日 10 点。

1）手机端

查看手机端数据的操作步骤如下：

步骤01 打开抖音 App，登录账号，在账号主页点击右上角的▤按钮，接着在弹出的菜单栏中点击"抖音创作者中心"按钮，如图 5-27 所示。

步骤02 进入"抖音创作者中心"界面，点击"7 日账号数据"后面的"详情"按钮，如图 5-28 所示。

步骤03 进入"数据中心"界面，即可看到账号的相关数据信息，如图 5-29 所示。

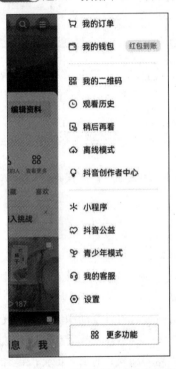

图 5-27　点击"抖音创作者中心"按钮　　图 5-28　"抖音创作者中心"界面　　图 5-29　"数据中心"界面

2）电脑端

查看电脑端数据的操作步骤如下：

步骤01 打开"抖音创作者中心"界面，登录账号，点击"数据中心"后面的"查看更多"按钮，如图 5-30 所示。

图 5-30　点击"数据中心"后面的"查看更多"按钮

步骤 02 进入"数据中心"界面，可以看到详细的账号相关数据，如图 5-31 所示。

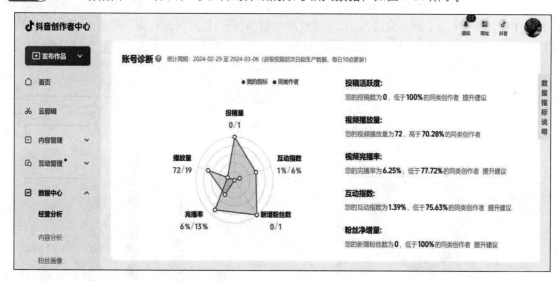

图 5-31　"数据中心"页面

2. 查看数据

作品发布成功后，会有一系列数据反馈，这些数据不仅展示了作品的表现，还蕴含着丰富的意义。接下来，我们以抖音创作者中心为例，详细解析需要重点关注的数据指标。

1）作品深度分析

- 播放量：这一指标直接反映了作品的总观看人数，可以说是作品在平台上获得的初始曝光量。

- 完播率：完播率体现的是用户观看作品的完整度，其计算公式为：用户观看时间/作品时长。完播率越高，说明作品内容越能吸引用户完整观看。
- 均播时长：这一指标代表了作品的总观看人数平均花费在作品上的时间，反映了作品的吸引力和内容的深度。
- 点赞量：点赞数显示了多少用户对作品表示认可和喜爱。
- 点赞率：点赞率是点赞数与播放量的比值，它反映了作品在吸引用户点赞方面的能力。
- 评论量：这一数据展现了用户对作品的互动热情，评论数越多，说明作品引发的讨论和关注越多。
- 评论率：评论率是评论数与播放量的比值，它体现了作品在激发用户评论方面的效果。
- 分享量：分享数代表作品被用户转发的次数，是作品传播广度的重要体现。
- 分享率：分享率是转发数与播放量的比值，它反映了作品在促进用户分享方面的能力。
- 新增粉丝量：这一指标显示了通过该作品关注账号的新增人数，是评估作品吸粉效果的关键数据。
- 转粉率：转粉率是新增粉丝数与播放量的比值，它体现了作品在将观看者转化为粉丝方面的效率。

2）受众精细分析

在受众分析模块，我们可以深入剖析作品的观看人群特征。其中，性别分布、年龄分布和地域分布是三个重要的维度，如图5-32所示。通过这些数据，我们可以清晰地看到作品的主要受众群体。例如，某个作品可能主要吸引广东省24～40岁的女性观众。这样的分析有助于我们更精准地定位目标受众，优化内容策略。

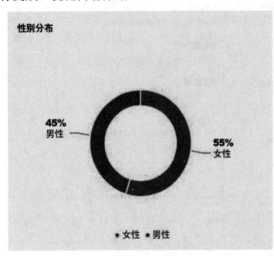
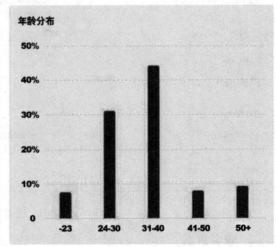

图 5-32　受众人群分析

3）评论热词

评论热词是指作品发布后，用户在评论区留下的文字中，平台通过智能分析，精准地识别出的出现频率最高的关键词汇。这些热词不仅反映了观众对作品的关注点和讨论焦点，更通过热度排名直观地展现了哪些话题或元素在观众中引发广泛共鸣。通过深入剖析这些评论热词，我们能够更好地把握观众心声，为作品的进一步优化和传播提供有力依据。

3. 数据复盘

数据复盘是深化内容理解、优化作品质量的关键环节，主要从以下 7 个维度进行深入分析：作品完播率、点赞率、评论率、转发率、转粉率、看客人群画像以及评论热词。

1) 作品完播率

完播率的高低直接反映了作品的吸引力，高完播率意味着作品能够牢牢抓住用户的注意力，反之则可能意味着作品内容需要进一步优化。作为创作者，我们应不断打磨作品，特别是在开头、中间和结尾部分，力求做到引人入胜。

2) 点赞率

点赞率是衡量作品精彩程度的重要指标。如果作品未能获得用户的点赞，可能意味着内容缺乏亮点或未能触动用户。因此，我们需要深入思考如何提升作品的共鸣度，让用户收获满满。

3) 评论率

评论率的高低反映了作品引发用户讨论的能力。为了提升评论率，我们可以尝试在作品中设置话题点，引导用户发表自己的看法和见解。

4) 转发率

转发行为需要用户付出一定的努力，因此转发率的高低直接体现了作品的价值和吸引力。我们可以通过在作品中设置转发引导语，鼓励用户将精彩内容分享给更多朋友。

5) 转粉率

转粉率是衡量作品吸粉能力的重要指标。在作品中，我们可以巧妙地展示账号的价值和特色，引导用户点击关注，从而积累更多忠实粉丝。

6) 看客人群画像

深入分析看客人群画像，有助于我们判断作品是否精准触达目标受众。根据画像数据，我们可以调整作品的风格和类型，确保内容更符合目标用户的喜好。

7) 评论热词

评论热词是用户观看作品后最直接的情感表达。通过分析热词，我们可以了解用户对作品的理解和感受，从而判断作品的核心思想是否得到准确传达，如图 5-33 所示。

在数据复盘的过程中，我们应学会对比不同作品的数据表现，从中找到优化方向，不断提升作品质量，提高内容权重，最终赢得更多自然流量。

排名	热词		排名	热词
1.	电商		11	专注
2.	美迪		12	校区
3.	佛山		13	线上
4.	学电商		14	培训
5.	一起走		15	在广州
6.	10年		16	东莞
7.	深圳		17	中山
8.	咨询		18	支持
9.	教育		19	学习

图 5-33   评论热词

5.4   短视频推广：利用 DOU+拉升流量

短视频作品一经发布，除吸引自然流量外，我们还可以巧妙地借助付费工具进一步助推流量增长。以抖音平台为例，其推出的 DOU+付费工具便是一个得力助手，它能够精准地提升作品的付费流量，进而通过这部分付费流量，巧妙地撬动并吸引更多的自然流量。这样，既保证了作品流量的稳定增长，又有效扩大了作品的影响力和曝光度。

5.4.1   DOU+的投放流程

投放 DOU+是一个多维度的策略过程，它涵盖购买方式、投放数量、投放方向、投放时长、投放目标、投放方式以及投放金额等多个关键环节。接下来，我们将逐一深入解析这些板块，详细展示 DOU+的投放流程，助你更好地掌握这一推广利器。

1. 购买方式

DOU+的购买方式主要分为两种：一是通过自己的账号购买，二是通过别人的账号帮购（帮上热门）。下面以帮助自己喜欢的作品上热门为例，为自己喜欢的作品投放 DOU+，具体操作步骤如下：

步骤01 打开需要推广的短视频作品，点击界面右下方的"分享"按钮，如图 5-34 所示。

步骤02 弹出"转发"界面，点击该界面中的"DOU+帮上热门"按钮，如图 5-35 所示。

步骤03 进入"DOU+上热门"推广界面，选择需要推广的作品和投放套餐，点击"支付"按钮，完成支付即可成功为该短视频作品设置 DOU+投放计划，如图 5-36 所示。

图 5-34 点击"分享"按钮　　图 5-35 点击"DOU+帮上热门"按钮　　图 5-36 "DOU+上热门"推广界面

2. 投放数量

在投放 DOU+时,可以选择 1~5 个不含营销性质的短视频进行投放,投放数量下限为一个,上限为 5 个。关于投放金额,可以选择 100 元作为起始金额。这 100 元会根据各个视频的实际表现情况进行灵活分配,而非平均分配。因此,可能会出现某些作品花费较多,而某些作品甚至无须花费的情况。为了确保投放效果的最大化,建议在预算允许的情况下对单个作品进行单独投放。这样,在投放结束后,能够更清晰地对比各个作品的价值,从而做出更精准的投放决策。

3. 投放方向

投放方向,即你希望达成的目标。在 DOU+中,目前提供了"账号经营"与"商品推广"两个选项。通常情况下,多数用户会选择"账号经营",因为它更侧重于提升账号的整体表现与影响力。当然,具体选择还需根据你的实际需求和目标来定。

4. 投放时长

投放时长的选项有 2 小时、6 小时、12 小时、24 小时等,最长可投放 30 天。选择不同的投放时长决定金额的投放速度,一般建议投放 100 元,选择 6 个小时。自定义投放时长如图 5-37 所示。

图 5-37 自定义投放时长

5. 投放目标

投放目标是你设定 DOU+投放的核心指标，具体包括点赞评论量、粉丝量、主页浏览量以及视频播放量。

- 点赞评论量：旨在吸引对视频内容感兴趣的用户，通过点赞和评论进行互动，进一步提升视频的社交影响力。
- 粉丝量：通过精准推广视频，有效吸引对视频和账号均感兴趣的用户，从而助力账号粉丝量的快速增长。
- 主页浏览量：鼓励对视频内容感兴趣的用户深入探索，引导他们进入个人主页，观看更多精彩内容，增强用户黏性。
- 视频播放量：将视频推送给潜在的目标受众，提高视频的曝光率，从而显著提升视频播放量。

在抖音平台，DOU+付费广告工具只负责把作品展示出去，而不负责转化，选择不同的目标则决定了该广告计划优先展现给哪些用户，可以根据所想要的数据来选择，如图 5-38 所示。

图 5-38 投放目标选择

6. 投放方式

DOU+的投放方式有两种，一种是系统智能推荐，另一种是自定义定向推荐，如图 5-39 所示。这两种方式各有特点，适用于不同的投放需求。

图 5-39　投放方式选择

1）系统智能推荐

系统智能推荐主要基于账号和作品的标签进行广泛的人群推荐。在这种方式下，投放的金额会得到相对较多的曝光展现，但覆盖的人群范围较广，可能包括一些与账号或作品不那么紧密相关的用户。对于新账号或希望扩大品牌知名度的广告主来说，系统智能推荐可能是一个不错的选择，因为它能够快速地提升曝光量。

名师提点

> 系统会根据账号标签、作品标签来进行推荐，推荐的人群会比较泛，100 元的投放金额，大概可以得到 5000 次曝光展现（不包括带动免费流量的曝光）。

2）自定义定向推荐

自定义定向推荐则允许广告主根据需求选择特定的目标人群，如性别、年龄、地域、兴趣等。这种方式下，虽然曝光展现量可能相对较少，但覆盖的人群更加精准，有助于提升广告的转化率和效果。对于已经有一定粉丝基础，或者希望精准定位目标用户的广告主来说，自定义定向推荐通常更为合适。

在账号初期，由于账号标签和粉丝基础尚未稳固，建议选择自定义定向推荐。通过精准定位目标人群，可以更好地为账号打标签，提升账号的垂直度和粉丝质量。同时，精准的曝光也有助于提升广告效果，为后续的投放策略调整和优化提供数据支持。

需要注意，无论是系统智能推荐还是自定义定向推荐，都需要根据账号特点和投放目标进行灵活调整和优化。同时，也要关注投放数据的变化，及时发现问题并进行调整，以获得最佳的投放效果。

 师提点

> 自定义定向推荐是根据需求来选择，可选择性别、年龄、地域、兴趣等选项来圈定想要展现的人群，人群相对精准，大概可以得到 2500 曝光展现（不包括带动免费流量的曝光）。

7. 投放金额

在抖音平台，DOU+的起投标准通常为 100 元，这是一个相对合理的起点，既保证了广告主的投放效果，又避免了过低的投放金额可能带来的效果不佳的问题。

然而，抖音平台充分考虑到不同用户的需求和预算差异。因此，在特定的节假日或活动期间，平台会推出一些优惠选项，如 50 元、68 元等不同的投放金额。这些优惠选项不仅降低了投放门槛，让更多用户有机会尝试 DOU+投放，同时也为广告主提供了更多样化和个性化的投放选择。

通过灵活设置投放金额，抖音平台能够更好地满足不同用户的投放需求。无论是预算有限的个人用户，还是希望进行大规模投放的企业广告主，都可以在平台上找到适合自己的投放方案。这种灵活性和个性化的投放策略有助于提升用户的满意度和平台的竞争力。

师提点

> 虽然投放金额的选择更加灵活，但广告主在决定投放金额之前，仍需根据自身的需求和目标进行合理的预算规划。同时，也要关注投放数据的变化，及时发现问题并进行调整，以获得最佳的投放效果。

5.4.2 投放 DOU+的注意事项

投放 DOU+时，需要注意几个要点：投放时间段、投放门槛、投放人群圈选，否则容易出现投放失败的情况，导致投放效果很差。

1. 投放时间段

投放时间段是 DOU+投放策略中至关重要的一个环节。它直接决定了广告能够触达哪些时间段的潜在受众，因此需要根据目标受众的活跃时间和产品特点来精心选择。

首先，了解目标受众的活跃时间至关重要。不同的受众群体有不同的在线习惯，比如年轻人可能在晚上更为活跃，而上班族则可能在白天的工作间隙浏览内容。因此，投放时间段的选择应该与受众的活跃时间相匹配，确保广告能在他们最可能浏览内容时展示。

其次，考虑产品或服务的特点。如果产品或服务具有时效性，比如限时优惠或新品发布，那么需要在相关的时间段内进行投放，以最大化广告效果。同时，也要考虑产品或服务的受众群体的日常习惯，比如如果目标受众是上班族，那么可以在他们的工作间隙或下班后进行投放。

再次，投放时间段的选择也会影响广告的曝光量和点击率。一般来说，在受众活跃的高峰时段投放广告能够获得更多的曝光和互动。但也要注意，高峰时段往往意味着竞争更为激烈，广告成本可能会相应提高。因此，需要在预算和效果之间找到一个平衡点。

最后，投放时间段的选择并非一成不变，需要根据实际情况进行调整和优化。可以通过观察投放数据，分析不同时间段的广告效果，逐步调整投放策略，找到最适合的投放时间段。

由此可见，投放时间段是 DOU+投放中需要仔细考虑的一个因素。通过深入了解目标受众和产品特点，选择合适的投放时间段，能够有效提高广告的曝光量和点击率，从而实现更好的投放效果。

投放时间段的选择决定了想要投放给哪个时间段的活跃人群，比如在早上 10 点投放，选择了投放时间为 6 个小时，计划广告所覆盖的人群就是 10:00~16:00 的人群，即选择投放时间段等于想要覆盖的人群时间段。

2. 投放门槛

投放门槛是投放 DOU+时需要特别注意的一个因素，它关系到投放的效果和回报，因此需要确保投入能够产生相应的价值。

首先，强调 DOU+的"锦上添花"效果而非"雪中送炭"效果是非常准确的。DOU+作为一个推广工具，旨在帮助已经具备一定潜力和吸引力的内容获得更广泛的曝光。如果你的内容本身质量不高或者受众基础薄弱，那么即使投放 DOU+，也很难获得理想的效果。

其次，对于新账号和新内容来说，达到一定的播放量后再选择投放是一个明智的策略。这可以确保你的内容已经受到了一定的关注和认可，从而增加投放成功的可能性。一般来说，新发布的内容在 2 个小时内能够达到 1000 以上的播放量，说明其具有一定的吸引力和受众基础，这时选择投放DOU+可能会获得更好的效果。

然而，需要注意的是，播放量并不是唯一的衡量标准。你还需要综合考虑其他因素，如点赞、评论、分享等互动数据，以及内容的主题、受众定位等。如果内容在这些方面表现出色，即使播放量稍低，也可以考虑投放 DOU+进行推广。

最后，要强调的是，投放 DOU+并不是万能的。它只是一个推广工具，不能替代优质内容创作这个核心。在投放之前，需要确保你的内容已经足够优秀，能够吸引和留住观众。同时，还需要制定合理的投放策略，包括选择合适的投放时间、目标受众和预算等。

综上所述，投放门槛是投放 DOU+时需要注意的一个重要因素。通过合理评估内容质量和受众基础，以及制定合理的投放策略，可以最大化地利用 DOU+的推广效果，实现更好的营销目标。

3. 投放人群圈选

投放人群圈选是 DOU+投放中至关重要的一环，它直接决定了广告能够触达哪些具体的受众群体。正确的人群圈选策略能够确保广告精准地展示给目标用户，从而提高投放效果和转化率。

在圈选人群时，需要注意避免选择过于细致的条件。过于细致的人群选择可能导致目标受众范围过窄，使得广告计划无法成功投放或投放效果不佳。因此，在圈选人群时，需要综合考虑多个因素，如年龄、性别、地域、兴趣等，以制定出一个相对宽泛但又能精准触达目标受众的圈选策略。

当发现由于人群选择过窄导致计划投放不出去或金额不消耗时，需要及时采取措施。首先，可以尝试中止当前计划，将投放的作品隐藏 30 秒后重新公开，这样有助于系统重新评估广告计划的投放效果。同时，也可以检查并调整人群圈选策略，扩大受众范围，以便让广告能够触达更多的潜在用户。

此外，在投放过程中，还需要密切关注投放数据和效果。通过数据分析，可以了解广告的曝光量、点击量、转化率等指标，从而评估投放效果是否达到预期。如果发现投放效果不佳，可以及时调整投放策略，如调整人群圈选条件、优化广告内容等，以提高投放效果。

总之，通过制定合理的人群圈选策略，并密切关注投放数据和效果，可以确保广告能够精准地触达目标受众，实现更好的投放效果。

名师提点

在圈选人群时，不能选择得太细致。如果选择的人群太少，会导致计划投放不出去，金额不消耗。当出现这种情况时，需要中止计划，把投放的作品隐藏 30 秒后（后续可继续公开）即可中止计划，剩下的金额会返还到钱包。

4. 投放审核

投放审核是确保 DOU+投放计划能够顺利进行的重要环节。DOU+系统会从计划设置和内容问题两个维度进行审核，以确保投放的准确性和合规性。

1）计划设置

在计划设置方面，系统会审核人群圈选是否过窄，以避免因目标受众范围太小而导致投放不出去的情况。因此，在设定人群圈选时，需要综合考虑各种因素，确保目标受众的广泛性，同时又要保持足够的精准性。

2）内容问题

在内容问题方面，系统会严格检查作品中是否存在违规行为。如果视频中涉及以下内容，那么可能导致审核不通过：

- 作品中出现联系方式、品牌 LOGO、二维码等画面。
- 内容中包含敏感词等。
- 搬运站内站外视频。
- 使用未授权的影视剧或综艺片段。
- 出现促销活动或价格信息。
- 出现抽烟、酗酒、危险行为、家暴、炫富、歧视等内容。
- 视频时长过短（低于 7 秒）。

审核通过后，信息流订单小助手会发布审核通知，点击进去可以随时查看投放详情，如图 5-40 所示。

图 5-40　审核通知

5.4.3　DOU+投放后的数据分析

DOU+投放结束后，信息栏中的订单通知小助手会及时向创作者发送投放结果。创作者可凭借这些详细的数据进行深入分析，进而评估该作品投放后的实际效果。在分析过程中，主要关注的指标包括投放效果、内容分析以及观众画像，这些指标将为创作者提供宝贵的反馈信息，助力其优化后续的创作与投放策略。

1. 投放效果

投放效果是衡量 DOU+投放成功与否的重要指标。在投放结束后，我们首先要关注播放量这一关键数据。如果作品仅仅达到了设定的播放量，那么可能意味着作品的质量相对一般，未能引起广泛的关注。然而，如果播放量超出了预期，甚至在投放计划结束后仍然持续增长，这便是一个积极的信号，说明作品质量上乘，具备吸引更多付费和自然流量的潜力。

除播放量外，互动数据同样不容忽视。互动数据能够直观地反映观众对作品的喜好程度，包括点赞率、评论率和转发率等关键指标。当点赞率达到 10%、评论率达到 5%、转发率达到 1%时，可以视为优秀作品的数据表现。若数据低于这一标准，则意味着作品在吸引观众互动方面还有待提升。

因此，在分析投放效果时，我们需要综合考虑播放量和互动数据等多个维度，以便全面评估作品的质量和投放效果。通过不断优化作品内容和投放策略，我们可以提升作品的吸引力和互动率，进而实现更好的投放效果。

2. 内容分析

内容分析在评估 DOU+投放效果时占据着举足轻重的地位。其中，5 秒完播率和点赞率是两个核心数据维度，它们直接反映了内容的质量和吸引力。5 秒完播率体现了观众对内容的初步兴趣，若能在短短 5 秒内吸引住观众，那么内容便已成功迈出了第一步。而点赞率则进一步反映了观众对内容的认可程度，高点赞率意味着内容能够引起观众的共鸣，进而产生积极的互动。

因此，这两个数据指标越高，通常代表着内容质量越佳，投放 DOU+的效果也会相应提升。通过深入分析这些数据，创作者能够更准确地把握观众的喜好和需求，从而优化内容创作策略，提升投放效果。同时，这也为创作者提供了宝贵的反馈，有助于其在未来的创作中不断改进，创作出更多优质、更受欢迎的作品。

课堂讨论

你有投放过 DOU+吗，效果如何？

3. 观众画像

观众画像是分析 DOU+投放效果时不可或缺的一环，它能帮助我们深入了解目标受众的特征，从而优化投放策略。具体来说，观众画像主要包括三个维度的数据：观看人群的性别分布、年龄分布以及地域分布。

- 性别分布数据：性别分布数据可以揭示作品对不同性别观众的吸引力。通过分析性别比例，我们可以判断作品内容是否足够广泛，或者是否更偏向于某一性别群体。这有助于我们在后续创作中调整内容风格，以更好地满足不同性别观众的需求。
- 年龄分布数据：年龄分布数据能够反映作品对不同年龄段观众的吸引力。了解主要观众群体的年龄层，有助于我们更准确地把握他们的兴趣、需求和消费习惯，从而创作出更符合他们口味的作品。同时，这也为我们在投放策略上提供了参考，可以根据不同年龄段的观众特点制定更有针对性的计划。
- 地域分布数据：地域分布数据可以帮助我们了解作品在不同地区的传播效果。通过分析地域分布，我们可以发现哪些地区的观众对作品更感兴趣，从而调整投放策略，加强在这些地区的宣传力度，提高作品的曝光度和影响力。

综合这三个维度的数据，我们可以对前期创建的投放计划所圈选的人群进行精准度评估。如果观众画像与预期目标存在较大差异，那么在下一次创建计划时就需要进行调整，以更准确地定位目标受众，提高投放效果。因此，深入分析观众画像数据对于优化 DOU+投放策略具有重要意义。

5.4.4　DOU+投放后的追投原则

在 DOU+投放结束后，创作者常常会面临一个选择：是否继续加热计划，即进行追投。追投的决策并非随意，而是需要基于一定的数据分析和效果评估。其中，内容分析维度的数据是判断是否继续追投的关键依据。具体来说，当投放结束后的数据满足以下两个条件时，可以考虑在原计划的基础上继续追投。

1.5 秒完播率超过 30%

这一指标反映了观众对内容的初步兴趣。如果 5 秒完播率超过 30%，说明内容在开头部分就成功吸引了观众的注意力，这是内容质量上乘的一个重要标志。高完播率意味着内容能够迅速抓住观众的眼球，具备持续吸引观众观看的潜力。

2. 点赞率超过 10%

点赞率是衡量观众对内容喜爱程度的重要指标。当点赞率超过 10% 时，说明观众对内容产生了积极的情感反应，愿意通过点赞来表达对内容的认可和喜爱。高点赞率不仅反映了内容的质量，还意味着内容能够引发观众的共鸣和互动，为创作者带来更多的曝光和关注。

当这两个维度的数据都能达标时，创作者可以考虑在原计划的基础上进行追投。追投可以进一步扩大内容的传播范围，提高曝光量，同时也有助于巩固和增强观众对内容的认知和喜爱程度。

然而，需要注意的是，追投并不是万能的。即使内容分析维度的数据达标，也不意味着追投一定能够带来更好的效果。创作者在决策时还需要综合考虑其他因素，如预算、投放时间、目标受众等。同时，也要保持对数据的持续监控和分析，以便及时调整投放策略，确保投放效果的最大化。

5.5　提升账号涨粉技巧

运营账号时，粉丝数量至关重要。想要快速涨粉，有两个小技巧值得一试：一是发布高质量、有吸引力的内容，以吸引更多用户关注；二是积极互动，回应粉丝评论和私信，增强粉丝黏性。运用这些技巧，你的账号粉丝数定能稳步上升。

5.5.1　发布高质量、有吸引力的内容，以吸引更多用户关注

发布高质量、有吸引力的内容，是运营账号吸引更多用户关注的核心策略。这要求内容不仅要有深度、有创意，还要能够触动目标受众的情感和兴趣点。

1. 内容要有深度和广度

高质量的内容意味着内容需要有深度和广度。对于文字类内容，可以是独到的观点、深入的剖析、有趣的故事等；对于视频或图片类内容，则需要注重画面的美感、剪辑的流畅和音效的协调。这样的内容能够引发用户的思考和共鸣，从而提升他们对账号的关注度。

2. 内容要抓住用户的兴趣点

有吸引力的内容需要抓住用户的兴趣点，满足他们的需求和期待。这可以通过市场调研、用户画像分析等方式来了解用户的喜好和需求，从而制定出更符合用户口味的内容策略。例如，如果目标受众是年轻人，那么内容可以更加时尚、潮流；如果目标受众是专业人士，那么内容可以更加专业、权威。

3. 内容要有创新性和时效性

创新性和时效性也是提升内容吸引力的关键。具有创新性的内容能够打破常规，给用户带来新

鲜感。具有时效性的内容则能够紧跟热点话题，吸引用户的关注。

以某知名自媒体账号为例，他们经常发布深度剖析社会热点、解读政策法规的文章，内容既有深度又有广度，吸引了大量关注社会问题的用户。同时，他们还注重与用户的互动，及时回复用户的评论和私信，增强了粉丝的黏性。因此，该账号的粉丝数量持续增长，影响力也不断扩大。

再以某短视频平台上的美食博主为例，她发布的内容以制作美食教程为主，画面精美、剪辑流畅，同时还会分享一些独特的食材和烹饪技巧。这些内容不仅满足了用户对美食的热爱和追求，还让他们学到了实用的烹饪技能，因此得到了用户的广泛关注和喜爱。

综上所述，发布高质量、有吸引力的内容是吸引更多用户关注的关键。通过精心策划内容、了解用户需求、注重创新性和时效性等方式，可以打造出更具吸引力的内容，从而提升账号的影响力和粉丝数量。

5.5.2 积极互动，回应粉丝评论和私信，增强粉丝黏性

积极互动，回应粉丝评论和私信，是增强粉丝黏性的关键举措。这种互动不仅能够加深与粉丝之间的情感联系，还能够提升粉丝对账号的信任度和忠诚度，从而有效增强粉丝黏性。

1. 积极互动可以体现对粉丝的尊重和关心

积极互动能够展现出对粉丝的尊重和关心。当粉丝在评论区留言或者私信时，如果能够得到及时的回复和关注，他们会感受到被重视和认可，从而更加愿意与账号建立长期的互动关系。这种互动关系不仅能够提升粉丝的满意度和归属感，还能够增加粉丝对账号的信任度和忠诚度。

2. 积极互动可以深入了解粉丝的需求和反馈

通过积极互动，可以深入了解粉丝的需求和反馈，从而优化内容策略和提升服务质量。粉丝的评论和私信中往往蕴含着对内容的看法、建议以及个人的喜好和需求，可以通过收集和分析这些信息不断完善内容形式，更好地满足粉丝的期待。

3. 积极互动可以带来更多的曝光和关注

积极互动还能够为账号带来更多的曝光和关注。当粉丝感受到账号的关注和回应时，他们更愿意将账号的内容分享给朋友或者在其他平台上转发，从而扩大账号的影响力和粉丝基础。

以某知名微博账号为例，他们非常注重与粉丝的互动。无论是发布新内容还是日常分享，他们都会认真阅读并回复粉丝的评论和私信。有时他们还会针对粉丝的提问进行详细的解答和分享，让粉丝感受到被关注和尊重。这种积极的互动方式使得该账号的粉丝黏性非常高，很多粉丝都会持续关注并转发他们的内容。

再以 B 站某 UP 主为例，她经常在自己的视频下方与粉丝进行互动，不仅回复评论，还会针对一些有趣或者有代表性的评论进行录制回应，并在后续的视频中展现出来。这种形式的互动不仅让粉丝感受到了 UP 主的真诚和用心，还增加了视频的趣味性和观赏性，从而吸引了更多粉丝的关注和喜欢。

综上所述，积极互动，回应粉丝评论和私信是增强粉丝黏性的有效方式。通过展现对粉丝的尊重和关心、深入了解粉丝需求、扩大账号曝光等方式，可以与粉丝建立更加紧密的关系，提升账号的影响力和粉丝数量。

5.5.3　巧妙借势，善用他人佳作引热议，强化粉丝互动黏性

给他人作品留下评论，不仅可以提升账号活跃度，还能为账号带来宝贵的曝光机会，甚至吸引新的粉丝。若想通过评论区实现涨粉，以下两点操作建议值得一试。

1. 注重评论价值性

在评论他人作品时，我们应注重评论的价值性。有价值的评论往往能引发用户的共鸣或思考，从而得到更多的点赞。当作品的评论点赞数高时，我们的账号就能在评论区排名靠前，从而带来更大的曝光机会。为了写出有价值的评论，我们可以参考"句子控"等工具平台上的优秀例句，学习如何更好地表达我们的观点和感受。

2. 把握时效性

在给他人作品留言时，时效性也是一个不可忽视的因素。我们应该尽量在作品刚发布不久就发表评论，这样我们的评论成为热评的概率会更高。同时，关注热门话题和趋势，及时发表与之相关的评论，也能提高我们账号的曝光度和涨粉机会。

由此可见，注重评论价值性和把握时效性，可以有效地利用评论区为账号带来曝光和涨粉。只要我们在评论中展现出真诚和有价值的观点，就能吸引更多用户的关注和喜爱。

> **课堂讨论**
>
> 你有去他人作品下评论过吗？成为热门评论了吗？

5.5.4　借势直播间，提升互动黏性

通过他人直播间蹭粉丝是一种有效的涨粉策略，特别是在直播过程中发红包，能够迅速吸引观众的注意力，提高曝光率，并有可能带来大量的新粉丝。若想通过他人直播间实现高效曝光和涨粉，建议参考以下三点进行操作。

1. 直播间类型的选择

- 匹配度是关键：选择与自身账号定位相符的直播间，有助于吸引对该领域感兴趣的目标粉丝。例如，如果你的账号是关于旅游的，那么与旅游、户外探险等相关的直播间是理想的选择。
- 观察直播间风格：除内容匹配度外，直播间的主播风格、观众互动氛围等也是重要的考虑因素。一个积极、健康的直播氛围将有助于提升你的品牌形象和粉丝质量。

2. 直播间人数的考量

- 稳定人数更具优势：选择在线人数稳定在 500 左右的直播间，能够确保红包活动的参与度。人数过少可能导致红包吸引力不足，人数过多则可能使你的账号在众多竞争者中难以脱颖而出。
- 观察观众活跃度：除在线人数外，观众的活跃度也是衡量直播间质量的重要指标。一个活跃的直播间意味着观众更有可能参与互动，包括抢夺红包和关注新账号。

3. 红包设置的技巧

- 合理设置金额与数量：根据直播间的人数和活跃度，合理设置红包的金额和数量。金额过高可能增加成本，金额过低则可能降低吸引力。在数量上，既要保证足够的参与度，又要避免过度分散观众的注意力。

- 附加宣传信息：在红包上附上你的账号信息或宣传语是一个很好的宣传手段。但要确保信息简洁明了，避免过于冗长或复杂的描述，以免影响观众的阅读和理解。

- 把握发布时机：红包的发布时机也很重要。可以在直播的高潮部分或关键节点发布红包，以吸引更多观众的关注和参与。

以抖音平台为例，红包发布的入口如下：

步骤01 打开抖音 App，进入一个直播间，点击"礼物"按钮，如图 5-41 所示。

步骤02 在弹出的界面中，选择"红包"选项，如图 5-42 所示。

步骤03 弹出"红包设置"界面，这里建议选择"钻石红包"，设置"5 分钟后开奖"，点击"发红包"按钮即可，如图 5-43 所示。

图 5-41　点击"礼物"按钮

图 5-42　选择"红包"选项

图 5-43　设置红包

红包发布成功后，发红包的账号会显示在左上角处，直播间的粉丝点击红包之后，可以看到账号的名字、头像等，并且还有直接关注的按钮。

 师提点

> 需要注意，虽然通过他人直播间蹭粉丝和发红包是一种有效的涨粉策略，但过度依赖这种方式可能导致粉丝质量不高，或难以维持长期的活跃度。因此，建议结合其他涨粉策略，如优质内容创作、定期互动等，以实现更全面、更稳定的粉丝增长。

第6章

短视频带货盈利之道

【学习目标】

了解短视频带货盈利的不同模式；掌握短视频带货盈利的渠道；了解短视频带货的注意事项；了解推广带货视频的工具。

【导入案例】

东方甄选借助短视频带货 50 万销量

成立于 1993 年的新东方，原本是中国教育培训行业的龙头，曾经深深驻扎在莘莘学子的记忆里。但在 2021 年，市场风云突变，随着"双减"等国家限制校外培训政策的推出，整个教培行业面临灭顶之灾，新东方的股价更是一落千丈，最多时市值下跌 90%，公司营收减少 80%。

为了生存，俞敏洪毅然决然地选择了转型，力争成为一家农产品科技公司。为了尽快入局，东方甄选走的第一步便是短视频与直播带货。作为曾经的教培霸主，尽管坐拥广大受众群，但新东方的转型不仅是船大难掉头，而且教培和农业这两个八竿子打不着的行业，让绝大多数人压根就不看好东方甄选的转型之路。在开播初期，东方甄选的成绩确实不温不火，日 GMV 始终维持在百万级别，东方甄选花了 200 天的时间才达到了粉丝数破百万的成绩。

真正的转折点出现在 2022 年 6 月 10 日，董宇辉的双语带货视频被曝光后，一夜之间董宇辉成为头部主播，到 6 月底时，东方甄选直播间的粉丝数量突破 2000 万。此后，在头部主播董宇辉的带领下，东方甄选凭借短视频与直播带货一举成功出圈，以另一种方式"霸屏"抖音。

6.1 短视频带货盈利的准备工作

短视频带货的前期准备工作至关重要，涵盖账号打造、橱窗开通、产品上架等多个方面。本节将深入探讨如何做好短视频带货的准备工作，以确保带货能够顺利进行并取得理想的盈利效果。通过细致的账号打造，我们能够树立独特的品牌形象；通过开通橱窗功能，我们能够展示丰富的商品信息；通过合理上架产品，我们能够满足消费者的多样化需求。让我们共同学习如何做好短视频带货的前期准备工作，为后续的盈利之路奠定坚实的基础。

6.1.1 选择账号类型

短视频带货账号类型丰富多样，主要包括个人号、企业号以及个人认证号。每种类型都有其独特的特点和适用场景。下面对各种类型的带货账号进行详细介绍。

1. 个人号

个人号是最基础的账号类型，通常由个人通过手机号注册并管理，主要用于个人创作、分享和带货。

个人号具有以下特点。

- 注册简便：只需手机号即可完成注册，无须复杂的认证流程。
- 内容自由：个人号在内容创作上拥有较高的自由度，可以发布各种类型的短视频。
- 受众广泛：适合个人创作者、意见领袖、网红等，能够直接触达广大用户。

个人号适合个人创业者、自媒体人、意见领袖等，通过短视频展示个人才华、分享生活点滴或推广个人品牌，实现带货盈利。

名 师提点

个人号在经营类目上存在一定限制，主要局限于销售自有商品，无法绑定渠道号进行销售，也无法售卖品牌商品。此外，在广告投放方面也可能受到一定限制。个人号需要开通直播、商品橱窗功能，这就需要进行实名认证，一个人只能实名认证一个个人号。个人号示例如图6-1所示。

图6-1 个人号

2. 企业号

企业号是为企业或品牌量身打造的账号类型，旨在通过短视频平台展示企业形象、推广产品或服务，实现品牌传播和营销目标。

企业号具有以下特点。

- 官方认证：需要提交企业相关资料进行认证，具有官方权威性。
- 功能丰富：拥有更多高级功能，如数据分析、广告投放、私信管理等，便于企业精准营销。
- 品牌传播：企业号拥有更为广泛的经营类目和更多的经营权限，适合企业发布品牌故事、产品介绍、活动宣传等内容，提升品牌知名度和美誉度。

企业号适合已注册的公司或品牌，通过短视频平台展示企业形象、推广产品或服务，吸引潜在客户，提升销售额。同时，企业号的货款需打入对公账号，确保了资金流动的规范性和安全性。

 师提点

> 企业号是经过平台认证的账号，需要用到营业执照，并且第一年需要缴纳 600 元认证费，第二年续费 120 元。企业号示例如图 6-2 所示。
>
> 图 6-2　企业号

3. 个人认证号

个人认证号是在个人号基础上进行实名认证和资质认证的账号类型，具有较高的权威性和可信度。

个人认证号具有以下特点。

- 实名认证：需要提交个人身份证明和相关资质进行认证，确保账号信息的真实性。
- 内容质量高：认证号的内容通常更为专业和优质，能够吸引更多粉丝和关注。
- 互动性强：认证号与粉丝的互动更为频繁和深入，有助于建立稳定的粉丝群体。

适合在某个领域具有专业知识和经验的个人，如专家、学者、艺人等，通过短视频平台分享专业知识、经验或才艺，实现个人品牌价值的提升和盈利。

 课堂讨论

你会选择什么类型的账号？

师提点

　　兴趣认证有美食领域创作者、汽车领域创作者等类型。职业认证则有明星、演员、作家、医生等。两者都需要经过平台认证。如图 6-3 所示为某健康知识创作者认证号。

图 6-3　个人认证号

　　个人号、企业号和个人认证号这三种账号类型各具特色，适合不同需求和目标的用户选择。根据个人或企业的实际情况，选择合适的账号类型有助于更好地在短视频平台上进行创作、推广和带货。

6.1.2　商品橱窗的开通方式

　　以抖音平台为例，如果需要完成短视频带货盈利，还需要账号开通商品橱窗功能。目前开通抖音平台账号商品橱窗功能有以下两种方式，不同开通方式有不同的要求。

1. 0 元 0 粉开通橱窗

　　2023 年 9 月 13 日，抖音电商带货权限开通流程升级，支持创作者 0 保证金入驻、0 粉丝开通橱窗带货权限。达人在完成抖音平台的实名认证后，便可申请开通电商带货权限。当达人粉丝数量不足 1000 时，仅获得橱窗带货权限。粉丝数达到 1000 后的次日，可以进一步开通直播间和短视频带货权限。开通权限时无须缴纳保证金，但佣金提现或订单达到 100 单时，平台将提醒达人需要缴纳保证金。

2. 开通抖音小店

　　第二种方式是开通抖音小店，把账号绑定到小店成为店铺官方号或者店铺授权号，也是可以 0 粉丝拥有橱窗，要求账号必须实名认证、缴纳 500 元商品橱窗保证金。

　　根据抖音电商《店铺官方账号绑定》实施细则的规定，官方旗舰店、旗舰店、专卖店、专营店、企业店、个体店必须且仅能够绑定一个认证企业号（蓝 v 标识），否则店铺将无法开通成功。

　　根据《店铺绑定抖音官方账号功能服务协议（商家端）》的规定，每个小店店铺仅可绑定一个抖音账号作为店铺官方账号，绑定关系建立后长期有效。除店铺关店或绑定抖音账号注销，或因绑定的抖音账号违反平台规则/协议被平台永久关闭商品分享功能，会导致自动解绑外，无法随意解绑。

　　根据《店铺授权账号绑定协议（商家版）》的规定，店铺授权号绑定功能可为卖场型旗舰店、官方旗舰店、旗舰店、专卖店、专营店、企业店、个体店使用，如果不是即时零售业务的商家，且小店店铺为企业店和个体店，需要升级为上述店铺之一，之后才可以进行店铺授权号的绑定。

满足条件的小店店铺支持绑定店铺形象号、店铺人设号两种类型的店铺授权号，每个渠道（包括但不限于抖音、西瓜、今日头条、抖音火山版，统称"推广平台"）最多可绑定 10 个账号，店铺授权号绑定成功 180 天后才可以解绑，且解绑后的账号将无法作为店铺授权号给店铺带货。

知识加油站

店铺的不同类型。

目前在抖音平台，店铺类型主要有官方旗舰店、旗舰店、专卖店、专营店、企业店和个体店。下面讲解开通不同类型的店铺的不同要求。

1）官方旗舰店

旗舰店是指以自有品牌（商标为 R 标或 TM 标）或由商标权利人（商标为 R 标）提供独占授权的品牌，入驻平台开设的企业店铺。

申请主体应为企业，个体工商户、个人不得申请。

店铺数量限制：一个品牌只能在平台存在一家官方旗舰店。

2）旗舰店

旗舰店是指以自有品牌（商标为 R 标或 TM 标）或由商标权利人（商标为 R 标）提供独占授权的品牌，入驻平台开设的企业店铺。

申请主体应为企业，个体工商户、个人不得申请。

店铺数量限制：一个品牌在平台一个一级类目下只能开设一家旗舰店。

3）专卖店

专卖店是指以商标权利人提供普通授权的品牌入驻平台开设的企业店铺。

申请主体应为企业，个体工商户、个人不得申请。

专卖店包括以下情形：经营一个或多个授权品牌且各品牌归同一实际控制人的专卖店。

4）专营店

专营店是指以商标权利人提供普通授权的品牌入驻平台开设的企业店铺，经营两个及以上品牌。

（1）以"专营店"命名的商家，其入驻的品牌应为已注册的商标（处于 R 状态），或申请时间满 6 个月且无驳回复审的 TM 标。

（2）申请主体应为企业，个体工商户不得申请。

（3）既经营他人品牌商品又经营自有品牌商品的专营店。

5）企业店

企业店是指以商标权利人提供普通授权的品牌入驻平台开设的企业店铺，经营一个及以上品牌。

（1）以"企业店"命名的，入驻品牌应为已经注册的商标（R 状态），或申请时间满 6 个月且无驳回复审的 TM 标。

（2）申请主体应为企业，不能为个体工商户或自然人。

（3）既经营他人品牌商品又经营自有品牌商品的企业店。

6）个体店

个体店是指以商标权利人提供普通授权的品牌入驻平台开设的个体店铺，经营一个及以上品牌。

（1）以"个体店"命名的入驻品牌应为已经注册的商标（R 状态），或申请时间满 6个月且无驳回复审的 TM 标。

（2）申请主体应为个体工商户，不能为企业或自然人。

（3）既经营他人品牌商品又经营自有品牌商品的个体店。

7）个人店

个人店是指以商标权利人提供普通授权的品牌入驻平台开设的个人店铺，经营一个及以上品牌。

（1）以"个人店"命名的，入驻品牌应为已经注册的商标（R 状态），或申请时间满6 个月且无驳回复审的 TM 标。

（2）申请主体应为自然人，不能为个体工商户或企业。

（3）既经营他人品牌商品又经营自有品牌商品的个人店。

6.1.3 产品供货来源

在抖音平台，目前支持三种供货来源进行商品销售，分别是抖音小店、官方渠道精选联盟和第三方渠道货源。

1. 抖音小店

抖音小店即商家在抖音平台开通的专属电商店铺，是商家展示与销售产品的理想场所。开通抖音小店，商家需具备相应的资质，包括营业执照等必要证明文件，以确保商家的合法性和经营的真实性。同时，商家还需根据所选的类目缴纳相应的保证金，以维护消费者权益和平台的稳定秩序。不同类目的保证金金额各有差异，商家需根据平台要求进行缴纳。完成这些步骤后，商家即可顺利上架产品，开启在抖音平台的电商之旅。

2. 官方渠道精选联盟

官方渠道精选联盟是一个汇聚了众多小店优质产品的平台。商家成功开店后，可以选择将自家产品入驻到精选联盟，并设定合理的佣金比例。无论是商家还是达人，都可以在这个联盟中挑选到心仪的产品，并通过销售赚取佣

你打算售卖哪个来源的产品？

金。这一机制不仅为商家提供了更广阔的销售渠道，也为达人提供了丰富的货源，共同促进产品的流通与销售。

3. 第三方渠道货源

抖音平台除抖音小店这一自有电商渠道外，还积极与第三方平台合作，为商家提供更丰富的货源。其中，淘宝平台作为重要的合作伙伴，其商品可以挂靠到抖音平台进行售卖。然而，要想将淘宝商品加入抖音的内容商品库，商家需要满足一系列的条件，这些条件说明如下：

（1）商品必须正常加入淘宝客，并且佣金要满足抖音平台的要求。这意味着商家需要设置合理的佣金比例，以吸引抖音平台上的达人或主播进行推广。

（2）营销计划的佣金率也需要满足内容库各类目的准入门槛要求。不同类目的商品可能有不同的佣金率要求，商家需要仔细了解并遵守这些规定。

（3）商家的店铺综合排名也是一个重要的考量因素。只有综合排名良好的店铺，其商品才有可能进入内容商品库。因此，商家需要注重店铺的运营和管理，提升店铺的整体表现。

> **提示**：如果商品不符合以上任意一条要求，都将无法进入内容商品库。这意味着商家需要仔细核对自己的商品和店铺信息，确保满足上述所有条件。

目前抖音平台仅支持将第三方平台的商品挂到短视频中进行展示和销售，而不支持直接挂到直播间。这一限制可能与平台的规定和策略有关，商家需要根据平台的规则进行调整和优化。

6.2　完善商品橱窗资料与商品上架

在成功开通商品橱窗后，下一步至关重要，那便是完善商品橱窗的各项资料。此外，还需缴纳商品橱窗保证金，确保一切合规有序。随后，将精心挑选的产品上架至商品橱窗，为后续的短视频带货与直播带货奠定坚实基础、做好充分准备。

6.2.1　商品橱窗保证金

在 2021 年 9 月 29 日，抖音商品分享功能的用户保证金规则进行了重要升级。此次升级后，保证金的组成部分变得更加细致和全面，主要包括基础保证金、浮动保证金以及活动保证金。这一变化旨在更好地保障平台交易的安全和稳定，同时也为商家提供了更加清晰、透明的保证金管理机制。

- 基础保证金：是商家开通抖音商品分享功能时必须缴纳的一笔费用，缴纳标准为 500 元人民币，它是商家在平台上进行商品分享和销售的基本保障。
- 浮动保证金：是根据商家在平台上的商品销售情况和交易数据动态调整的，这有助于确保商家在经营过程中始终维持一定的资金安全水平。所有推广非绑定店铺商品的创作者均需缴纳浮动保证金，每月 1 日平台根据创作者推广的商品在上一个自然月的在线支付订单成交额计算浮动保证金应缴纳金额，每月 2 日按照如图 6-4 所示的标准调整对应的应缴纳保证金金额。
- 活动保证金：是针对商家参与平台特定活动而设立的。商家在申请参加这些活动时，需要按照活动规则缴纳相应的保证金，以确保活动的顺利进行和商家的诚信经营。

在线支付订单成交金额（￥：万元/月）	浮动保证金标准（￥：元）
[0, 5]	0
(5, 10]	3000
(10, 50]	5000
(50, +∞)	20000

图 6-4　浮动保证金标准

师提点

　　活动保证金缴纳标准由平台根据活动类型确定，分为 5000 元、10000 元、20000 元三个缴纳标准，缴纳金额以创作者保证金账户、提报活动时相应页面的提示为准。

　　这一升级后的保证金制度不仅提高了平台的管理效率，也为商家提供了更加灵活和个性化的服务。同时，它也有助于提升消费者的购物体验，保障他们的权益不受侵害。在未来，随着抖音商品分享功能的不断发展和完善，保证金制度也将继续优化和升级，以适应市场的变化和商家的需求。

1. 缴纳保证金

　　无论是用哪种方式开通商品橱窗，都需要缴纳基础保证金 500 元，具体步骤说明如下：

步骤01 打开抖音 App，在账号主界面中点击"电商带货"按钮，如图 6-5 所示。

步骤02 进入"电商带货"界面，点击"全部工具"按钮，如图 6-6 所示。

图 6-5　点击"电商带货"按钮　　　　图 6-6　点击"全部工具"按钮

步骤03 进入"功能中心"界面，下滑界面至最底部，在"账号管理"栏中点击"作者保证金"按钮，如图 6-7 所示。

步骤04 进入"作者保证金"界面，点击"继续充值"按钮充值即可，如图 6-8 所示。

图 6-7　点击"作者保证金"按钮　　　图 6-8　点击"继续充值"按钮

2. 提取保证金

提取保证金时，平台为创作者提供了专门的提取渠道，操作便捷高效。创作者只需进入保证金账户界面，便可依据账号当前的实际情况，灵活选择部分提取或全部提取保证金。这一设计充分考虑了创作者的个性化需求，让资金管理变得更加灵活自如。

提取保证金的操作步骤说明如下：

步骤 01 打开抖音 App，单击"作者保证金"按钮，如图 6-9 所示，打开"作者保证金"界面，点击"提现"按钮，如图 6-10 所示。

图 6-9　作者保证金　　　　　　图 6-10　保证金提现

步骤02 弹出对话框，点击"全额退保"按钮，如图 6-11 所示。

步骤03 进入"全额退保"界面，点击"全部提现"按钮即可，如图 6-12 所示。

图 6-11　全额退保　　　　　　　图 6-12　全部提现

创作者提交"全部提取"保证金申请时，需满足以下条件：

- 创作者分享商品的最后一笔交易订单确认收货满 30 个自然日。
- 创作者保证金账户余额大于 0 元。
- 无任何与创作者相关且处理中的投诉/售后服务记录。
- 创作者参与的平台活动无未完结的情形。

3. 退回保证金

平台提供了多样化的保证金退回方式，让创作者可以根据自身需求自主选择。若选择"原路退保"，即保证金将退回至原充值时的资金来源账户，创作者需确保已征得原付款人的同意并授权平台获取相关账户信息。平台将按照充值顺序依次选择退回账户，整个流程便捷透明，详细操作可根据平台内的提示轻松完成。

若创作者希望将保证金退回至指定的私人或对公账户，只需在提交提取申请时准确、真实地填写相关收款账户信息。为确保资金安全，建议参考提取页面的提示仔细核对信息。请注意，因填写信息错误导致的损失及后果将由创作者自行承担。

创作者成功提交保证金提取申请后，将进入为期 4 个工作日的保证金退还考察期。在此期间，若未发生与创作者相关的任何交易纠纷，或相关纠纷已得到妥善处置，平台将在考察期结束后退还保证金余额至指定账户。这一流程确保了资金的安全与合规，让创作者的权益得到充分保障。

6.2.2　开通商品橱窗支付方式

开通商品橱窗支付方式是确保创作者账号在抖音平台上顺利带货并赚取佣金的重要步骤。对于未绑定店铺商品的创作者账号而言，此步骤尤为关键。一旦开通，创作者便能轻松地将橱窗内商品的销售所得提现至指定账户。

开通收款账户则是带货佣金结算的必经之路。达人需绑定自己的银行账户，以确保带货所得的佣金能够准确无误地结算到账。在此之前，达人还需填写带货资质，准备相应的身份资料信息，如个人身份证、个体营业执照或企业营业执照等。这些资质不仅是抖音电商推广带货的必备条件，也是保障交易双方权益的重要措施。

在开通收款账户时，达人需选择与自身带货资质相匹配的银行账户信息，以确保佣金能够顺利入账。无论是个人银行账户、个体银行账户还是企业银行账户，都应确保信息的真实性和准确性，以避免因信息错误导致的佣金结算问题。

总之，开通商品橱窗支付方式和收款账户是抖音电商带货流程中不可或缺的一环。通过完善这些设置，创作者不仅能够更加便捷地进行商品推广和销售，还能确保自己的收益安全、合规地到账。

缴纳保证金后，还需要开通商品橱窗支付方式，该要求针对的是未绑定店铺商品的创作者账号，如果账号已绑定小店，则橱窗的支付方式直接沿用店铺的支付方式。开通商品橱窗支付方式，方便账号赚取到佣金后提现到对应的账户上。

下面以填写个人带货资质和开通个人收款账户为例进行讲解，具体的操作步骤如下：

步骤01 打开抖音 App，依次选择"我"→右上角的 ☰ 按钮→"抖音创作者中心"→"电商带货"→"立即加入抖音电商，如图 6-13 所示。

步骤02 满足开通带货权限条件的达人点击"立即加入抖音电商"按钮，进入"填写带货资质"开通入口界面，选择带货资质类型，这里勾选"个人"，点击"填写带货资质"按钮，如图 6-14 所示。

图 6-13　点击"立即加入抖音电商"按钮

图 6-14　点击"填写带货资质"按钮

步骤 03 进入"填写带货资质"界面填写相关信息，上传身份证正反面照片，输入姓名、身份证号，点击"提交审核"按钮后进入开通收款账户环节，如图6-15所示。

步骤 04 填写个人资质后，进入【开通收款账户】界面，填写账户信息，点击"提交"按钮，即可成功开通收款账户，如图6-16所示。

图6-15 点击"提交审核"按钮

图6-16 点击"提交"按钮

6.2.3 在商品橱窗上架产品

保证金缴纳完毕且支付方式设置妥当之后，接下来便可以着手将产品上架至商品橱窗。为助力达人更高效地推广商品，抖音平台提供了以下三种便捷的商品上架方式。

1. 在选品广场添加商品

在选品广场添加商品的操作步骤如下：

步骤 01 打开抖音App，进入"电商带货"界面，点击"选品广场"按钮，如图6-17所示。

步骤 02 进入"选品广场"界面，浏览商品，点击想要加入橱窗的商品，如图6-18所示。

你打算售卖哪个来源的产品？

步骤 03 进入决策页，查看商品详情，觉得合适就可以点击"加橱窗"或"加选品车"按钮，如图6-19所示。

- 店铺官方号——小店产品上架成功后，直接同步到账号商品橱窗。
- 店铺授权号——需要从选品广场中的合作商家手动添加到商品橱窗。

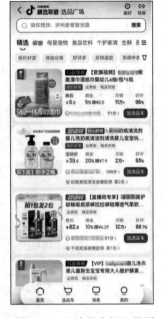

图 6-17　点击"选品广场"按钮　　图 6-18　"选品广场"界面　　图 6-19　点击"加橱窗"按钮

2. 通过"一键添品"添加商品

通过"一键添品"功能添加商品的操作步骤如下：

步骤01 打开抖音 App，进入"电商带货"界面，点击"商品管理"按钮，如图 6-20 所示。

步骤02 进入"商品管理"界面，点击"一键添品"按钮，如图 6-21 所示。

步骤03 进入"一键添品"界面，勾选需要加入橱窗的商品，然后点击"一键加橱窗"按钮即可，如图 6-22 所示。

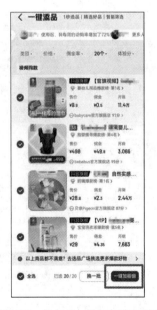

图 6-20　点击"商品管理"按钮　　图 6-21　点击"一键添品"按钮　　图 6-22　点击"一键加橱窗"按钮

3. 使用商品链接添加商品

使用商品链接添加商品的操作步骤如下：

步骤 **01** 打开抖音 App，进入"电商带货"界面，点击"选品广场"按钮，如图 6-23 所示。

步骤 **02** 进入"选品广场"界面，点击右上角的"链接"按钮，如图 6-24 所示。

图 6-23 点击"选品广场"按钮　　　　图 6-24 点击"链接"按钮

步骤 **03** 进入新界面，复制商品链接，点击"查找"按钮，显示出链接中的商品，如图 6-25 所示。

步骤 **04** 点击商品进入决策页，查看商品详情，觉得合适就可以点击"加橱窗"或"加选品车"按钮，如图 6-26 所示。

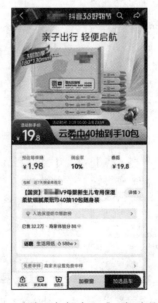

图 6-25 复制商品链接　　　　图 6-26 点击"加橱窗"或"加选品车"按钮

6.3 在视频上挂载商品

在完善商品橱窗资料并成功上架商品之后，下一步自然是在视频中巧妙展示这些商品，从而开启短视频带货的盈利之旅。接下来，我们将深入探讨在电脑端和手机端发布作品时如何挂载商品，并分享一些挂载商品时需要注意的关键事项，助你轻松实现短视频带货盈利的目标。

6.3.1 在手机端发布作品时挂载商品

课堂讨论

你发布过带货视频吗？

作品发布成功后，在短视频中挂载商品的具体操作步骤如下：

步骤 **01** 在短视频发布界面，点击"添加标签"按钮，如图 6-27 所示。

步骤 **02** 弹出"添加标签"界面，选择"商品"选项，如图 6-28 所示。

步骤 **03** 进入新界面，选择需要挂购物车的商品，点击"添加"按钮即可，如图 6-29 所示。

短视频挂商品之后，需要对商品数量、推广标题等进行编辑设置。

图 6-27 点击"添加标签"按钮　　图 6-28 选择"商品"选项　　图 6-29 选择挂购物车的商品

1. 挂商品的数量

在视频中挂载商品时，最少可以选择一个商品，最多可以选择 6 个商品，如图 6-30 所示。然而，我们并不建议挂载过多的商品。这是因为，当在短视频中挂载商品时，会有相应的要求和限制。挂载商品数量过多可能会导致视频内容显得杂乱无章，影响观众的观看体验，进而降低商品的转化效果。因此，建议在挂载商品时，精选与视频内容相关且质量上乘的商品，以确保观众的观看体验和商品的转化效果达到最佳状态。

图 6-30　短视频挂商品的数量

2. 推广标题

挂载商品后，撰写商品的推广标题成为关键的一步。这个标题是用户在观看视频时，购物车中显示的文字，它直接决定了商品对用户的吸引力，如图 6-31 所示。你可以自定义这个标题，尽情展现商品的魅力。但请注意，标题的长度限制在 10 个字以内，因此，你需要用精练的语言精准地传达商品的核心卖点，以吸引用户的注意并激发他们的购买欲望。

图 6-31　推广标题设置及其展示

6.3.2　在电脑端发布作品时挂载商品

在电脑端发布作品时挂载商品与在手机端发布作品时挂载商品的步骤相似，同样是在发布作品时选择挂载商品。具体操作步骤如下：

步骤01 在电脑端的短视频发布界面，点击"添加标签"栏下的下拉菜单，选择"购物车"选项，如图 6-32 所示。

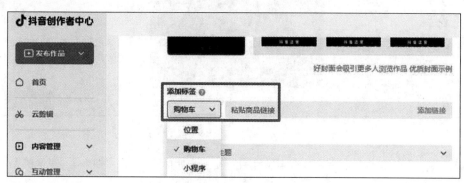

图 6-32　在电脑端发布作品时挂载商品

提示： 电脑端需要粘贴商品链接，而商品链接来源于"巨量百应"后台，在登录"巨量百应"时选择达人身份。

步骤02 进入"巨量百应"主界面，依次选择"经营"→"橱窗"→"橱窗商品管理"选项，在界面右侧找到对应的商品，点击该产品的标题文字，如图 6-33 所示。

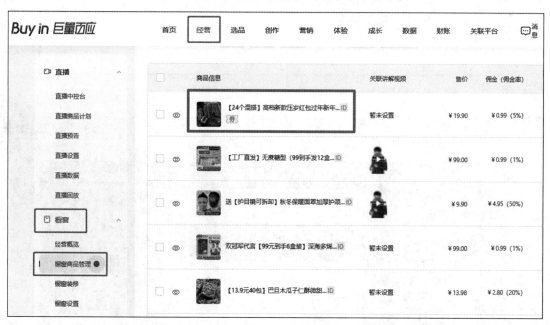

图 6-33　在电脑端发布作品时挂载商品的步骤

步骤03 点击商品标题文字后进入商品详情界面，然后复制商品网页链接，如图 6-34 所示。

图 6-34 复制商品网页链接

步骤 04 返回"抖音创作者中心"的发布作品界面，在"添加标签"栏"购物车"右侧的粘贴商品链接处粘贴上一步复制的商品网页链接，如图 6-35 所示。

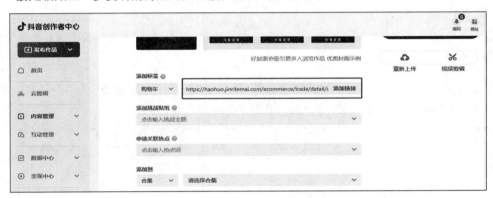

图 6-35 粘贴商品网页链接

步骤 05 点击"粘贴商品链接"右侧的"添加链接"按钮，弹出"编辑商品"对话框，输入商品短标题，如图 6-36 所示。

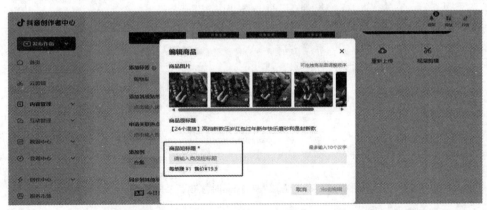

图 6-36 输入商品短标题

步骤06 点击"完成编辑"按钮，即可成功挂载商品，如图 6-37 所示。

图 6-37　成功挂载商品

　　发布商品后，要求视频中必须出现过该商品，不得以贴纸、图片等形式出现，所以发布视频时，不建议选择太多的商品，否则视频需要出现全部所选商品，导致视频的营销性质过强。不过，当几件商品属于组合形式时，可以选择多件商品一起展示，例如 T 恤+裤子+外套、鞋子+袜子。

　　如果视频选择挂载某件商品后，被平台检测到视频中并未出现过所挂载的商品，平台会进行处罚：商品强制从视频中下架并扣除账号信用分 0.5～3 分。视频商品下架是指视频会正常发布出去，但是挂载的商品会被强制卸下。

6.4　利用"小店随心推"打造高 ROI 的视频

　　借助"小店随心推"这一强大工具，我们可以有效加热带货视频，打造高投资高回报率的带货佳作。本节将深入探讨手机端带货视频加热利器——"小店随心推"的投放步骤、注意事项以及投放后的数据分析方法。通过掌握这些实用技巧，你将能够更精准地推广视频，提升带货效果，实现更高的商业价值。

6.4.1　"小店随心推"投放方法

　　"小店随心推"的投放步骤与不带货视频加热工具 DOU+的投放步骤非常相似，都需要在手机端完成操作。以短视频投放"小店随心推"为例，具体的操作步骤如下：

步骤01 打开抖音 App，找到一个带购物车的短视频作品，如图 6-38 所示。

步骤02 点击作品右下角的"分享"按钮，在弹出的界面中点击"小店随心推"按钮，如图 6-39 所示。

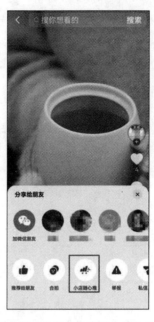

图 6-38　带购物车的短视频作品　　　　　图 6-39　点击"小店随心推"按钮

步骤 **03** 进入"小店随心推"界面，进行随心推计划设置，首先选择要推广的内容，如图 6-40 所示。

步骤 **04** 向下滑动界面，选择投放目标，并设置投放时长、投放人群和投放金额等内容，如图 6-41 所示。

步骤 **05** 向下滑动界面，继续设置出价方式，最后点击"支付"按钮进行支付，如图 6-42 所示。

图 6-40　选择要推广的内容　　　　　图 6-41　进行推广设置　　　　　图 6-42　点击"支付"按钮

下面将为大家详细讲解"小店随心推"计划设置中的关键要点，包括投放数量、投放目标、投放时长、投放人群、投放金额、出价方式等内容的设置，以帮助大家更好地利用这一工具提升带货效果。

- 投放数量："小店随心推"目前主要支持加热单条带货视频，因此每次投放时请确保选择的是你希望重点推广的那一条视频。
- 投放目标：在设置投放目标时，优先推荐选择"商品购买"作为目标，因为这将更直接地提升商品的销售量。
- 投放时长：投放时长的选择非常关键，它将直接影响投放的速度和效果。目前，抖音有 2、6、12、24 小时 4 个选项可供选择。如果你的预算是 100 元，建议选择 6 个小时的投放时长；若预算达到 300 元以上，可以考虑选择 12 个小时的时长，以获取更稳定的曝光效果。
- 投放人群：精准选择投放人群是提升投放效果的关键。你可以选择"智能推荐机制"，让系统根据你的视频内容和商品特性为你推荐适合的受众；或者选择"自定义定向投放"，根据自己的经验和市场分析来圈定目标人群。具体选择方法与我们在使用 DOU+投放时的策略是一致的。
- 投放金额："小店随心推"的投放计划金额最低设置为 100 元，你可以根据自己的预算和投放需求来调整投放金额。
- 出价方式：出价方式分为自动出价与手动出价。这里的出价指的是你愿意为每个下单支付的目标单价。作为新手，建议你前期选择自动出价，让系统根据市场情况和你的预算来为你自动调整出价，以获得更高效的投放效果。当然，如果你对市场和商品有深入的了解，也可以尝试手动出价，以更精确地控制投放成本。

通过以上这些步骤的设置，可以更加精准地利用"小店随心推"这一工具来加热你的带货视频，实现更高的投资回报率。同时，建议你在投放过程中不断观察和分析数据，根据实际效果来调整投放策略，以达到最佳的带货效果。

6.4.2　"小店随心推"投放注意事项

投放"小店随心推"时，为了确保广告计划的顺利执行和投放效果的最大化，我们需要特别注意投放人群的设定。以下是一些投放注意事项。

首先，我们要避免将投放人群设置得过于狭窄。过于狭窄的投放人群设定可能导致广告计划无法找到足够多的对应人群，进而使得计划投放失败。这是因为广告投放平台依赖于一定规模的目标受众来实现广告的有效触达和转化。当投放人群范围过小时，平台可能无法找到足够多的匹配用户，导致广告无法成功投放。

为了避免这种情况，我们在设置投放人群时应该充分考虑目标受众的多样性。可以通过结合用户画像、兴趣偏好、购买行为等多个维度来圈定投放人群，确保广告能够触达更广泛的潜在用户。同时，也要根据广告产品的特性和市场需求来调整投放人群的范围，确保广告的精准度和覆盖面的平衡。

此外，我们还应该关注投放计划的实时数据反馈。通过监测投放计划的曝光量、点击率、转化率等指标，及时调整投放策略，优化投放人群的设置。如果发现投放计划的曝光量过低或转化率不佳，可以考虑扩大投放人群的范围，或者调整其他投放参数来提升广告效果。

总之，投放"小店随心推"时，合理设置投放人群至关重要。我们需要避免将投放人群设置得过于狭窄，同时需要结合实时数据反馈来优化投放策略，确保广告能够触达更多潜在用户，并实现有效的转化。

6.4.3 "小店随心推"投放数据分析

在"小店随心推"投放结束后，对收集到的数据进行分析至关重要，这不仅能够帮助我们了解投放效果，还能指导我们做出是否追加投放的决策。

数据分析的具体操作步骤如下：

步骤01 在"小店随心推"后台，点击某一条计划的"查看详情"按钮，如图 6-43 所示。

步骤02 进入"小店随心推"详情界面，可以看到详细的广告数据、电商数据、直播数据，如图 6-44 所示。

图 6-43　直播订单界面　　　　图 6-44　投放数据界面

从图 6-44 可以看到，抖音提供了三个方面的数据，我们简单分析一下。

1. 广告数据分析

- 展示次数：反映了广告被展示给用户的总次数，是评估广告曝光量的关键指标。展示次数越多，说明广告被更多人看到，有助于提高品牌曝光。
- 点击次数：显示了用户点击广告的次数，是评估广告吸引力的重要指标。点击次数多，说明广告内容吸引的用户越多。
- 点击率：是点击次数与展示次数的比值，反映了广告的点击效果。高点击率通常意味着广告内容与目标受众高度匹配。

- 转化数：表示用户从点击广告到实际购买或采取其他目标行为的数量，是评估广告效果的核心指标。
- 转化成本：即每次转化所需的成本，有助于我们评估投放的性价比。

通过分析这些广告数据，我们可以判断投放素材的吸引力以及视频质量和商品对用户的吸引力。如果点击率和转化率较高，说明广告效果较好，可以考虑追加投放。

2. 电商数据分析

- 成交订单数和成交订单金额：直接反映了投放计划带来的销售成果，是评估投放效果的关键指标。
- 支付 ROI：是评估投放效益的核心指标，它反映了投入与产出的比例。根据提供的公式计算支付 ROI，可以帮助我们判断投放是否盈利。

在特殊情况下，如存在预售订单，我们需要考虑预售金额对支付 ROI 的影响。通过对比不同投放计划的支付 ROI，我们可以判断哪些计划更具盈利潜力，从而决定是否追加投放。

3. 直播数据分析

- 观看人次：反映了直播的受众规模。
- 查看购物车次数、商品点击次数：体现了用户对商品的关注度和购买意愿。
- 新增粉丝次数、评论次数、分享次数、打赏次数等：这些互动数据反映了直播的活跃度和用户参与度，是评估直播效果的重要指标。

通过分析直播数据，我们可以了解付费流量进入直播间后的用户行为，以及主播对用户的引导和互动能力。如果直播能够吸引用户进行互动、点击购物车等动作，说明投放效果良好，可以考虑追加投放。

综上所述，通过对广告数据、电商数据和直播数据的综合分析，我们可以全面评估小店随心推的投放效果，并基于这些数据做出是否追加投放的决策。在决策过程中，我们需要综合考虑各个指标的表现，以及投放目标和预算的限制，确保投放策略的科学性和有效性。

6.5　达人商品橱窗账号佣金提现方法

达人商品橱窗账号佣金提现，是达人在通过视频带货赚取佣金后，将这笔收益从平台账户提取至个人银行账户或第三方支付平台的过程。在提现前，达人需确保已满足平台规定的提现条件，如达到一定的佣金金额、完成实名认证等。在提现时，需按照平台指引填写正确的提现信息，并等待平台审核和处理。这一流程不仅保障了达人的合法权益，也确保了资金的安全与合规。

账号金额提现的具体操作步骤如下：

步骤01 打开抖音 App，在账号主页点击"电商带货"按钮，如图 6-45 所示。

步骤02 进入"电商带货"界面，点击"全部工具"按钮，如图 6-46 所示。

图 6-45　点击"电商带货"按钮

图 6-46　点击"全部工具"按钮

步骤03 进入"功能中心"界面，在"财账"栏中点击"我的佣金"按钮，如图 6-47 所示。

步骤04 进入"佣金统计"界面，点击"提现"按钮，如图 6-48 所示。

图 6-47　点击"我的佣金"按钮

图 6-48　点击"提现"按钮

当订单成交后，会先产生"未退款预估佣金"，这个时候不可进行结算与提现，需要订单完结后，才可进行结算与提现，详细说明如下：

（1）"未退款预估佣金"中的金额未扣除平台服务费和机构分成，仅是根据当时下单情况的预估进行参考，由于订单会产生退款退货等情况，因此实际结算以"结算佣金"为准。

（2）如达人的账户存在纠纷或涉嫌违法违规等情形，平台有权暂停提现。

（3）每个平台商品佣金的结算周期不一致，详细请看如下介绍。

- 付款金额：为用户真实支付的货款金额，不包含运费、税费、优惠券。
- 未退款预估佣金：未扣除平台服务费和机构分成数据，按照用户付款金额乘以佣金率预估的全部佣金费用，该数据仅做参考使用，不作为最终结算金额。
- 结算金额：为最终参与结算的用户付款金额，若用户确认收货后未发起退款，则结算金额等于付款金额。若用户发起过退款，则结算金额等于付款金额减去用户退款金额。
- 结算佣金：已扣除平台服务费和机构分成数据，为账号真实可入账的收入。
- 结算规则：单笔订单在用户或系统确认收货 15 日后，该笔订单会发起结算。若 15 日内商家未完成结算，则等待商家结算完成后，该笔订单会发起账号结算。结算完成则订单对应的结算佣金自动进入可提现余额中。

（4）如存在预售订单，详细请看如下特殊说明。

- 预售订单单独标记预售，支付尾款前，付款金额、预估佣金按照实付定金计算展示。支付尾款后，付款金额、预估佣金将更新为按照定金加尾款金额计算展示。因此，预售订单的支付金额和佣金，请以支付尾款后的数据作为统计分析使用。
- 仅支付定金的预售订单不计入付款订单数量、付款金额、付款佣金的统计。该笔订单成功支付尾款后，按照尾款支付日期计入该日期的付款订单、付款金额、付款佣金统计中。
- 最后一步即为申请提现，提现到账方式为：绑定账号实名认证人名下的银行卡，申请提现后，在 3~5 个工作日后到账。

6.6　商品橱窗账号信用分

账号信用分是衡量抖音账号健康程度的关键因素。当抖音账号开通商品橱窗功能后，系统会自动赋予账号一个初始信用分，如图 6-49 所示。这个信用分在账号进行短视频带货、直播带货等商业活动时起到了重要的监管作用。

如果在带货过程中发生违规行为，平台会根据违规的严重程度扣除相应的信用分。这种扣分机制旨在维护平台的公平性和秩序，确保所有用户都能在一个健康、诚信的环境中进行交易。

当然，为了鼓励账号自我纠正和积极改进，平台也设置了一定的加分机制。当账号在一段时间内表现良好，没有发生违规行为时，信用分会得到一定的恢复。这样既可以激励账号自觉遵守规则，又可以体现平台的人性化管理。

图 6-49 查看信用分

不同违规事项的扣分详情通常会在平台的相关规定或表格中列出，如表 6-1 所示。通过查看这些规定，抖音达人可以清晰地了解哪些行为是违规的，以及违规后可能面临的扣分情况。这有助于达人更好地规范自己的行为，避免不必要的损失。

表6-1 信用分违规扣分详情

违规类型	违规内容示例	违规扣分
虚假夸大宣传	对所分享商品信息及各项参数效果等进行夸大虚假宣传，包括但不限于：使用绝对化、欺骗性或误导性的语言，包括文字、图片、计量单位等，对所分享商品的功效、服务及价格等进行不实或夸大描述、明示或暗示与商品实际信息不符的内容等	0.5~3
不正当竞争	通过贬低其他商品、品牌以及其他第三方进行商品宣传，或以虚假片面的信息为基础进行商品对比。 通过抽奖/买赠等方式赠予的商品或服务，价值高于 50 000 元人民币	0.5~3
诱骗互动	以虚假承诺为噱头，诱导欺骗其他用户对内容/商品进行互动	1.5~5
不平等交易	在正常的交易中附加不合理条件	0.5~3
违规营销	宣传商品为"自家产"及类似信息（商品类目属于国家法律法规允许的可自行生产的类目、商品本身符合平台要求且向平台提供相关承诺及证明材料的除外）。 任何形式的虚假承诺未履约营销行为，包括但不限于承诺提供服务、福利、奖励等但实际未履行、未完全履行承诺，或未经协商一致单方面变更承诺内容或条件。 违规买赠：违规宣传赠品信息，侵犯消费者权益的行为	0.5~4

（续表）

违规类型	违规内容示例	违规扣分
无资质营销	未经平台认证，发布医疗/保健、保险、拍卖以及我国法律法规要求的其他必须取得特定资质才可从事特定行为的专业领域内容或商品	0.5~4
违规招募/转卖	发布含有招聘、招募等信息的内容或商品，或引导转卖跨境商品	0.5~5
侵权行为	存在侵犯他人知识产权的情形： ● 未经授权，使用他人图片、视频、商标、作品等存在侵犯他人商标权、著作权、专利权等风险的内容。 ● 分享假冒他人注册商标的商品、盗版商品。 ● 通过任何形式虚构声称或暗示为明星/企业家等社会公众人物/品牌方/平台授视的虚构授权行为。 ● 分享或发布造成消费者混淆或产生错误认知的商品或商品信息。 ● 任何故意或通过其他方式实施的侵犯第三方合法权益的行为	2~12
博眼球炒作	利用社会热点事件、伪科学以及其他博眼球或宣扬不当价值观等方式进行营销行为	0.5~8
色情低俗	内容包含低俗（或易引发低俗联想的）表演、动作、图片、语言等	2~8
低质内容	内容引人不适、不符合平台调性以及影响其他用户观感/体验的情形	0.5~3
挂机录播	以录屏或挂播形式进行推广（如直播内容仅展示一张纸/白板/电脑屏幕/某实物等）或画面黑屏仅循环播放录音，以及实施其他不具有实质意义的直播行为	2~7
内容/商品无相关	购物车商品未在内容中出现	0.5~3
分享禁售商品	分享《发布违禁商品/信息实施细则》中所标注的商品	1.5~10
作弊行为	以不正当手段获取虚假流量、订单、互动等，或包括但不限于在准入申请活动报名、违规申诉等环节向平台提供不真实的证明材料，以及其他平台认为的严重影响平台声誉及利益的严重违规行为	1~4
引导私下交易	引导直接前往第三方平台搜索购买、添加第三方联系方式、通过非官方渠道（如货到付款等）进行交易以及其他引导用户进行站外交易等侵犯消费者权益的情景	1.5~4
严重违规行为	故意绕过平台管控，挑战平台底线，扰乱平台正常交易运营秩序，或因任何违规行为（包括但不限于威胁、恐吓等）遭重大投诉，致使其他用户利益严重受损，危及生命财产安全的。 其他致使平台遭政法机关警告或严肃处理的，对平台声誉造成严重影响或导致平台遭受巨大损失的	10~12
重大违规行为	发布重大违规内容，包括但不限于： ● 反对宪法确定的基本原则。 ● 危害国家统一、主权和领土完整。 ● 泄露国家秘密、危害国家安全或者损害国家荣誉和利益。 ● 煽动民族仇恨、民族歧视，破坏民族团结，或者侵害民族风俗、习惯。 ● 破坏国家宗教政策，宣扬邪教、迷信。 ● 散布谣言，扰乱社会秩序，破坏社会稳定。 ● 宣扬赌博、暴力、凶杀、恐怖或者教唆犯罪。 ● 煽动非法集会、结社、游行、示威、聚众扰乱社会秩序。 ● 发布含有法律、行政法规和国家规定禁止的其他内容	12

当被扣除信用分后，平台支持给账号实行加分，信用分累积策略如表 6-2 所示。

表6-2　信用分累积策略

积　　分	行　　为	信用分累积	周　　期
0<当前积分<10	周期内通过平台抽检无违规行为	+1 分	满 7 天
10≤当前积分<12	周期内通过平台抽检无违规行为	+1 分	满 30 天

如果账号触发了多项"商品分享功能判罚"，平台会依照判罚的最高等级标准来执行处罚。这意味着，即使账号只因为某一项轻微违规被扣分，但如果同时触犯了其他更严重的违规事项，平台会按照最严重的违规标准来进行处罚。

表 6-3 详细列出了信用分节点及对应的处罚措施。通过查看这个表格，抖音达人可以清晰地了解到不同信用分节点下可能面临的处罚情况，从而更加谨慎地规范自己的行为，避免信用分过低而触发处罚。

表6-3　信用分节点及处罚措施

平台信用分节点	用户所有视频仅个人主页可见	商品分享功能判罚
12 分≥X≥8 分	无	无
8 分>X≥6 分	√	商品分享功能停用整改 1 天
6 分>X≥4 分	√	商品分享功能停用整改 3 天
4 分>X>2 分	√	商品分享功能停用整改 7 天
2 分≥X>0	√	商品分享功能停用整改 14 天
0 分	√	永久关闭商品分享功能

第7章

直播间设计与直播团队组建

【学习目标】

掌握直播设备的选择及使用场景；理解直播间灯光的基础布置；了解个人直播的工作职责和流程；理解品牌商家团队的人员结构；了解直播团队中核心岗位的工作职责和绩效考核要求。

【案例导入】

根据不同的直播需求，整个空间被划分为 3 个直播区域，其中包括彩妆类、香氛类以及服装类，空间的每个角落都得到合理的利用，如图 7-1（a）所示。

如图 7-1（b）所示为一个彩妆直播间，以彩虹为主题，结合当代的流行审美，以"梦幻、潮流"作为空间构想关键词，精心打造了一个小而美的直播空间。

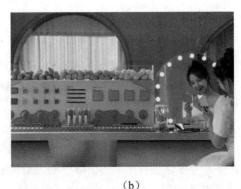

(a)　　　　　　　　　　　　　　　　(b)

图 7-1　彩妆直播间设计

彩妆直播间的布置，意在营造梦幻、迷人的场景。办公桌面是弧形设计的，具有圆润线条的美感。而桌底下支撑的"蓝圆""粉柱"，赋予区域空间特殊的色彩与造型设计，增添了空间的趣味性。在天花板的反射下，直播间背景呈"圆月"状态。主播可以在圆月下展现产品之美，同时与姐妹们分享各种美妆技巧。

如图 7-2（a）所示，在入口展示区，一位表现"吹泡泡"的女孩雕塑成为视觉的焦点，她被巧妙地放置在渐变色的桌子上。这尊雕塑以其梦幻的色彩和生动的造型动态吸引着目光，显得十分有趣。整个空间被粉色和渐变色调所环绕，营造出一种彩虹般绚丽多彩的氛围，这不仅与直播间的目标人群——女性观众的喜好相吻合，也反映出对粉色这一女性用户偏爱色彩的精心选择。

图 7-2（a）中展示的香水直播间，以自然香调的香氛产品为特色。设计师运用亚克力盒子与自然花朵的组合，巧妙地装饰了空间，不仅为直播间注入了甜美的气息，而且通过这种设计手法极大地增强了直播间的背景氛围，使得整个场景更加生动和吸引人。

图 7-2（b）展示的是服装直播间，其主要销售主题为女装纱裙。艺术感的落地镜和圆润的雕塑在光影的映衬下相得益彰。主播可以在镜前为用户直观地展示试妆效果。

（a）   （b）

图 7-2　直播间入口和服装直播间

7.1　直播设备的专业配置

俗话说，工欲善其事，必先利其器。想要直播间的产品展示吸引人，让用户有更冲动的下单欲望，一定离不开专业设备对产品的清晰呈现。直播有室内直播和室外直播之分，受场地和环境影响，对设备的要求也不一样。

7.1.1　室内直播的设备选择

作为直播带货，设备不必追求精尖贵，够用就行。室内直播又分手机直播和电脑直播，不同的直播形式和场地对设备的需求不同。基本的直播设备可以参考表 7-1。

表7-1　室内直播基本设备表

序　号	名　　称	设备功能简介
1	落地手机支架	支架主要是固定开播手机，防止看评论时手机晃动，以及画面抖动，影响直播画面效果和主播直播效率
2	桌面手机支架	
3	摄像头	电脑端开播的外置摄像头，提高画面清晰度。在直播中作为主副摄像头多维度切换展现直播间和产品，丰富直播间的表现形式
	摄像机	
4	麦克风/领夹麦	短视频拍摄及直播中收音更加清晰，减少噪声杂音，让直播间用户有更好的听觉体验
5	声卡	美化主播声音，调节人声高中低音，弥补主播表达力的不足，提升直播氛围感
6	绿幕	配合专业直播机或者官方直播软件，打造百变的适合各行业的虚拟直播间背景
7	电脑	直播中控、运营岗位各需要一台电脑，用于实时查看直播数据、直播后台操作以及直播后复盘总结
8	直播机/显示器	在直播中题词投屏、背景展示、直播脚本流程提示、团队复盘总结等情形下使用
9	手机	用于直播、主播查看直播间互动和直播实时画面情况

在选购手机进行直播时，应着重考虑色彩还原度高的款式，确保拍摄出的画面真实自然；同时，运行速度流畅且稳定的手机，能够保障直播过程不卡顿，提升观众体验；此外，音质优秀的手机也至关重要，能够确保声音清晰，为直播增添魅力。

电脑作为直播中控场控的核心设备，其重要性不言而喻。对于电脑直播而言，建议选择配备 i5 以上处理器的款式，并搭载 Windows 系统，这样不仅能确保直播流程更加顺畅，还能更好地兼容各类直播软件。

此外，电脑直播还需配置专业的摄像头。对于带货主播来说，优选高清摄像头或摄像机，能够呈现出比手机直播更加细腻的画质，为观众带来更加沉浸式的购物体验。

至于声卡和麦克风的选择，可以根据直播间的具体需求来定。如果需要更好的音质效果，可以考虑购买声卡；而麦克风的选择则需要根据直播间的环境来决定，如果环境空旷易产生回声，则应选择质量上乘、回声小的麦克风。若已购买声卡，则可以考虑选择与之配套的麦克风，以确保音质效果的最佳表现。

7.1.2　户外直播的设备选择

一般的户外带货直播除 7.1.1 节提到的设备外，还需要准备无线 Wi-Fi、移动电源等设备，具体参考表 7-2。

表7-2　室外直播设备

序　号	名　　称	设备功能简介
1	手机	用于直播、主播查看评论
2	手机声卡	美化主播声音、调节人声高中低音，弥补主播表达力的不足，提升直播氛围感
3	无线麦克风	减少户外风声、杂音对直播音质的影响
4	移动电源	为直播手机、中控电脑提供蓄电
5	手机支架/稳定器	让手机在直播过程中保持稳定不晃动
6	无线 Wi-Fi	以保证直播的稳定和流畅

7.1.3 直播间的布置

直播间的环境对用户的体验感起着至关重要的作用。精心布置的直播间包括合适的背景、恰当的灯光以及货品和道具的巧妙摆放，这都是提升直播品质的关键。

直播间场景是主播状态、产品道具展示、直播间背景等展示在直播镜头前的所有元素的合理构建，其搭建包括四大因素：背景、设备、灯光和陈列。直播间场景一般分为户外直播间和室内直播间。直播间的环境是用美好的场景提升转化率，但是直播间场景的搭建并不

课堂讨论

如果卖猕猴桃果干，在什么场景中直播更有利于提升信任感呢？

一定要追求场地规模与设备的高端，即便只是简单的货架陈列、卖点材料的修饰，仍然可以有高的销售额。简单来说，直播间不是越简单越好，也不是一味追求豪华。任何一个直播场景的打造，如果脱离实际的应用场景，不为营销转化创造价值就是空壳。

1. 直播间场地的要求

室内直播环境选择独立、安静的空间，可以是专门的直播间，也可以是演播厅、办公室、家里或者店铺的隔间、单独搭建的直播间。演播厅所有的行业都可以适配，目前是教育类、科普类比较多。一般来说，个人直播间一般可控制在 8～15 平方米，多人团队配合型直播间控制在 20～40 平方米。美妆类直播间控制在 10~20 平方米即可，而服饰类直播间一般需要更大的空间和景深，方便进行衣服的陈列和展示，条件允许可以选择 30~50 平方米的空间。一般服饰类直播间划分为直播区域、商品挂置/摆放区域、换衣区等。

2. 直播间环境的布置

1）户外直播

户外直播适合户外旅游、生鲜水产、野外科普等品类。这类直播间的共同点都是在户外进行，不可控因素较多；优势是能够让用户更接近原产地，增加信任感。如图 7-3 所示，在果园卖水果可以提升用户的场景代入感和真实感。

图 7-3　户外直播

在户外进行走动形式的直播展现基地面貌的时候，可以选择用手机进行直播。在户外可以搭配动圈麦克风，灯光方面一般通过面光补充。还需要注意现场的布置，比如陈列桌、桌布、小摆件、商品陈列、活动信息展示牌等。

2）室内直播

直播间布景是用户进入直播间的第一印象，干净整洁的场景拥有良好的氛围烘托，更容易获得用户的好感。布景简洁大方，灯光明亮显色，切忌杂乱昏暗。

直播间选择浅色、纯色的背景墙，以简洁、大方、明亮为基础打造，不要太过花哨，也可以选择绿幕，背景就可以任意调节了。抖音直播间多以灰色系为主，灰色是摄像头最适合的背景颜色，不会过度曝光，视觉舒适，有利于突出服装、妆容、产品的颜色。

一个合格的场景布置应该具备三个部分：主推区、产品区和道具区。一个优秀的直播间，一定能够让用户在 2 秒内就能识别直播间主要在卖什么，能达到这个效果的区域就是主推区。主播所在的区域是用户进入直播间直接注意到的位置，所以主推区的核心作用是突出主播讲解及展示的产品，如图 7-4 所示。

图 7-4　室内直播及场景

为了避免观众流失，除主推区外，还可以通过货架陈列等方式向用户展示其他商品，这个区域通常称为产品区。充分利用好产品区陈列产品，不但能延长观众在直播间的停留时间，还有利于增加直播间的转化。

根据流量的盈利路径，用户从进入直播间到成交会有一段停留的时间。50%以上的观众，由于对直播间及主播的信任度不高，又或者优惠力度不够，并不会在产品讲解或宣布价格的那一刻下单，这时就需要有道具区，用于增强品牌信任度，告知福利活动。道具区可能不会完全在镜头前展示出来，部分道具在直播内容需要的时候才进行展示。如图 7-5 所示的主播身高、体重信息就属于道具展示。

图 7-5 直播道具

主推区、产品区和道具区是直播布景的三要素。直播间布景的目的是让用户看到直播间时就知道直播间是卖什么产品的、卖的产品适合的人群、有什么优惠活动，不能让用户去猜测这三点。

课堂讨论

你平时有没有遇到过直播电商的问题商家？

7.1.4 直播间灯光布置

直播间除布局要合理外，布光才是场景的核心，灯光直接影响直播间画面的清晰度和质感。直播间的灯光主要有主灯、补光灯、轮廓光、顶光、环境光，可以确保人物形象饱满，画质更清晰。

1. 直播间灯光的搭配

顶光灯足够亮，才能显得整个直播间的场景明亮。顶部光线打下来之后，主播的面部容易有阴影，所以要用侧光去补主播面部的光。除侧光外，还需要有轮廓光。不同形状的直播间灯光立体组合布置方法如图 7-6 所示，柔光箱、球形灯都是作为补光灯和轮廓光的灯源。

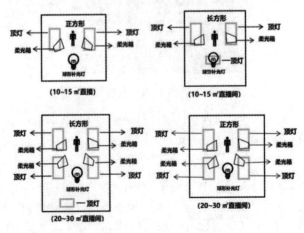

图 7-6 直播间灯光组合布置图

服饰类和美妆类的直播间适合使用 5700K 的白光，5700K 的白光比较接近自然光的色温，便于在镜头前展示衣服和化妆品、护肤品等产品的真实状态。美食类和家居类的直播间适合使用 3000～4000K 的暖光，用偏暖色的光可以把食物衬托得更加美味；可以让家居、家纺更有温度，有人情味，更加温馨有爱。

课堂讨论

想想还有什么类型的产品适合白光和暖光呢？

2. 直播间的布光方法

灯光的分类有很多，一方面，光源、光照角度、亮度、色温这些类别的不同组合都会产生各不相同的效果和作用。另一方面，灯光的摆设和照射方向也有多种，不同角度和不同组合搭配都会创造出不同的光影效果。一般来说，直播间面积越大，所需要的灯光也就越多，效果也会越好。建议 9 平方米以下的直播间使用 1 盏灯，10~15 平方米的直播间使用 2~3 盏灯，15~30 平方米的直播间使用 4 盏灯，30 平方米以上的直播间使用 5 盏灯以上。

1）单人直播间

10 平方米以下的单人小场景直播间，主播坐在椅子上，镜头里只展示主播的上半身。因此，所需的照明设备相对较少。一旦固定好灯光位置，使用一盏多功能的环形灯即可为主播的上半身和面部提供充足的光线。环形灯的光效均匀柔和，从各个方向将柔光打到脸上，可以达到瘦脸、补光、美颜效果。最重要的是能在主播的眼睛里反映出环形亮斑，俗称"眼神光"。

2）小场景直播间

10~15 平方米也属于小场景直播间，主播坐在直播台前进行直播和产品介绍，这时可以采用双灯方案或者 3 灯方案。

（1）双灯方案：主播左前上方一盏主灯，打亮主播面部；主播左侧（或者右侧）一盏辅光灯，同时照亮主播、产品和背景，提升画面层次感。

（2）3 灯方案：如果主播是站着直播的，可以采用主灯+辅灯+地灯的布光模式。主灯用于照亮主播的头发和面部，并且充当眼神光；辅灯用于在主播右前侧补光，包围补光，同时充当一定环境光；地灯用于打亮主播腿部，避免走动展示时画面亮度不均匀，如图 7-7 所示。

图 7-7　3 灯方案的直播间灯光布置

3）中小等场景直播间

15~30 平方米的直播间用于服装、小家电等产品的直播，空间较大，所以灯的数量和功率也要增加，一般情况下需要 4 盏灯。主灯用于打亮场景，为主播脸上补光，使得主播脸部光线更加均匀；辅灯 1 用于在主播左侧补光，同时充当一定环境光；辅灯 2 用于在主播右侧补光，同时充当一定环境光；两盏辅灯不用对齐，一前一后即可；轮廓灯置于主播左后侧，充当轮廓光，如图 7-8 所示。

图 7-8　中小等场景直播间的灯光布置

4）中大场景直播间

30 平方米以上的直播间常用于大型产品的直播，因为场景更大，漫反射更多，光线衰减的情况更加明显，所以需要更多的灯光来打亮这个场景，使得人物受光均匀。一般要用到 5 盏灯甚至更多，左右两盏轮廓灯照亮空间轮廓，增加主播立体感；两盏辅灯照亮侧面和背景，增强画面自然感；一盏面光灯照亮主播，补充脸部光线。

课堂讨论

5 盏以上的灯适合什么场景，又该如何布光呢？

其实一个好的直播间，只靠几盏灯肯定是不行的，还要考虑直播间的地板颜色、背景颜色、产品陈列、主播站位、氛围营造等因素。

3. 直播间场景的选择

不同类型的带货主播，直播间的装饰风格是不一样的，直播间场景可以从以下几个维度进行布置：还原用户线下购物的场景、还原产品生产/生长的过程、还原购买产品后用户使用的过程以及搭建新奇的场景。如图 7-9 所示，左图为制作鞋子的场景，让用户可以看到整个过程；右图则是用户使用产品的场景。

图 7-9　直播场景

场景包括直播间的背景、产品展示、道具等组合的整体。下面以服饰鞋靴直播间和美妆直播间为例来进行讲解。

1）服饰鞋靴直播间

服饰或者鞋靴直播间可以布置成服装店、专卖店、商场专柜的样子，如图 7-10 所示，摆上挂满衣服的衣架或者衣柜，主播站在镜头前面直播。

（1）假人模特：用来展示当季或者直播间的主推款服装，一般是帽子、衣服、鞋子的成套搭配。

（2）地毯：绒布或北欧风格的地毯，根据所售服装风格准备。地毯是很容易被忽略的道具，有了地毯的直播间，看起来质感更高，可以提升直播间的环境档次，有助于提高客单价水平，也有利于出单。

（3）展示台：展示台不是必备道具，一般适用于婚纱、长裙类的服装，因为这类衣服对模特身高要求高，让模特站在展示台上就可以显示出长裙和婚纱的拖地感。

（4）落地衣架：落地衣架用来展示当场直播需要展示的一些衣服样品。特别是直播时长较长的直播间，或者过款式的直播间，一场直播需要展示的样品非常多，就需要落地支架进行辅助。

图 7-10　服装直播场景

2）美妆直播间

美妆直播间以坐播为主，场地面积不需要很大，一张主播专用的桌，美妆展架可以放置直播的产品，也可以做背景。当然，也可以选择跟产品调性相符合的其他直播背景，如图 7-11 所示。

（1）专用直播桌：护肤彩妆类的直播间往往是坐播，待播的产品会放在桌子上，方便主播取用，也可以用来展示产品。

（2）美妆展架：美妆展架上摆满了化妆品，不仅可以展示自己拥有的产品很多，还可以体现自己在美妆领域的专业性。

（3）低靠背的主播椅：低靠背的主播椅主要是考虑主播坐的舒适度，让主播长时间直播也能保持身体的舒适感。

无论是什么类型的直播间，尽量不要用白色的墙面，很容易出现曝光和反光。尤其是在灯光直射墙面的时候，光线会反射到主播和观众的眼睛里，时间长了会比较疲劳。一般建议直播背景墙颜色采用浅灰色或浅棕色，这样更容易突出主播和产品。

<table>
<tr><td>课堂讨论

设想一个你感兴趣的产品，思考场景的选择。</td></tr>
</table>

图 7-11 化妆品直播场景

7.2 直播团队组建

直播带货的成功离不开人、货、场这三大核心要素的紧密配合。广义上的"人"涵盖直播间内的各种角色与互动，包括直播团队中的主播、副播、运营、场控等，他们的默契合作与良好氛围是直播成功的基石；同时包括用户方的因素，如直播间在线人数、观众画像等，他们的参与和反馈是直播效果的直接体现。狭义上的"人"则主要聚焦于出镜人员和声音，如主播、助播等，他们的表现力和专业素养直接影响着观众的观看体验。

一场成功的直播并非单凭主播之力，而是整个团队共同努力的结果。在不同的直播发展阶段，人员配置的需求也会有所不同。特别是在当前短视频平台主导的主流直播环境中，直播营销不仅要求做好直播本身，还需要结合短视频营销，二者在人员配置和职责分工上各有侧重。

因此，在进行直播带货时，需要深入理解并把握这三大要素，精心策划和组织，才能取得理想的营销效果。

7.2.1　个人直播

顾名思义，个人直播就是一个人开展直播带货的活动。直播带货并不只是直播，也需要输出一定量的短视频，故内容输出、拍摄、剪辑、运营、主播、客服都需要兼顾到位，只掌握其中一两项技能是远远不够的，这对个人的能力要求极高。所以个人直播一般适合达人带货赚佣金的形式，不太适合进行店播的直播方式。除这些硬实力外，还有一些软实力，比如自律能力、学习能力、商务能力等。一个人如何把所有的工作做好呢？接下来以美食账号为例，简述个人直播的工作流程。

1. 联系商家审样

如果有长期合作的商家，一般会定期寄样。即使前期粉丝量不多，但是能拍视频做推广，商家都会发一些样品。没有合作的商家，也可以在各平台的选品中心进行申样。有些商家的样品需要付费，有些不用，具体看自己的商务能力、账号资质等。例如，抖音平台的"免费申样须知"和"买样返款须知"如图 7-12 所示。

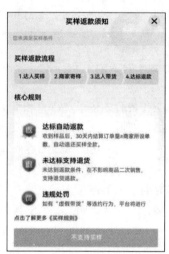

图 7-12　抖音平台的"免费申样须知"和"买样返款须知"

2. 内容脚本

根据商家邮寄过来的商品编写短视频拍摄脚本，多写一些，最好准备好未来一周的内容。

3. 集中拍摄

建议选择一个环境安静、光线充足的日子进行集中拍摄。根据脚本内容，提前准备好所需的道具和背景。确保每个场景都有清晰的拍摄计划，以提高拍摄效率。

4. 集中剪辑

拍摄完成后，开始集中剪辑。根据脚本内容，对视频进行剪辑、配音和添加字幕。注意保持视频节奏紧凑，内容有趣。可以先剪辑一部分视频，后续再根据需求进行更新。

5. 视频发布

根据自己的账号内容规划，定期更新视频内容。可以选择每天发布一个视频，或者根据内容的重要性和观众的活跃度进行调整。确保视频发布时间符合目标受众的观看习惯。

6. 账号运营

除视频发布外，还要关注账号的日常运营。及时回复评论和私信，与观众建立良好的互动关系。同时，利用推广手段提高视频的曝光度，如与其他账号合作、参与热门话题等。

7. 固定开播时间

建议固定开播时间，如每天晚上 9~11 点。这样可以培养观众的观看习惯，提高直播间的活跃度。在白天，可以准备直播内容、回复评论和私信等。

8. 工作复盘

利用空闲时间进行工作复盘，总结直播和短视频拍摄的经验教训，思考如何优化内容，提高观众互动和转化率。同时，也要关注行业动态和竞品情况，为未来的内容创作和运营提供思路。

一个人也可以做直播，适合综合能力和执行力比较强、想自主创业的人。如果想做强做大，肯定离不开团队，一个人走得快，一群人走得远。

7.2.2 品牌直播团队

直播带货的工作内容太多了，每个环节都需要有人来负责，在初创阶段 3~4 个人就行，主要配备直播运营、主播、副播、直播场控。在成熟发展期或者直播间的矩阵发展阶段，需要灵活调配岗位，形成一个配合良好的直播团队。品牌商家直播时，由于产品是自己的，因此不需要对接货源的商务团队。

直播团队包括直播前的准备人员、直播中的实施人员以及直播后复盘的人员。总体来说，直播团队的导演、主播、运营及后期的基本配置如表 7-3 和表 7-4 所示。

表7-3 直播导演和主播团队基本配置

直播导演团队		主播团队	
岗位	主要职责	岗位	主要职责
导演	在大型电商直播中协助直播流程，保证直播效果	主播	进行商品直播讲解及销售
制片	在大型电商直播中负责总体筹备、保障进度、控制预算	副播	协助主播补充讲解，回答直播期间的相关问题
导播	在大型直播时调动和切换摄像机位	场控	提升直播间粉丝活跃度和氛围，协调突发状况

表7-4 运营团队及直播后期团队基本配置

运营团队及主要职责		直播后期团队及主要职责	
岗 位	主要职责	岗 位	主要职责
直播运营	从整体上进行直播策划和数据提升	售前客服	用户下单前解答问题
直播投放	负责直播间付费推广投放，提升直播间 ROI	粉丝运营	维护粉丝，提高粉丝黏性
运营助理	协助直播运营开展工作	售后客服	用户下单和收货后解答问题
		账号运营	提升直播账号整体曝光度

如果是人手不足的小商家，也可以组建 2～3 人的团队，1 人担任主播，另外 1～2 人担任助理或运营。主播负责直播和出镜。助理和运营则负责辅助直播，以及在粉丝群与粉丝互动等。3 人以上团队的主播、场控、运营分工更加明确，直播产品数量也可以选择更多。

7.2.3 MCN 机构直播团队

MCN（Multi-Channel Network，多频道网络）是一种集合了 PGC（Professionally Generated Content，专业生成内容）的产品形态。MCN 在资本的有力支持下，确保内容的持续产出，以实现商业上的稳定盈利。本质上，MCN 是一种经纪中介公司，它的出现是传播生态新变化的产物，也是互联网专业化分工的必然趋势。在直播领域，MCN 通常涉及达人直播，除了品牌直播团队成员外，还需要配备负责产品对接的商务人员，以及负责达人孵化和管理的团队，如表 7-5 所示。

表7-5　商务合作团队和达人经纪团队

商务合作团队		达人经纪团队	
岗　位	主要职责	岗　位	主要职责
品牌商务拓展	拓展供应商合作	达人孵化	挖掘优质达人资源并进行孵化
选品专员	对所招募商品进行使用、评估、筛选	达人经纪	对签约达人进行商务及内容运营
商务合作	开拓主播和达人资源	达人商务	拓展达人商务资源实现商业盈利
合规专员	负责供应商审核和商品合规管理		

目前，MCN 机构的内部组织结构存在差异。随着直播领域专业人才数量的增长，构建和培养规范化的团队、完善部门配置、提升流量获取能力和商业化运作能力，将成为众多 MCN 机构的关键任务。

7.3　直播各岗位的职责

直播是整个团队成员合作的过程，所以，直播过程及复盘需要清楚地了解每个人的工作是否正在进行，有人缺席时是否有人补位，有紧急情况是否按照预案进行。

7.3.1 运营岗位的职责及考核

直播运营整体来说就是从整体上进行直播策划和数据提升，包括直播前对正常直播流程、货品排布、活动、配合节奏等各方面进行整体规划；直播中对直播数据进行实时分析，以及调整直播间节奏和人员状态等；直播后带领团队进行及时有效的复盘总结以及得出优化方案。

1. 岗位职责

负责对转化率、销售额等日常直播数据、活动运营数据进行分析统计，从达人和品牌的角度出发，总结和分析产品及活动中的问题，及时调整运营策略并推动落地，给予主播直播建议；研究用户需求和转化特征，促进直播间引流和转化，深入理解选品、营销活动、补贴政策等对交易转化的影响因素，驱动运营节奏，保证商品的销售转化。

如果需要兼任付费推广投放岗位，将负责直播过程中的投放工作，对流量检测、监控及追踪，通过数据分析进行投放优化，调整推广策略，为投资回报率（Return On Investment，ROI）数据负责，根据主播沉淀能力准确评估投放量。

2. 任职要求

具备直播运营能力；熟悉直播卖货规则，懂直播行业营销手法；对数据敏感，懂流量运营规则，对市场动态敏感，具备市场分析、判断能力；具备团队管理及策划能力，跨部门沟通及外部资源整合能力，有电商直播或新媒体经验；拥有直播投放经验，熟悉短视频平台及其他互联网媒介；具备较强的逻辑思维和数据分析能力；具备沟通协调能力，具备责任心和团队合作意识。

3. 绩效考核

直播运营的主要考核指标为直播间销售额、直播间访客数、直播间转化率、直播间人均停留时长、直播客单价、直播间推广费用控制率、推广投放 ROI、直播销售指标完成率、利润率指标达成率、日常工作表现以及与团队的配合度等方面。

7.3.2 场控岗位的职责及考核

总的来说，场控主要负责提升直播间粉丝的活跃度和氛围，协调突发状况。

1. 主要职责

负责直播节奏把控、直播间规划和布置、调节氛围；负责直播前的设备调试、产品上下架、活动设置、页面信息的编辑、中控台操作；关注直播现场情况，及时解决直播突发问题。

2. 任职要求

具备直播间场景搭建能力；熟悉中控台控制，具备应变能力，思维反应敏捷。

3. 绩效考核

场控在直播过程中扮演着至关重要的角色，其工作涵盖从开播前的准备到直播结束后的整理复盘。为了更全面地评估场控的工作表现，可以从以下三个主要流程来设定绩效考核指标。

1）开播前的准备和沟通（权重 30%）

场控在直播开始前需要完成一系列的准备工作，确保直播的顺利进行。具体的考核指标有以下几点。

- 主播直播数据登记：准确记录主播最近 3 天的日常销售额，以及 1 天内在线的平均人数，以便为本次直播提供数据参考。
- 产品数据整理：详细介绍每个爆款的转化率和销量数据，为直播中的产品推荐提供有力支持。
- 换品与直播节奏沟通：与主播紧密配合，确保换品期间的顺利过渡，并沟通直播的整体节奏，保证直播的连贯性和吸引力。
- 产品选款与上架准备：合理配比产品选款，确保上架产品的多样性；及时处理中差评，更换新链接；排查下架款，核对库存款数量，确保直播过程中产品的充足和准确。

- 技术调试：负责镜头、音乐、店铺后台登录、中控台操作等技术层面的调试，确保直播过程中的技术支持。

2）开播中的控场和配合（权重 60%）

在直播过程中，场控需要密切配合主播，掌控整个直播的节奏和氛围。具体的考核指标有以下几点。

- 控场与讲解配合：协助主播掌控直播节奏，确保直播流程的顺利进行；配合主播进行产品讲解，使产品亮点得以充分展现。
- 情绪与话术：保持镜头前后情绪饱满有力，声音洪亮，话术流畅，提升直播的观感和吸引力。
- 福利玩法宣导：向粉丝宣导本场的福利玩法，并重复宣导至少 20 次以上，提高粉丝参与度和购买意愿。
- 产品亮点解析：准确解析产品亮点，提供有力的购买理由，促进销售转化。
- 直播数据监控与调整：实时关注直播数据，提醒主播调整直播策略和方向，确保直播效果的最大化。
- 评论与风向掌控：掌控直播间的评论和风向，确保直播氛围的积极和健康。
- 库存修改与过款配合：根据主播节奏及时修改库存，确保产品的充足供应；配合主播进行过款，保持直播的连贯性。

3）直播结束的整理复盘（权重 10%）

直播结束后，场控需要负责整理复盘工作，为下一次直播做好准备。具体的考核指标有以下几点。

- 营业额与数据复盘：与主播一起复盘营业额、最高在线人数、爆款营业额占比等数据，分析直播效果，总结经验教训。
- 设施整理与归位：确保直播间所有设施关闭并归位整理，保持直播间的整洁和有序。
- 数据统计与上报：填写直播数据统计表，并及时发给主管，为团队提供数据支持。
- 产品整理与归位：整理产品爆款新款，并归整到相应区域，为下一次直播做好产品准备。

通过以上三个流程的绩效考核指标设定，可以全面评估场控在直播过程中的工作表现，为其提供有针对性的改进方向，进而提升直播的整体效果。

场控主要负责直播的实施，在绩效考核方面可以从开播前的准备和沟通、开播中的控场和配合、直播结束后的整理复盘这 3 个流程定指标。

开播前的准备和沟通权重为 30%，指标主要包括登记主播直播数据、详细介绍每个爆款的转化率和销量数据、换品期间的配合沟通、直播节奏沟通、产品选款配比、上架产品中差评新链接更换、下架款排查、库存款数量核对、镜头调试、音乐调试、店铺后台登录、中控台操作等维度。

开播中的场控和配合权重为 60%，指标主要包括配合主播控场和讲解、情绪与话术、给粉丝宣导本场的福利玩法、产品亮点解析说明、亮点素材展现、提醒主播直播数据及调整方向、掌控直播评论及风向、根据主播节奏修改库存、过款带动配合等维度。

直播结束的整理复盘权重为10%,指标主要包括下播后和主播复盘营业额数据、最高在线人数、爆款营业额占比数据、直播间所有设施关闭并归位整理、填写直播数据统计表并发给主管、整理产品爆款新款并归回对应区域。

7.3.3 主播岗位的职责及考核

对直播效果有着举足轻重作用的人当属主播。在主播筛选和绩效考核方面都要本着既能激发主播潜力又能打造团队意识的原则来进行。

1. 岗位职责

主要负责进行商品的直播讲解及销售;负责直播中介绍、展示商品,与用户进行互动;负责直播后复盘,总结话术、情绪、表情、声音等。

2. 任职要求

具备主播职业心态建立能力、形象包装能力以及话术技巧运用能力;开朗、自信,拥有良好的镜头感;思维敏捷,沟通能力佳,具备较强的控场能力,具备较强的应变能力;熟悉直播流程、商品信息及脚本内容。

3. 考核

主播一般是按照销售额来进行考核和计算提成的,销售提成=净销售额×销售提成百分比。以自然流量为主的直播间主播的销售提成为 2%~5%,以付费流量为主的直播间主播的销售提成为0.5%~1%。当然,不同行业不同阶段的提成都有所不同,再根据绩效不同进行提成的浮动。如果约定的提成为2%,绩效系数为1.2,那么主播可以拿到 2%×1.2=2.4%的提成。

主播的绩效可以从个人能力和职业素养两方面进行考核。个人能力占比 70%,可以从直播销售指标完成率、上播时长、控场能力、产品知识、领域知识、学习能力等维度来定考核指标。职业素养可以从分享沟通能力、创新意识、团队协作、执行力、抗压力等维度来定考核指标。需要特别说明的是,全职主播每日上播时长在 6 小时以上,分享沟通能力是指根据直播的感受为运营、场控提出良好的意见和建议。

课堂讨论

绩效考核指标的分值应该如何分配能激发各个岗位的人员?

7.3.4 其他岗位的职责

直播中的岗位较多,在 7.2 节中简要介绍过了,这里只对运营助理、副播、直播客服岗位的职责进行介绍。

1. 运营助理

运营助理的基本工作是协助直播运营开展工作,负责直播日常运营和维护等协助性工作,包括直播排期、直播内容、活动策划及素材优化等。要求运营助理具备沟通协调能力,以及责任心和团队合作意识。

2. 副播

基本工作是协助主播进行补充讲解，回答直播期间的相关问题。负责直播中协助主播介绍和进行商品展示，回答用户的问题，带动直播间气氛，直播后协助复盘。要求副播熟悉直播流程、商品信息及脚本内容；性格外向，善于沟通，思维敏捷，具备较强的临场应变能力。

3. 直播客服

基本工作是用户下单前解答问题，负责及时解答买家的问题，判断买家的需求，解决买家的顾虑，引导销售，提升主播形象；基于客户反馈的问题和需求进行统计分析，提出建议，推动解决问题，提升用户满意度。要求客服熟悉办公软件操作，打字速度快，抗压能力强，沟通能力强，有耐心。

第8章

带货主播话术实战

【学习目标】

了解主播镜头感的塑造；了解主播表现力的呈现；掌握主播产品讲解的节奏；掌握直播话术留人的技巧；掌握不同直播话术的作用。

【导入案例】

直播助力欧莱雅品牌营销

作为国际一线药妆，欧莱雅集团旗下的理肤泉品牌致力于提供专业的护肤解决方案。理肤泉于2020年10月正式入驻抖音，树立"敏感肌痘痘肌护肤专家"的品牌权威形象，借助抖音达人直播，迅速提升品牌知名度并打开销量，同时长期坚持稳定的品牌自播，并借助广告投放和营销活动，实现自播生意的阶梯式增长。目前，理肤泉的转化率高于行业平均水平，月自播销售额超千万，稳居抖音电商美妆品类前三，这跟理肤泉品牌主播的形象、气质以及日常直播间良好的状态都是分不开的。

直播电商实现了人、货、场关系的重构，可为用户提供更为直观的现场体验和社交属性的即时互动。但直播间的货、场都是静态的，只有主播才能把产品以动态的形式呈现给用户，实现动态展示，产生实时互动。一个好的主播能够影响直播间的在线人数及成交状态，同时对于依靠购物氛围的烘托来提升成交率的直播间而言，主播的重要性不言而喻。

8.1 带货主播必备的基本素质

带货主播的成功不仅依赖于主播出色的表达能力、积极的心态等基本素质，更离不开其精湛的专业技能。每场直播的顺利进行都需要主播具备扎实的专业知识，以确保直播内容的准确与精彩。而主播的人设定位、专业度的高低、话术的巧妙运用、直播的流畅进行以及团队间的默契配合，都是影响直播带货效果转化的关键因素。这些因素完美结合，才能确保带货主播在竞争激烈的市场中脱颖而出，实现产品销售量的持续增长。

8.1.1　主播人设 IP 打造

主播人设 IP 对粉丝的积累和内容价值观的输出有很大影响，具有鲜明人设的主播容易在众多直播间里脱颖而出，精准的人设可以满足观众的心理需求，增加信任感。主播人设 IP 是由主播的形象、风格、优势、特点等共同构成的标签定位，一般可从外在形象、主播风格和内容 IP 三个方面进行打造。

1. 外在形象

首先，外在形象是主播人设 IP 的基础。这包括主播的着装、妆容、发型等视觉元素，以及与主播个性和风格相匹配的直播场景设计。一个与主播特质相符的外在形象能够迅速吸引观众的注意，并在观众心中留下深刻印象。主播外在形象的人设打造需要遵循两个原则：专属特点和匹配性。

专属特点是指主播区分于他人的差异化特点，容易让粉丝记住。可以利用主播自带的形象特征形成辨识度，如颜值、外貌特点、服饰搭配、妆容装扮、口音、地域等形成独特的外在形象。一般情况下，主播可以从 5 个方面进行自我外在形象的分析，如图 8-1 所示。

颜　值　→　身　材　→　外表特征　→　口音特色　→　地域特色

图 8-1　外在形象分析

知识加油站

主播形象没有特点怎么办呢？主播如果在形象上没有特点，则可以利用吸引眼球的道具作为辅助，例如可以在旁边再放一个人，吸引人注意力，如图 8-2 所示。

图 8-2　主播形象

匹配性是指"人"和"货""场"的协调。主播的外在形象需要跟带货的产品风格一致，例如在户外做农特产直播，就不适合西装革履，做知识类的直播讲课，就要体现比较专业化的形象等。

2. 主播风格

主播风格是主播人设 IP 的灵魂。主播风格是根据主播自身的性格、兴趣、爱好、擅长的专业方面来定位的，并在此基础上进行放大。主播的风格可以从这几个类型角度来设定：搞怪幽默风趣型、活泼可爱型、成熟稳重型、辛辣犀利型、知识专家型等。例如搞笑型的"某某兄弟""疯狂某某哥""多某和某某姐"等。

课堂讨论

一种风格是否可以用于多种品类的带货主播？

主播可以先找准自己的定位方向，并在直播过程中不断强化和放大这一风格特点，建立一个识别度很高的直播风格。后续直播不能跟自己的风格定位背道而驰，选择完全不符合自己的风格，否则很难坚持下去。当风格形成后，无论卖什么产品，都会有一批喜欢这种风格的粉丝愿意进入直播间，停留互动以及购买产品。

3. 内容 IP

内容 IP 是主播人设 IP 的核心。主播需要根据自己的定位和受众需求，选择并打造具有特色的直播内容。这些内容应该既符合主播的个性和风格，又能满足观众的喜好和需求。通过持续输出优质、有吸引力的内容，主播可以逐渐建立起自己的内容 IP，进一步巩固和提升人设 IP 的影响力。

内容 IP 是主播给粉丝在某个垂直领域输出的专业性价值。内容 IP 一般是和产品联系在一起的，通过内容 IP 的打造，建立主播在领域内的专家或者意见领袖形象，从而让粉丝因为信任产生购买。

比如，服装领域的主播需要打造成穿搭领域的意见领袖，美妆领域的主播需要打造成女性美丽的专家，科技产品领域的主播需要打造成科技达人。在直播时，主播结合产品分享给粉丝的专业性价值，也可以形成自己的内容 IP。例如，美妆行业的"程十安"，截至目前已经吸引了 2700 多万粉丝关注，如图 8-3 所示。

图 8-3　内容 IP 主播

主播可以先进行自我分析，充分了解自己的外在形象、风格和 IP，才能找准自己的人设定位方向。选择其中一种人设定位方向，在短视频直播等内容制作中进行人设传递，并进行多渠道传递，引起粉丝共鸣。

8.1.2　主播心理素质训练

主播心理素质训练是一个持续且多阶段的过程，对于从素人成长为一名优秀带货主播的过程至关重要。以下是根据主播成长的 4 个阶段提出的一些心理素质训练的建议。

1. 第一阶段：新手期

新手期大概在第 1~10 场，播了 10 场之后，主播往往会有较好的镜头感。这个阶段的主播往往刚刚接触直播，会有紧张、不敢看镜头、表现羞涩，面容不自然等镜头表现。新手萌芽期的主播最重要的是培养自己的镜头感，让自己在镜头前自信大方可以让自己的心态变好。

1）直播镜头感的标准

直播镜头感有三个标准：敢看、敢说和会动。

- 敢看。主播在直播过程中，面对镜头不紧张、不害怕，讲解产品时眼神坚定充满自信，在镜头中用眼神与用户对话，眼神亲切、有亲和力。
- 能说。主播在直播间会经历流量的不断变化。新主播要学习在直播间人多的时候掌控直播节奏，不被粉丝带偏节奏，在人少的时候可以自说自话调节氛围，提升活跃度。
- 会动。主播讲解产品时，不能只是单纯讲解，还需要通过肢体动作配合讲解产品的卖点，例如在讲解衣服面料弹性好的时候，要边讲边演示面料的弹性；在讲解护肤品保湿效果好的同时，要在面部或者手背上进行试用或者用专业设备进行测试等。在直播过程中，要通过肢体语言带动用户互动，例如用动作引导用户点关注、点购物车、点赞等，提升直播间的互动数据。

2）练习、模拟直播、彩排

- 对着镜子练习。新主播在对着镜子练习时，可以查看自己讲话时的表情、动作是否协调，眼神是否坚定自信。
- 对着人群练习。在人较多的公共场所或者对着公司的人讲解一段直播话术，练习自己的胆量和应变处理能力。
- 录音录像练习。新主播可以录制自己模拟真实直播的片段 20 分钟以上，然后反复回看录像视频，看有哪些可以改进的地方，然后调整之后再重新录制，不断地调整优化。
- 多次彩排。新人主播第一次真实上播前要进行直播彩排，与团队的人员进行全真模拟彩排，熟悉自己的表达，习惯直播间的镜头，克服紧张心态，增强真实上播的信心。

2. 第二阶段：成长期

新主播在直播第 11~30 场的阶段，正处于职业生涯的成长期。这是一个关键的转折期，主播开始逐渐适应直播的节奏和要求，但也可能面临着新手期成就感减弱、对行业和岗位持续性的怀疑等心态挑战。在这一阶段，主播应该从以下几个方面提升自己的直播技能。

（1）主播应主动总结过去每场直播的经验，包括优点和不足。这有助于识别并强化有效的直播策略，同时改进那些效果不佳的部分。通过不断反思和学习，主播可以逐步提高自己的直播水平。

（2）主播需要提炼在直播间传达的核心内容，确保其足够清晰且具有吸引力。这有助于观众更好地理解主播的意图和价值，从而增强他们的参与度和忠诚度。

（3）确定自己的人设定位也是这一阶段的重要任务。一个鲜明、独特、适合自己的人设，可以帮助主播在竞争激烈的直播市场中脱颖而出，吸引更多观众的关注。主播应根据自己的特长、兴趣和目标受众来打造人设，确保其既符合个人特点又能吸引观众。

（4）分析直播间的人群画像特征也是提升直播效果的关键步骤。了解观众的年龄、性别、兴趣等特征，有助于主播更精准地把握观众需求，制定更符合他们口味的直播内容。

（5）提升直播控场能力和学习直播运营知识也是必不可少的。控场能力包括应对突发状况、引导话题和节奏等，是主播在直播过程中保持流畅和高效的关键。而直播运营知识则涵盖推广、互动、数据分析等方面，有助于主播更好地管理和发展自己的直播事业。

除主播自身的努力外，团队成员的支持和鼓励也是非常重要的。他们可以提供宝贵的建议和资源，帮助主播度过成长期的种种挑战。同时，主播也应保持积极的心态和耐心，相信自己的潜力和能力，持续努力追求更高的直播水平。

3. 第三阶段：疲怠期

在直播生涯的第31~60场，主播可能会遭遇一系列的挑战和情绪困扰。这一阶段的重复性工作和进步停滞的感觉，很容易引发疲怠、迷茫、自我怀疑等负面情绪。然而，这也是一个成长和突破的关键时期，主播需要积极应对，从多个方面进行调整和提升。

首先，根据粉丝画像深耕直播内容是一个有效的策略。通过深入分析粉丝的喜好、需求和行为特点，主播可以更有针对性地设计直播内容，提供专业且吸引人的信息，如专业穿搭建议、护肤知识等。这不仅可以增加粉丝的黏性和参与度，也有助于提升直播间的数据表现。

其次，坚持直播至关重要。无论是否有人观看，主播都应该保持稳定的直播频率和时长。因为直播是一个积累的过程，只有持续不断地输出内容，才能逐渐吸引更多的观众。如果放弃直播，意味着之前的努力可能付诸东流。因此，主播需要有足够的毅力和耐心去坚持。

此外，与成熟主播的沟通交流也是提升自我能力的重要途径。成熟主播具有丰富的经验和技巧，他们的直播内容和方式都值得学习和借鉴。主播可以通过观看他们的直播，或者与他们进行深入的交流，来不断反思和改进自己的直播表现。同时，与优秀主播的互动也有助于建立良好的人际关系，为未来的合作打下基础。

最后，增强忍耐力和自我调节能力是每个主播都必须面对的挑战。在成长的关键时期，主播需要学会调整自己的心态和情绪，积极面对困难和挑战。通过锻炼自己的意志力和自我管理能力，主播可以更好地应对工作压力和负面情绪，保持稳定的直播状态。

课堂讨论

如果你遇到了主播职业的疲怠期，你会用什么方式来调节？

综上所述，主播在第31~60场直播阶段需要综合运用多种策略来缓解焦虑和疲怠感，包括深耕直播内容、坚持直播、与成熟主播交流，以及增强忍耐力和自我调节能力。只有这样，主播才能顺利度过这个阶段，迎来更广阔的发展空间和更多的机会。

4. 第四阶段：成熟期

当主播熬过第60场左右的疲怠期，逐渐步入成熟期时，会发现直播已经不再是难以逾越的障碍，而是融入了日常，成为生活的一部分。在这个阶段，主播应展现出轻松、自然、放松的心态和状态，与直播融为一体，不被外界轻易干扰。与粉丝的沟通也应自然流畅，展现出较强的粉丝维护能力。

具体来说，这种心态和状态体现在以下几个方面：首先，直播不再是单纯的工作，而是成为主播生活的重要组成部分，主播能够享受直播带来的乐趣和挑战。其次，主播的人设定位越来越清晰，观众能够明确地感知到主播的特色和风格，形成强烈的个人印记。再次，主播对直播间的控场能力日趋成熟，能够自如地引导话题、掌控节奏，确保直播的顺利进行。同时，主播能够深度维护粉丝关系，利用粉丝的信任进行拉新裂变，不断扩大自己的影响力。

然而，主播心理素质的调整并非一蹴而就，这是一个复杂且需要持续努力的过程。除主播自身的自我调节外，团队人员的疏导和鼓励也至关重要。团队成员可以提供宝贵的建议和支持，帮助主播更好地应对直播中的挑战和困难。同时，主播也应保持开放的心态，积极接受反馈和建议，不断完善自己。

综上所述，一个优秀的带货主播在成熟期应展现出轻松、自然、放松的心态和状态，与直播融为一体，具备清晰的人设定位、成熟的控场能力以及强大的粉丝维护能力。通过不断地自我调节和团队支持，主播可以逐步成为一个备受观众喜爱的优秀带货主播。

8.1.3　培养主播的表达力

主播职业的核心基石在于表达能力。在直播过程中，主播的声音、语调、语速、语气以及讲解节奏等细微之处，共同构筑了独特的直播间氛围，进而吸引着不同用户的驻足。声音过于微弱，易使用户觉得直播间乏味无趣；而声音过于洪亮，又可能导致主播难以持久地维持直播状态。因此，带货主播可以从以下几个关键方面着手，提升自己的表达能力。

1. 讲解专业度

主播在直播中展现出的专业度是其吸引观众并提升销售效果的关键因素。对于产品知识的深入了解，比如服装的面料、设计的版型、颜色款式搭配等，能够使主播在讲解时更加流畅和自信。这种专业度的提升，可以通过请教专业人士或在线查询相关资料来实现。在掌握产品知识后，主播需要通过大量的练习来精准地传达这些信息，确保观众能够清晰理解。

2. 表达逻辑

在表达方面，逻辑性至关重要。主播拿着产品对着镜头讲解时，需要确保自己的话术条理清晰，能够让观众舒适地跟随主播的节奏，沉浸于购物体验之中。这种逻辑性的表达不仅有助于提升观众的留存率，还能增强他们对产品的信任和购买意愿。

3. 语速

语速的控制也是主播需要掌握的技能。不同的语速可以传达出不同的情绪和感染力。例如，在引导观众互动、点赞、关注时，主播可以适当地加快语速，营造出轻松活泼的氛围；而在介绍产品卖点或进行促销时，则可以适当地放慢语速，确保观众能够听清楚每一个细节，更好地感受产品的价值。

播音员播报时一般会控制在 120 字/分钟，一般人说话每分钟在 180~200 字。不同的语速表达出的情绪、语言的感染力是不同的。

4. 音调

音调的把握也是提升直播效果的关键。主播在表达时，应避免平铺直叙，而是要通过抑扬顿挫的语调来突出重点和增加层次感。例如，可以通过加重音、停顿或拖长尾音来强调直播话术中的关键点；同时，对于希望观众执行的动作词或修饰词，可以通过提高音量或拖长音节来增强表达的节奏感。

如果主播的表达过于平铺直叙，用户抓不住重点，就会降低用户的停留时间。主播表达的语调需要抑扬顿挫，语速需要快慢有度，才能增加直播氛围，更好地留住用户。

课堂讨论

综合语速和音调讨论直播的表达跟平时讲话有哪些区别？

8.1.4 培养主播的表现力

一个富有感染力的直播间，其魅力在于主播出色的表现力。这种表现力源自主播对镜头的敏锐感知、肢体动作的协调流畅以及团队在直播流程中的默契配合。主播需具备出色的镜头感，以自信而大方的讲解为基石，在直播过程中巧妙地捕捉镜头并展示肢体动作，这便是主播表现力的核心所在。

1. 镜头捕捉

镜头捕捉实质上是主播与产品在镜头前展示范围的精准调整。对于带货主播而言，镜头下的焦点应聚焦于产品之上，而非主播本身。然而，由于直播时常较长，主播在直播过程中有时会不自觉地忽视与镜头位置的微妙调整。

主播需时刻保持对镜头的敏锐观察，确保产品与自身的展示恰到好处，为观众呈现一场视觉与听觉的盛宴。同时，团队之间的默契配合也至关重要，确保直播流程顺畅无阻，共同营造出一个充满活力与魅力的直播间。

1）纯产品直播

纯产品展示直播时，第一视角一般有货品、主播的手部及部分直播背景，主播不出镜。所以为了保证主播出镜时的手部视觉感更强，主播可以多做手部及指甲的护理，并且要保证镜头聚焦、不晃动。如图8-4所示，左侧的直播间是以一个主推产品在画面中间，主播没有出镜，主播的讲解作为画外音出现，这种直播间最大的要求是保持产品占据画面的中间位置以及镜头不晃动。

图8-4 纯产品镜头捕捉

2）真人出镜直播

　　真人出镜的直播间，主播要正面看机位，保持正脸面对镜头，不能长时间低头看手机评论或者眼神飘忽不定，要把镜头当作用户，多做眼神情感上的交流。在直播中尽量保持三点一线。主播与镜头的距离，以主播加货品出镜占比 70%左右，主播与画面上方及左右两边都需要有一定的留白。在直播过程中，主播可以将画面横向及纵向分成三等份，站播的主播顶部一般宜留白 1/4~1/3，产品及主播在画面中间的 1/3~1/2 范围内，具体如图 8-5 所示。坐播的主播顶部一般宜留白 1/3 左右，由于坐播展示的产品一般相对较小，因此产品+主播可以铺满整个画面，但不能超出镜头的有效区域，如图 8-6 所示。

图 8-5　站播直播画面

图 8-6　坐播直播画面

2. 直播控场手势

　　直播是隔着镜头与用户交流，所以直播间的氛围非常重要，而在直播过程中，主播的肢体动作跟语言表述协调一致，可以极大地增强直播间的氛围及感染力。主播在直播过程中需要用手势来带动用户的注意点，用话术来引导用户的思考，而手口同步则可以让直播画面更饱满，在视觉和听觉上都营造出直播带货的活跃氛围。在直播过程中，主播常用的手势有以下几种。

课堂讨论

直播能量手势的主要目的是什么？

　　（1）开放式。开放式手势通常用于直播开场，主播双手放在身体两侧肩膀到脖子的位置，配合热情洋溢的开场话术，如"欢迎新进直播间的朋友们"，从而营造出一个友好、热烈的氛围。

　　（2）切菜式。切菜式手势在直播中用于强调产品卖点或肯定性话术。主播手部由上至下快速移动，与话语同步，比如"这款产品设计独特，品质卓越，绝对值得你拥有"，手势的加入使得主播的表达更加生动有力，有助于吸引观众的注意力。

名师提点

切菜式手势就是手像切菜一样，由上到下比较快速地移动，手势表达的意思是肯定，所以一般用在罗列产品卖点，或者表示肯定的话术时使用。多个卖点排比表达加上肯定的切菜式手势，手口同步可以提升直播间氛围，也能够让用户更好地跟着主播的话术长时间停留。例如，话术"这款鲨鱼裤，收腹收腰，提臀收胯容量大，想要穿出大长腿，直接去拍它"，当讲到"收腹收腰，提臀收胯容量大"的时候，就可以配合上切菜式手势。

（3）削皮式。削皮式手势则常用于表示否定或排除某些选项时。主播手部从脖子到胃部斜着往下移动，如"这个价格不是我们的选择，我们有更优惠的方案"，配合话语的否定性内容，使观众更加明确主播的意图。

名师提点

在使用削皮式手势时要注意控制手的力度，不能高频率地晃动以及划到屏幕外。例如，话术"专柜价格 299 元，隔壁直播间 288 元，咱们源头工厂 288 元不要了，弹力十足，怎么拉扯不变形，今天 199 元也不要了，容量大可以穿到 200 斤，今天见面礼连 89 元、79 元通通都不要"，当说到"不要了"的时候，就可以配合上削皮式手势。

（4）数字手。数字手是在话语中出现数字时，主播同步用手势展示相应的数字，如在介绍产品价格、库存等信息时，手势的加入使得信息传达更加直观明了。

（5）鼓掌式。鼓掌式手势就是平时拍手鼓掌的动作，可以有效地引起用户的注意，让用户跟随主播的手势去看、去听接下来主播的产品讲解，一般用在主播讲解福利、赠品、活动等场景。参考话术"姐妹们，听好了。（鼓掌式）刚进直播间的姐妹，今天的福利真的是非常大。秒拍秒付（鼓掌式），3 分钟下架"。

（6）其他手势。除以上几种常用手势外，主播还可以根据具体情况灵活运用其他手势，如数字 1 手势、全掌势等，以丰富直播间的视觉表现。同时，主播还可以通过不断变化手势，使直播画面更加饱满，增加观众的观看兴趣。

在运用手势的同时，主播还需注意语速、语调与手势的协调配合。语速的快慢、语调的高低起伏应与手势的力度、速度相匹配，形成有机的整体。通过话术的引导，结合手势、语速和语调的变化，主播可以营造出更加活跃、生动的直播间氛围，从而吸引观众长时间停留并产生购买意愿。

3. 主播及产品位置

主播及产品在镜头中的位置与距离是直播过程中的重要元素，它们直接影响着观众的观看体验以及产品的展示效果。在直播过程中，主播需要巧妙地调整与镜头的距离以及产品的展示位置，以确保产品的核心细节得到充分展示，同时保持画面的舒适感，吸引用户的停留和成交。

1）镜头距离

镜头距离的选择至关重要。对于母婴、美妆、零食、小家居等适合纯产品展示，或主播坐播的产品，主播与镜头的距离一般控制在 50~80cm。这样的距离既能让产品细节清晰可见，又不会让主播在演示产品时超出有效画面范围。而对于服装、箱包、鞋子等需要主播全身出镜的产品，镜头与主播的距离则应调整为 1~1.2 米，以确保主播的整体形象和产品都能完整地呈现在画面中。

2）产品展示距离

产品展示距离的灵活调整也是关键。在直播过程中，主播和产品不应长时间保持固定位置，而应随着话术的节奏变化，适时调整产品的位置。通过不同角度和距离的展示，可以让用户更全面地了解产品的特点和优势，同时增加直播间的动态感，避免画面显得沉闷。

在直播过程中，产品和主播都不能只在一个位置不动，而是需要根据话术节奏调整产品的位置，这样可以使用户更加全面地了解产品，让直播间的产品动起来，进而让直播间不那么沉闷。直播间中主播和产品的展示位置可以借鉴摄影的景别来表现，如全景、中景、近景和特写（大特写），不同的景别对应不同的直播话术场景。以人物出镜的直播方式为例，不同景别展现的位置如表 8-1 所示。

表8-1 场景展示位置

景　别	解　释	展现场景
全景	展现产品/模特+产品全貌	产品展示+搭配
中景	展现部分直播间背景和产品	产品讲解（版型、面料、设计工艺、价值）
近景	少部分的场景+大部分的产品及主播胸部以上位置	产品的某个特点
特写	产品某个特定的部位及细节	用来突出表现细节

主播要充分抓住镜头，利用手势和展示位置，根据话术和直播间情况进行调整，以保证画面的舒适感和留人程度，并避免光线曝光，才能让主播的表现力更强，直播间画面感更足，进而吸引更多的用户停留和成交。

课堂讨论
主播表现力除了本小节讲解的因素影响，还有哪些因素影响？

8.2　培养主播的带货转化力

带货主播的核心职责在于销售商品，这是其与娱乐主播之间的根本差异。要想提升带货能力，主播不仅需具备先前所述的基本素养，更要拥有专业的销售技巧。无论是虚拟商品还是实物，主播都需精准地介绍产品，让用户全面了解其特性，进而激发购买欲望。若主播在直播中对产品的介绍杂乱无章，产品展示效果不佳，将无法有效地促进产品销售；同时，若直播过程中各环节衔接不畅，导致活动介绍和促销循环无法顺利进行，这将削弱直播间的产品转化能力，使用户失去在直播间购买的意愿。因此，主播需不断提升自身销售技能，确保直播流程顺畅，以提高带货效果。

8.2.1　直播带货的 FABE 法则

影响用户购买行为的因素很多，而主播是其中非常重要的因素。要想提升主播的带货转化能力，首先需要明白用户为什么会在自己的直播间成交、哪些因素会影响用户的成交行为。

1. 影响用户购买决策的因素

用户购买决策受多重因素影响，关键在于满足用户的信息需求，使其产生购买意愿。以下是影响用户购买决策的几大核心因素。

（1）用户关注的是产品对自身的好处。他们通常更关心产品是否能满足个人需求，例如口感、品质、外观等。主播在介绍产品时，需要从用户的角度出发，明确阐述产品带来的利益点，这样才能吸引并留住用户。

（2）用户会考虑为何选择在你的直播间购买。在电商直播平台，产品同质化现象普遍。主播需通过利益点话术等方式，强调用户在你的直播间购货能享受到更好的服务、更多赠品、更快发货等优势，以及品质与品牌的保障。

（3）用户需要建立对主播的信任。尽管主播的讲解和直播间氛围可能引发用户对产品的兴趣，但如何在短时间内建立信任并促成购买，是主播需要解决的问题。为此，主播可提供如检疫报告、品牌背书等信任证据，以增强用户对产品的信心。

（4）除上述因素外，"人、货、场"、直播间气氛等也会影响用户的购买决策。但主播若能清晰、有逻辑地讲解上述几点，将极大地提升直播间的转化效果。

因此，主播在直播过程中需综合考虑各种因素，以满足用户的需求，促进销售转化。

2. 产品讲解 FABE 法则

在讲解产品时，为了确保逻辑清晰、提升用户的接受度并延长他们在直播间的停留时间，FABE产品讲解法是一个极为有效的工具。这种方法通过系统性的结构来展示产品的各个方面，从而帮助用户更好地理解产品并激发其购买欲望。

（1）F（Feature，特征）指的是产品的基本特性，即产品是什么，有哪些独特之处。主播应准确描述产品的外观、材质、尺寸等基本信息，为用户建立一个初步的产品印象。

（2）A（Advantage，优点）代表产品的优势，即产品相较于其他同类产品的不同之处，包括产品的功效、附加值等。主播应强调这些优势，让用户明白选择这款产品的理由。

（3）B（Benefit，好处）是指产品能为用户带来的实际好处。这不仅仅是产品功能的简单描述，而是要站在用户的角度，讲述使用产品后他们将获得哪些好处，如改善生活质量、提升社交地位等。主播应深入挖掘这些潜在好处，让用户感受到产品的价值。

（4）E（Evidence，证据）是证明产品特点、功能和好处的有力证据。这包括权威性的技术报告、客户评价、媒体文章、照片、示范等。主播应提供这些证据，以增强用户的信任感，使他们更加确信产品的质量和效果。

通过 FABE 产品讲解法，主播可以构建一个完整、连贯的产品介绍框架，让用户在短时间内全面了解产品并产生购买欲望。同时，这种方法也有助于提升主播的专业性和说服力，从而增加直播间的转化率和用户黏性。

如表 8-2 所示为产品讲解 FABE 法则的话术范例。

表8-2　产品讲解FABE法则的话术范例

话术结构	FABE 结构（产品为面膜）		
F（特征）	5%烟酰胺	成分黄金比专利	面膜布是蚕丝膜布
A（优点）	深度到达皮肤真表皮层	敷一次面膜能管两天	蚕丝膜细腻服帖性强
B（好处）	让皮肤喝饱水，每天都是水嫩嫩的（像刚出生的婴儿皮肤一样水嫩）	补水锁水（一觉起来化妆不会卡粉起皮）	不会起泡
E（证据）	展示顾客反馈图	现场用手演示	现场演示

8.2.2　直播间五步销售法

直播间五步销售法是一个高效转化用户的策略，包括：首先精心介绍产品，突出其特色与优势，提升在用户心中的价值；接着开价上车，通过合理的价格策略吸引用户关注；然后比价留人，用市场对比凸显产品的性价比，增强用户的购买信心；再展示证据服务，用权威证据和优质服务进一步留住用户；最后上车成交并顺利转向下一轮讲解，确保销售流程的连贯性和高效性。这五步紧密相连，共同助力直播间提升销售转化率。

1. 挖掘痛点，刺激需求

主播在推介产品时，可以首先从用户的痛点入手，进行深入的讲解，从而激发用户的共鸣，延长他们在直播间的停留时间。痛点实际上是消费者对于期望中的产品或服务与实际体验到的产品或服务之间存在的落差感。这种落差可以表现为使用场景中的不便，如使用面膜时遇到的"秋冬季皮肤干燥""皮肤容易出油"以及"容易长黑头"等问题；也可以体现为产品品质上的不足，如"面膜使用效果不佳"或"面膜持续效果不理想"等。因此，主播的首要任务就是精准地捕捉这些能够触动用户需求的痛点，进而通过有效的讲解，引导用户深入了解和体验产品，最终促成购买行为。

找到痛点之后，主播可以巧妙地放大这些痛点，以进一步刺激用户的需求。通过详细阐述不及时解决这些痛点可能会带来更多问题，主播能够唤起用户的紧迫感，从而引导他们更加关注产品。在成功刺激需求之后，主播就可以自然地引出产品介绍了。

为了避免话术单调乏味，主播可以采用多样化的产品引出框架，比如结合使用人群、使用年龄以及使用场景等多个维度进行介绍。这样不仅能够让产品介绍更加生动具体，还能更好地满足用户的实际需求，提升直播间的转化效果。

下面以面膜为例来讲解"挖掘痛点，刺激需求"的话术结构、话术参考以及话术解析，如表 8-3 所示。

表8-3　挖掘痛点，刺激需求的话术结构、话术参考以及话术解析的范例

话术结构	话术参考	话术解析
找出使用场景痛点	姐妹们，马上就要到秋天了，有没有皮肤缺水，早上化妆都干燥起皮，临时解决都没有办法拯救过来的情况？有的扣个"有"字	痛点：因为秋天皮肤缺水，化妆容易起皮
放大痛点，刺激需求	像咱们现在只要出门都是要化妆的，精致的妆容能让咱们一天的心情美美的，遇到同事夸一句皮肤好好，更是喜不胜收。如果你跟我一样，属于油皮、干皮，化妆真的没有办法有干净整洁的妆容，早上辛辛苦苦化妆一小时，出门一上午，妆容直接毁掉，油垢满面	放大痛点：油皮、干皮很难化出干净持久的妆容。刺激需求：出门都要化妆，精致的妆容让心情美
引出产品	今天刷到咱们直播间简直就是缘分，今天一定不要错过咱们这款酰胺酸面膜，不管你是油皮还是混合皮，即使是敏感肌肤也可以使用，下到 18 岁，上到 70 岁都能使用的一款资深补水并且保湿的面膜	使用场景：油皮、混合皮肤。使用人群：18～70 岁

2. 产品介绍，提升价值

用户购买产品一定是因为产品有价值，能够解决用户的问题，给用户带来好处。因此，产品介绍的重点应该是讲解产品的价值。下面介绍几种常用的方式来塑造产品价值。

1）采用细化表达方式塑造产品价值

以我们的明星产品——XX面霜为例，来详细阐述细化表达方式塑造产品价值。首先，这款面霜的核心卖点之一是深层滋养，能够深入肌肤底层，为肌肤提供持久的保湿效果。

从产品品质角度来看，XX面霜采用了独特的植物精华配方，不含任何刺激性成分，适合各种肤质使用。这一特性转化为优势，即它能够温和而有效地滋养肌肤，避免了因使用不当导致的肌肤问题。

再进一步，这一优势能够为用户带来什么利益呢？它不仅能够解决肌肤干燥、缺水的问题，还能够改善肌肤纹理，使肌肤变得更加细腻光滑。长期使用更能实现肌肤的持久保湿，延缓肌肤衰老。

至于结果，用户在使用XX面霜一段时间后，会发现肌肤状态明显改善，水润有光泽，自信心也会因此得到提升。

对于每个卖点，我们都可以进行类似的细化讲解。比如，针对面霜的清爽不油腻特性，我们可以从用户的使用感受、肌肤的呼吸感等方面进行阐述，从而打消用户对于油腻感的疑虑。

2）采用数字化与对比化方式塑造产品价值

为了更直观地展示XX面霜的价值，我们可以采用数字化与对比化的方式。例如，我们可以说："这款面霜含有高达90%的天然植物精华，相较于市面上同类产品，其滋养效果更为显著。"同时，还可以通过实验数据来佐证："经过专业测试，使用XX面霜后，肌肤水分含量提高了30%，且保湿效果可持续长达12小时。"

此外，我们还可以将面霜的效果与日常生活中的物体进行对比。比如："使用这款面霜后，肌肤的细腻度就像丝绸一般，光滑而有弹性。"这样的比喻能够让用户更直观地感知到产品的价值。

3）采用场景化方式塑造产品价值

为了让用户更好地理解XX面霜的价值，还可以采用场景化的表达方式。例如，我们可以描述一个冬季干燥的办公室环境："想象一下，你在这个寒冷的冬天里，坐在干燥的办公室里，肌肤感觉紧绷绷的。但是，当你涂上XX面霜后，仿佛有一股暖流涌入肌肤，干燥感瞬间消失，取而代之的是水润舒适的感觉。"

或者，我们可以描述一个晚上卸妆后的场景："晚上卸妆后，肌肤往往处于最脆弱的状态。此时，用XX面霜轻轻按摩至吸收，你会发现肌肤仿佛喝饱了水，变得柔软有弹性。第二天早上起来，肌肤依然水润有光泽。"

通过这样的场景化描述，用户能够更直观地感受到产品带来的好处，从而增强购买的决心。

3. 开价上车，比价留人

主播在详尽展示产品魅力之后，紧接着便是揭晓价格的时刻。对于用户而言，了解价格是他们做出购买决策的重要依据。面对不同的产品和营销策略，开价的方式应当灵活多变，这样才能更好地吸引并留住用户，提高他们下单的意愿。

课堂讨论

你在平时购物的过程中，导购员会用哪些方式给你介绍产品价格？

在开价环节，我们不仅要告知价格，更要再次强调产品的价值。这样，用户能在短时间内对产品的价值有更深刻的认识。虽然在上一个环节已经对产品进行了介绍，但在报价时，再次将价格与价值进行关联，能让用户更直观地感受到价值与价格的匹配度，使开价话术更富有说服力。

比如，我们可以这样说："这款产品不仅具有出色的性能，更融入了独特的设计理念。它的每一个细节都经过精心打磨，只为给你带来卓越的使用体验。而现在，这样一个集品质与美感于一身的产品，只需 XX 元，就能轻松拥有。你不仅可以享受到它带来的实际效益，更能感受到它为你生活增添的那份美好。这样的价值与这样的价格，无疑是相得益彰的。"

通过这样的表述，我们不仅能告诉用户产品的价格，还能让他们更深入地理解产品的价值，从而做出更明智的购买决策。这样的开价方式既不会显得单调乏味，又能有效地提升用户的购买意愿。

知识加油站

常见的开价方式有哪几种呢？

（1）直接报价法，这是一种最为直截了当的方式。主播在详细介绍完产品后，直接告诉观众产品的价格。比如"这款面膜能让你的肌肤水嫩光滑，它来自拥有 10 年院线经验的品牌，一盒包含 10 片。今天特别优惠，三盒仅需 199 元，机会难得哦！"

（2）折算日常价法，则是通过与产品在专柜、线下门店等日常售价进行比较，来突出直播间的优惠力度。例如"大家看好了，这款神仙水在专柜要卖到 1540 元，但今天是直播间周年庆，我们特地回馈粉丝，1000 元、800 元都不要了，直接从品牌仓库发货，仅需 699 元就能带走。但请注意，这样的优惠只有 30 单，错过就没有了。"

（3）折算折扣价法，则是将产品日常在直播间的售价与当前直播间的价格进行对比，为观众展示优惠幅度。比如"这款羽绒服从 9 月份上架以来一直是 899 元，而且还没有赠品。但今天双 11 大促，我们给大家立减 200 元，只需 699 元就能入手，并且还赠送价值 99 元的围巾一条，真是太划算了！"

（4）折算单品法，通常在直播间有买赠活动时使用，通过计算单个产品的实际价格来展现优惠。例如"今天直播间有特别活动，买 1 号链接的项链就送同系列的 2 号手链和 3 号耳环。原价 399 元的项链，加上 129 元的手链和 89 元的耳环，现在购买项链相当于每样只需 133 元，非常实惠！"

（5）折算功能/节约价法，适用于多功能的产品。主播可以通过计算购买一个产品相当于节省了购买多个其他产品的费用来突出优惠。比如"这款空气炸锅，不仅是一个炸锅，还兼具烤箱、微波炉、面包机、解冻箱的功能。你只需花一个锅的钱，就能省下购买其他三个锅的费用，真是太值了！"

（6）福利价格法，则适用于赠品丰富的产品。主播可以强调购买一个产品就能获得多个赠品，从而突出产品的福利价格。比如"今天在直播间购买这款面膜，不仅得到面膜本身，还额外赠送两个面膜小样和同款含量的水。只需 69 元，你就能享受到如此丰富的赠品，真是太划算了！"

这些开价方式可以单独使用，也可以根据直播间的实际情况和营销策略进行灵活组合，以吸引更多用户并提升他们的购买意愿。

上面几种开价方式的话术组合如表 8-4 所示。

表8-4　福利价格话术结构

开价方式	话术结构
直接报价	产品价值介绍+今天 XXX 活动/节日+直接多少钱
折算日常价	日常价/专柜价/其他平台价+今天直播间+只要多少钱
折算折扣价	日常价+直播间价格+相当于打多少折
折算单品价	直播间+福利机制+相当于一件多少钱
折算功能/节约价	既可以买到什么，也可以买到什么+省了多少钱。 相当于拥有了 XXX，XXX 和 XXX+多少钱买了多少钱的东西
福利价	今天直播间下单，赠送 XXX 和 XXX，相当于多少钱可以买到 XXX、XXX 和 XXX

4. 证据服务，进一步留人

开价后，不少用户会考虑下单正在讲解的产品。此时，主播应进一步强调产品的售后服务与品质保证，确保用户能明确感知到产品的价值与服务，从而增强购买的决心。

首先，关于售后保障，用户往往对产品质量有所顾虑。因此，主播可以明确承诺："姐妹们，这款霜如果收到后使用效果不佳，比如皮肤并未变得水嫩，你只需说一声'退'，我们立即为你处理。更何况，如果用了之后脸上出现过敏现象，同样是一个字'退'，你完全不用担心退货的运费，我全都包了。"这样的承诺无疑为用户打了一剂强心针，让他们购物更加放心。

其次，用户证言也是增强信任感的有效方式。主播可以分享一些真实用户的购买评价和使用反馈，如"我知道有些朋友是第一次进我的直播间，可能对我还不太了解。但请放心，我们的产品口碑都是有目共睹的。比如这位姐妹，她之前经常熬夜，皮肤状态很差，但使用我们的产品一个月后，你们看，她的肤色是不是明显亮了起来？这就是好产品的力量，它不仅能改善肌肤问题，更能赢得用户的信赖和复购。"（此时展示该用户使用前后的对比图）

通过这样的方式，主播不仅强调了产品的售后保障和品质证明，还通过用户证言增强了用户对产品的信任感，从而进一步提高了转化率。

5. 上车成交转向下一轮讲解

直播中的"上车"环节是指主播在详细讲解完产品后，将其上架至购物车或购物袋中，并告知用户具体的购买链接。这样做是为了避免用户因不清楚购买途径而错过购买或离开直播间。例如，"在今天的特别活动中，我们不计成本只为回馈粉丝。你们只需支付平时一盒的价格 9.9 元，就能带走 10 盒产品。现在请大家做好准备，我即将在 1 号链接进行上架：倒计时开始，5、4、3、2、1，上车！姐妹们，快点击下方小黄车的 1 号链接进行购买。已下单的姐妹请回到直播间告知我，我会尽快为你们安排发货。"

当产品上架后，认可其价值的用户通常会迅速下单购买。然而，考虑到直播间持续有新用户涌入，主播需要及时转向下一个产品的讲解或重复介绍当前产品，以保持直播间的活跃度和用户的购买热情。比如"我们都知道，美丽并非天生，而是需要后天的努力。刚敷完面膜，皮肤虽然喝饱了水，但后续的锁水同样重要。如果此刻有 30 位姐妹渴望变得更加美丽，那就请在屏幕上刷起"拒绝"二字。一旦人数达到 30，我们将为大家带来官方定价 299 元的面霜，并以超值两位数价格进行销售。

全屏刷起"拒绝"，让我们一起变美！"

而直播产品讲解五步法为带货主播提供了一套逻辑清晰、话术流畅的讲解框架，有助于解决他们在直播过程中可能遇到的表达不顺或话术匮乏等问题，从而更高效地引导用户完成购买转化。

8.2.3　直播带货话术的要点与参考范例

一位优秀的主播能够敏锐地捕捉直播间的流量动态与转化趋势，并根据这些变化巧妙地调整自己的话术策略。在长期的实践中，主播们总结出了一套行之有效的话术体系，涵盖卖点、痛点、留存、活动、开款、逼单、踢单等 10 多种不同的话术类型。这些话术并非孤立存在，而是可以灵活组合、相互穿插的。一个真正成熟的带货主播，必须熟练运用这些话术，让每一句话都发挥出最大的效果，从而推动直播间的销售转化。

话术 1：卖点话术

卖点话术是围绕产品的独特之处而精心编织的语言艺术。它深入挖掘产品的功能、成分、产地、规格、材质、触感以及色彩等核心特点，并以 FABE 框架为基石，将这些特点转化为引人入胜的叙述。在直播中，我们通常会聚焦产品的 3~5 个主要卖点进行深入讲解，而其他卖点则根据直播间的实时反馈灵活调整。

为了让卖点话术更具说服力和可信度，我们强调清晰明了的表达方式。更进一步，通过现场实验来直观展示产品效果是一种极为有效的手段。例如，当主播想要突显毛巾的出色吸水性时，可以在直播中亲自示范：将头发弄湿或将水倒在桌面，随后用毛巾迅速擦拭，让观众亲眼见证毛巾惊人的吸水效果。这样的现场演示不仅让产品介绍更加生动具体，还能够加深观众的信任感，促进销售转化。

卖点话术参考范例如表 8-5 所示。

表8-5　卖点话术参考范例

产品卖点	话术参考
浴巾 —— 吸水性强	姐妹们，这款毛巾严选新疆长绒棉，吸水性、亲肤性特别强，通过生产工艺让棉纤维在纺纱时充分接触空气，充满空气的缝隙可以捕捉大量的水分子，独特的工艺让这款毛巾只需要 1.8 秒就可以吸干水，而国标的标准是≤20 秒，只需要国标 1/10 的时间，来给大家看一下我们的质检报告，显示吸水性 1.8 秒

话术 2：塑造价值话术

塑造价值话术是对产品卖点的深化与升华，旨在揭示产品特性背后所蕴藏的巨大价值。这不仅局限于产品本身的维度，更关注这些特点如何切实地为用户带来利益与便利。通过将卖点与用户的使用场景、目标人群以及主播的个人魅力相结合，我们能够进一步凸显产品的价值所在。

在塑造价值的过程中，我们注重将产品特性与用户的实际需求紧密相连。我们设想用户在使用产品时的各种场景，思考这些特性如何助力他们解决日常生活中的问题，提升生活品质。同时，我们也关注不同人群对产品的需求和期望，让产品价值更加贴近目标受众的心理预期。

此外，主播的个人魅力也是塑造价值话术中不可或缺的一环。主播通过展现自己的专业素养、亲和力以及对产品的深入了解，能够让观众更加信任并认可产品的价值。在直播过程中，主播可以巧妙地融入个人风格与情感，使产品介绍更加生动有趣，进一步增强观众对产品的购买欲望。

综上所述，塑造价值话术是一个综合性的过程，它要求我们从多个维度深入挖掘产品的价值所在，并将其以生动、具体的方式呈现给观众。通过这样的方式，我们能够更好地打动用户的心弦，促使他们做出购买决策。

塑造价值话术参考范例如表 8-6 所示。

表8-6　塑造价值话术参考范例

产品卖点	对用户的价值	话术参考
材质细节——金丝绒	面料的高级感	咱们这个裙子，是韩国的一个金丝绒面料，3D 立体提花工艺，上身瞬间高级感满满，穿出去就是质感女人
新款撞色设计	时尚有个性	这个款是咱们年薪百万的设计师刚出的一个新款，腰部做了今年超火的同色系撞色拼接，时尚有个性

话术 3：痛点话术

痛点话术旨在精准捕捉用户在购买和使用产品的过程中遭遇的亟待解决或优先处理的问题。主播通过专业而贴心的解说，让用户深感所提问题正是他们日常所遭遇的，仿佛主播描述的情境正是他们自身的写照。这种共鸣感不仅降低了用户的满足感，更激发了他们在直播间多停留一会儿的好奇心，期待主播能为他们带来何种价值。

主播在讲解时，巧妙地运用场景构建技巧，将用户带入一个生动而真实的情境中。随后引出相应的痛点，使用户产生强烈的参与感和亲切感。这种互动方式不仅有效提升了直播间的氛围，更有助于增加用户的黏性和留存率，从而提高直播间的权重。

痛点话术参考示例如下：

亲爱的姐妹们，我知道有很多人在晚上忍不住吃夜宵，又缺乏运动，结果肚子上堆积了些许小肉肉。还有那些辛苦的宝妈们，生完宝宝后身形尚未恢复，是不是有时候特别希望冬天能长一点，而夏天永远不要来呢？冬天的时候，我们可以穿得像个小粽子，毕竟冷嘛，大家都能理解。但到了夏天，哪怕穿得再单薄，那些小肉肉还是像个小山丘一样凸显出来，让我们感到无比困扰。是不是觉得无论怎么努力，都难以摆脱这种尴尬的局面呢？

通过这样的话语，主播不仅准确地捕捉了用户的痛点，更用温暖而理解的态度给予了用户关心和支持。这样的互动方式不仅有助于建立信任，更能激发用户的购买欲望，从而实现直播间的销售目标。

话术 4：信任话术

信任话术是构建用户对产品信心的重要桥梁。在直播间中，我们可以从多个维度来展示产品的可信证明，包括企业深厚的行业积淀、明星网红的推荐背书、地域特色的独特优势、权威机构的认证支持、专利技术的创新力量、品牌联名的品质保障以及详尽的质检报告等。

信任参考话术范例如下：

我们品牌深耕服装领域已有 15 年之久，拥有自主的设计研发团队，不断追求创新与卓越。在某某时期，我们还荣获了备受瞩目的 XX 设计师奖项，这充分证明了我们在设计领域的实力与水准。不仅如此，我们的产品在电商平台的销量一直名列前茅，月销千件且好评如潮，这无疑是产品品质的最好证明。

更为值得一提的是，我们的专柜遍布一线城市的核心商圈，如某银某泰等高端商场。能够进驻这些一线专柜，本身就代表着品牌的高标准与严要求。资质不足的企业根本无法获得这样的认可与机会。

在直播间中，反复展示这些可信证明，通过视觉与听觉的双重刺激，让每一位观众都能深切感受到我们品牌的实力与诚意。我们相信，只有真正赢得用户的信任，才能走得更远、更稳健。

话术 5：留存话术

留存话术是直播间吸引并留住观众的重要策略。一个高效的留存话术不仅能让观众在直播间停留更长时间，还能提升他们的参与度和购买意愿。直播的"人、货、场"、主播的话术讲解都会直接影响直播间的留存率。同时主播也可以在直播时特意穿插一些留存话术，让用户知道留在直播间会有什么好处。通常留存客户的方法是，通过讲解活动话术，例如抖音平台的福袋、红包、福利等让用户在直播间进行更长时间的停留。

留存话术参考范例如下：

亲爱的朋友们，左上角有我们为大家准备的大额优惠券，记得先领券再去拍 3 号链接哦！如果你急于收到心仪的商品，不妨回来告诉我们，我们会为你优先发货，确保你在 3 天内就能收到。如果你并不那么着急，那么我们会在 3~5 天内为你发货，同时还会为拍到的朋友们送上精心准备的礼物，作为我们的一点小心意。

除这些即时的优惠外，我们还有更多精彩的活动等待着你。只要你在屏幕上与我们互动，支持我们的直播，当人数超过 10 人时，我们会一次性送出三个包包作为福利。请注意，我们的福利活动还有三分钟就要结束了，所以赶快行动吧！

此外，我想提前告诉大家一个好消息。明天同一时间，我们为大家准备了周年庆特惠套装。只要今天我们的粉丝数能增加 20 个，我们就会上架 5 套特惠套装。这次的价格绝对惊喜，商场专柜价 399 元我们不要，打折价 298 元我们也不要，甚至连成本价 198 元我们都不要。今天，我们只为涨粉，明天连 98 元都不会要。想要抢购套装的朋友们，不用着急，今天先领取我们的包包福利，明天再把心仪的套装带回家吧！

希望每一位进入直播间的朋友都能感受到我们的热情和诚意，也希望大家能在这里收获满满，度过一个愉快的时光。

名 师提点

直播间留存率是指用户在直播间停留时间的长短或进入直播间与离开直播间的比率。留存率高是指用户在直播间停留时间长，进来的人多于离开的人。

话术 6：场景话术

场景话术是指将产品的特性、卖点与价值巧妙地融入目标人群所熟知的生活场景中，使产品的优势得以具象化展现。这样的表述方式能够增强用户对产品使用场景的代入感，进而精准触达消费者的内心需求。

为了讲好场景话术，主播在拿到产品时，首要任务是梳理出用户在使用该产品时所能体验到的核心卖点。随后，将这些卖点巧妙地融入日常生活、工作、休闲等多元化的场景中。场景化描述不仅涵盖产品的实际使用情境，还可以拓展至搭配建议、产品背后的生长或生产过程，甚至可以是那些充满诗情画意与情感共鸣的小故事。

通过这样的场景话术，主播能够引导观众在脑海中构建出一幅幅生动的画面，使他们仿佛置身于产品使用的现场，从而更加直观地感受到产品所带来的价值与好处。这种深入人心的沟通方式不仅能够提升直播间的互动氛围，更能够增强用户对产品的信任与购买意愿。

场景话术参考范例如表 8-7 所示。

表8-7 场景话术参考范例

产　品	场　　景	话术参考
行李箱	机场——回头率高	你出差旅行，走在机场，会不会去看别人的行李箱啊？我会去看，但是我们家这款拎出去一定是回头率顶满，为什么？因为这款行李箱非常实用啊，提干上可以挂包，侧面有个伸缩的杯架。这样还不够，咱们这款行李箱，回头率高肯定还别的原因，那就是因为细节比别人多啊
锅	家里	幸福是什么，幸福就是在秋冬季节忙碌一天，回到家，打开门有暖暖的灯，桌上有香气腾腾的饭菜，所以幸福的味道都来自一口锅
橘子	生长环境	橘子从发芽到成熟要两年，会遭遇暴雨冻灾、病蚊虫害，但是，保护它的只有农民，天灾人祸谁说的准，橘子滞销，咱们帮帮他们吧

话术 7：心理建设话术

心理建设话术旨在深入挖掘并激发用户内心的购物欲望，帮助他们排除外界干扰，专注于产品本身的价值。在构建这一话术时，我们可以从马斯洛需求层次理论中的情感、社交、尊重和自我实现等多个维度出发，触动用户的深层需求。

心理建设话术参考范例如下：

来，所有的宝宝看过来，主播身上这款 799 元的大衣，宝贝们，是不是看到就觉得很贵，那我告诉大家，799 元的大衣，我给你们全部是商场品质的，而且，宝贝们，799 元你今天花在自己的身上你心疼，那我问大家，799 元你给老公买个皮带，你心疼吗，你不心疼，给你的小孩买个推车你心疼吗，你也不心疼，给公公婆婆买个营养品，你也不心疼，姐妹，那我问大家，你们家的钱是不是都是你花出去的，但是没有一分钱是给自己花的，那如果宝贝们，你不心疼自己，就没有人来心疼你，今天，姐妹们，主播来宠大家，怎么宠你们，我们正常在商场中，3000 多元一件的大衣，今天主播直接给你们三位数，来，姐妹们，听好了，799 元直接给大家炸。

话术 8：人设话术

人设话术是主播巧妙运用言辞，将自身塑造成一个特定角色，如设计师、化妆师或是某领域的资深专家，甚至是性格特征鲜明的个性主播。在构建这一人设时，主播无须刻意追求知名度，普通身份同样能引发共鸣。例如，一个从 18 岁起便醉心于化妆，后来更是专为明星打造妆容的化妆师，她深知哪种眼妆能完美适配上班族的日常，又能让宴会的你成为全场焦点。

主播在运用人设话术时，应确保其与产品卖点自然融合。单纯地讲述人设话术难免显得单调乏味。因此，建议在讲述人设话术前后，先对产品的独特之处进行细致描绘，使听众在了解产品价值的同时，也对主播的人设产生浓厚兴趣。

　　一个有效的人设话术结构通常包括三个环节：首先，从侧面强调产品的非凡价值；接着，巧妙地将人设融入其中，通过潜意识的方式，让听众感受到产品的卓越品质；最后，通过人设的进一步植入，增强听众对主播的信任感，消除其购买顾虑。

　　通过这样的方式，主播不仅成功地将自己塑造成了一个经验丰富的化妆师，更在无形中提升了产品的价值，增强了听众的购买意愿。

　　人设话术参考范例如表 8-8 所示。

表8-8　人设话术参考范例

人　　设	话术参考
资深化妆师	我从 18 岁就开始学化妆，到后来专门给明星化妆，我非常知道什么样的眼妆适合上班、适合参加宴会。今天给大家推荐的这款眼影配色真的超级赞，不管你是想要约会还是见客户，一盘眼影搞定所有的妆容
对品质负责任的卖家	你今天可以不买我家的鞋子，但是你一定要清楚，一双好的鞋子应该具备什么样的品质，这双鞋采用的是不磨脚、不挤脚的头层纳帕皮，它比普通 PU 皮更加柔软舒适好走路。如果不把鞋子的皮质做工给你们仔细讲清楚，我觉得是一个商家不负责任的表现，我是一个追求细节的人，卖的鞋子都是高端品质
宠粉的主播	来我直播间的姐妹们，其他的鞋子你先不要看哦，但是我手上这款你一定要买，因为这是我给咱们直播间新人姐妹的见面礼。我不管你在别人家买的鞋子是什么样的，但是今天你来到我的直播间，我就是宠粉到底，保证收到的货和我直播间的一模一样，所见即所得，如果收到的货不一样，你直接取关我

话术 9：转场/承接话术

　　一般讲解一个产品的时间在 3～10 分钟，讲解完一轮产品之后，要进行下一轮的讲解时就会用到转场话术。转场话术起到承上启下的作用，让用户知晓主播接下来要讲的产品。下面介绍 3 种常见的转场话术方法和参考范例。

1）福利转场（惊喜转场）

　　福利转场也称为惊喜转场，它的应用场景十分灵活。当上一轮产品话术未能达到理想效果，成交转化不尽如人意时，我们可以借助福利产品或活动来迅速提升直播间的互动与数据。同时，如果前一轮产品话术深受欢迎，直播间人气持续攀升，那么福利转场话术同样适用，用于进一步塑造产品价值，巩固观众的购买意愿。

　　在进行福利转场时，我们可以巧妙地借助各种营销活动、点赞、关注等契机，制造惊喜效果，引导观众在不经意间达到我们期望的目标。无须刻意强调，只需轻描淡写地提及，便能激起观众的兴趣与参与热情。

　　这样的福利转场话术不仅能够有效提升直播间的活跃度和转化率，更能增强观众对品牌的好感度和忠诚度。让我们在直播过程中灵活运用这一策略，为观众带来愉悦的购物体验，同时也为品牌创造更大的价值。

福利转场话术参考范例如下：

范例 1：拍到的先不要着急走，扣 888 我们接下来还有 10 个福利炸不停。

范例 2：哎呀，一下没看手机，咱们的直播间就到 XX 人了，运营你咋没提醒我，刚才不是说了吗，到 XX 人给大家炸一波福利吗？

2）铺垫转场

铺垫转场一般会用在做了活动要转去卖直播间利润品或者更高价格的产品时。例如主播正在讲解的 1 号链接是一款卖价为 39.9 元的打底衫（活动产品），接着想要卖的是 99 元的外套。这时就可以在讲解打底衫的时候把外套嵌入进来，让用户提前知道有这款外套。对外套感兴趣的用户可能会提前在直播间询问该产品，时机成熟就可以通过转场话术去卖外套。

铺垫转场话术参考范例如下：

1 号链接的打底衫今天就 100 件，需要的姐妹直接去拍。刚才看到姐妹说 2 号链接的外套可不可以跟打底衫一套卖，喜欢 2 号连接的姐妹真的是太有眼光了，这个外套是主播的自留款，真的是简约百搭的一款春秋、初冬都可以穿的外套。接着就可以开始讲解 2 号链接的产品了。

3）剧情转场

剧情转场实则是直播团队精心策划的一场"演出"，旨在达成既定的数据目标。团队成员紧密合作，根据实时数据的变化，巧妙地穿插一些别出心裁的话术，为主播提供清晰的指引，以便更好地掌控直播节奏，提升直播间的氛围和观众的停留时间。

在这场"演出"中，每个团队成员都扮演着不可或缺的角色。他们通过默契的配合和灵活的应变，将无中生有的话术转化为引人入胜的故事情节，让主播在直播过程中如鱼得水，游刃有余。

通过剧情转场，我们不仅能够有效地提升直播间的数据表现，还能够增强观众的参与感和沉浸感。观众在欣赏精彩直播内容的同时，也会被我们的用心和专业所打动，从而更加信任和喜爱我们的品牌。

因此，剧情转场不仅是一种策略，更是一种艺术。它需要我们用心去策划、去执行，才能为观众带来最佳的观看体验，进而实现我们的数据目标。

剧情转场话术参考范例如下：

助播或者中控可以在直播间输入 2 号链接的相关评论，在直播间对主播说"主播，有姐妹想看 2 号链接""主播，有姐妹说 2 号链接很贵"，主播可以根据团队的话说"居然有姐妹说我们家 2 号衣服价格贵，同产品、同质量，就没有听过姐妹说贵的，来，今天说贵的这个姐妹，我这时候炸 2 号，你不要去抢，来，运营，给我把 2 号价格打到冰点福利"，直播间的节奏就可以顺势转到 2 号链接进行讲解。

话术 10：商品点击话术

商品点击话术是主播在直播过程中用以引导观众点击商品的关键策略。通过巧妙的话术，主播不仅能增强观众对产品的了解与兴趣，还能有效提升商品的点击率。而商品点击率的提升，又能够进一步吸引系统推送更多的目标曝光用户，从而扩大产品的潜在受众群体。

因此，精心设计的商品点击话术在直播营销中扮演着至关重要的角色。它不仅能够促进销售转化，还能增强品牌与观众之间的互动与联系，为品牌的长远发展奠定坚实基础。

商品点击话术参考范例如下：

姐妹们，直播间是有延迟的，所以姐妹们，你要在我倒数 5、4、3、2、1 之前不停地点开购物车，提前点开去刷新才能够第一时间抢到。

话术 11：活动话术

活动话术是围绕产品精心策划的营销语言艺术。在讲解活动时，我们应避免单一强调价格，以免给用户留下产品质量不佳的印象。相反，我们应该结合产品的独特价值，进行深入浅出的阐述。

活动话术的目的并非让用户觉得活动廉价或价值不高，而是巧妙传达活动的稀缺性和珍贵性，让用户深刻感受到参与活动的意义和收益。通过精准捕捉用户需求，结合产品特点，我们可以打造出引人入胜的活动话术，激发用户的购买欲望，提升活动的整体效果。

因此，在策划活动话术时，我们需要充分考虑用户的心理预期和购买动机，用富有感染力的语言将活动的价值和魅力展现得淋漓尽致。这样，不仅能提升产品的销量，还能增强用户对品牌的信任和忠诚度。

活动话术参考范例如下：

姐妹们，今天我们冲 5 万粉丝，特意拿这件打底衫，直接一杯咖啡的价格给大家，也就是我们冲 5 万粉丝才有的价格，突破 5 万粉丝肯定是不会再有这个福利价格了。姐妹们看看这件打底衫，特别轻盈柔软，软得像入口即化的蛋糕，穿上它就像喝着加了蜜的牛奶一样甜蜜温暖。并且这个具有松弛感的半高领，不管是短脖的姐妹还是圆脸的姐妹都可以轻松驾驭，显得颈部修长，可以修饰肩颈线条。这个品质、这个款式的打底衫，这个价格只有今天冲 5 万粉丝才有，没有点关注的姐妹左上角点一下关注，今天这个福利就是给我们家的粉丝姐妹的。

话术 12：开款话术

开款话术是指主播讲解完产品之后，告诉用户产品如何去拍的指导性话术以及想要让用户去下单时说的产品价格。开款话术在产品讲解和用户下单中起着非常重要的承上启下的作用，开款的时机和开款的话术把握不对，很容易造成用户在未开款前离开或者开款后没人下单。开款话术的氛围是给用户顺水推舟的感觉，以及通过限时、限量等话术营造抢不到的错觉，以此来缩短消费者决策下单的时间，提高下单率。

下面介绍几种常见的开款话术以及参考范例。

1）被催促开款

"被催促开款"指的是在直播过程中，主播应观众之需，顺水推舟地推出新款产品。优秀的开款话术应当精妙地融合关注率、互动率、成交率以及粉丝停留时长等多重指标，以实现直播效果的全面优化。

当直播间缺乏真实用户的即时反馈，导致主播难以把握开款时机时，团队成员中的中控便需发挥关键作用。他们会在直播间留下精心设计的留言，巧妙地提醒主播进行开款操作，从而营造出一种热烈的开款氛围。这种默契的配合不仅有助于提升直播的观赏性和参与度，还能有效推动产品的销售，实现直播营销的最大化效果。

留言话术参考范例：主播快开吧，昨天就没抢到，你再讲人就越来越多了，我今天又抢不到了。

主播被催促话术参考：姐妹，好货才有人抢，抢不到说明你眼光好，确实啊姐妹，咱们也看到，直播间一直有新姐妹进来，所以我才不断地介绍，这样新进来的姐妹，如果你这一轮没听明白，你就下一轮再去抢，让已经听懂的姐妹先去抢，最后 5 秒钟，有 10 个姐妹帮我点点关注给我一个支持，咱就不拖拉，直接上链接。说话肯定算话，我看丽丽已经点了关注了，玲玲姐妹也已经点了关注了，并且给我支持了，已经有 10 个姐妹互动支持了，姐妹们，锁定自己的尺码，库存有限，千万别选错了尺码，倒计时 5、4、3、2、1，上链接，赶紧把它带回家。

2）讲条件开款

讲条件开款是主播在充分展示产品价值与福利活动后，在上架产品前精心设置的一环。其核心策略在于，通过设定诸如点赞、评论、关注、加入粉丝团、给予好评等条件，来激发用户的参与热情与购买欲望。主播以福利上架为诱因，巧妙引导用户行为，不仅使用户深刻感受到主播福利开款的珍贵价值，更在无形中提升了直播的互动数据与下单转化率。这一精心设计的话术，旨在让用户感受到获得实惠的同时，也可以助力直播效果达到新的高度。

讲条件开款话术参考范例如下：

姐妹们，尺码一定要看清楚了再去抢。记得收到货了一定要回来给个好评，质量完全不用担心，毕竟是牺牲利润的款式，没有人会亏了钱，还拿质量去砸自己的脚。对不对？为什么一定要强调给好评呢？因为有的姐妹买回去了之后，只有她自己开心，如果收到货了，她不给好评，咱们今天不就白亏了吗？能不能让咱们的团队也开心一下，能不能保证收到货了，给咱们一个好评。谢谢姐妹们，已经超过 20 个姐妹互动了，姐妹们太给力了，来，啥也不说了，后台左上角再给姐妹们发一个福袋，准备好姐妹们，3 号链接，赶紧去抢。

3）突然开款

突然开款即在直播过程中，为迅速提升直播间的数据指标，直播运营会及时发出"赶紧上车"的提示。主播接收到信号后，会迅速调整话术，转而采用开款话术，毫不拖延地将产品上架，邀请用户下单。这一连串动作旨在迅速吸引用户的注意力，促成交易，进而推动直播数据的增长。

突然开款话术参考范例如下：

所有女生们，咱们穿衣服是不是要穿出品位、穿出质感，这样才能由内而外地散发出自己的自信，就这么一款商场要 4 位数才能带回家的外套，今天直接给大家 2 位数开了，来后台 1 号链接，3、2、1 上架，姐妹们，1 号链接，直接去拍。

4）倒计时开款

倒计时开款是主播在详尽介绍完产品后采用的一种高效开款方式。主播会启动倒计时，确保直播中控同步准备好产品链接，从而有序引导用户做好准备，随时准备下单。这种开款方式尤其适用于福利品、秒杀品等热门商品，以及互动氛围浓厚的场合，其效果往往事半功倍。

倒计时开款并非简单的倒数至 5、4、3、2、1 上链接，而是在这个过程中巧妙穿插产品卖点，既确保了用户的停留时间，又重塑了产品卖点，同时还顺利完成了开款的目标。这种综合多种目的于一体的开款方式，无疑是直播中最常用且效果显著的策略之一。

倒计时开款话术参考范例如下：

倒计时 5，不管你是上班穿还是逛街穿都非常搭，4，我们这款采用的收腰设计显瘦不勒肉，3，店价 399 元，我们不要 299 元，也不要 199 元，今天宠粉福利 99 元，2，7 天无理由退换货，安心购，运费险统统安排上，让你无忧购物，1，拼手速，马上上链接。

话术 13：逼单话术

逼单话术并非意在强迫客户购买直播间的产品，而是在主播精心设计的言辞之后，激发客户的共鸣，减轻他们的购买顾虑，从而使其认同主播的观点，进而提升直播间的下单率。逼单的形式和内容丰富多样，主播需根据直播间的实时氛围以及团队后台数据的反馈，有针对性地运用逼单话术。具体来说，可以从以下几个层面进行逼单：一是重复强调产品的核心卖点，让客户对产品有更深入的了解；二是利用优质的售后服务，再次消除客户的疑虑；三是生动描绘产品的使用场景，让客户仿佛置身于其中，感受产品的魅力；四是营造福利的稀缺感，促使客户尽快作出购买决策。通过这些策略，主播能够更有效地引导客户下单，提升直播间的销售业绩。

逼单话术参考范例如下：

- 库存逼单参考话术：宝贝们，今天我跟你说，这一款，大家一定要拼手速去抢，之前运营都说库存没有了，但是我今天又给姐妹们争取了 20 单，大家一定要拼手速，不然我真怕你们一眨眼的时间库存就没有了。
- 发货速度逼单参考话术：我们都是根据姐妹们的下单时间来排单的，有的时候虽然只晚了 2 分钟，中间就会隔几百单，所以只要你喜欢，只要你心动，等会儿 1 号链接，不要犹豫，秒拍秒付，先把名额占下来，要是不喜欢，可以选择退，但是你一旦犹豫，就会比其他人晚好久才能收到货。
- 好评反馈逼单参考话术：来，直播间所有的姐妹点开 1 号链接看看，我们家好评多多，不是好品质做不到这些好反馈，我们就是口碑直播间。
- 销售单量逼单参考话术：老粉丝宝宝都知道，咱们这一款靴子已经拍了 1000 多单了，款式不好、质量不好，姐妹们也不会那么疯狂地下单。
- 材质稀缺逼单参考话术：大家放心去拍，这双靴子的材质只能做出 80 双靴子了，这一批皮料没有了，下批面料涨价还要等很久，没有下单的姐妹们抓紧时间去拍。
- 服务逼单参考话术：我看到很多宝贝下单但还没有付款，是不是不相信主播家的品质？刚才就说了，这款我们就是用来宠粉的，但凡不是为了在直播间冲人气，也不会这个价，这样，今天所有下单的宝贝们听好了，主播不仅给你们 7 天无理由退货，还有运费险，收到货不满意，来回运费我都给你出，现在点个关注，等会儿我们抽半价，有没有诚意，给不给力？
- 人设逼单参考话术：我是一个商人，我是一个生意人。我做了十几二十年的生意，生意人都知道，大舍大得，小舍小得，不舍不得，我今天可以不赚钱，但不可能一直亏，一个新款，我顶多只能拿出十几二十件出来做体验。到后面我一定要加价格，我不加 5 块、不加 10 块，这个款我后面要加 50 块、100 块的。这个价格就今天这么一次，你们爱拍不拍，如果不喜欢，不要去买它，我要你们真正因为这件衣服去买它。我卖的不是衣服，我卖的是调性，我卖的是志同道合的人，我卖的是一件衣服的风格和魅力。如果你因为便宜去买它，那不好意思，我们可能不是同频的人，我只跟我同频的人交朋友，后台，这一款，卖了五十件之后全部给我改价，全部给我改价格到 299 元。

话术 14：踢单话术

踢单话术是在产品成功开款上架、主播完成逼单话术之后，针对那些仅下单却未付款的直播间客户而特别设计的一种引导策略。主播运用踢单话术，旨在促使这些客户完成付款，从而提升直播间的整体付款率。然而，踢单话术并非每轮开款都必不可少。当直播间在线用户较少、商品点击量低、评论互动不活跃，且没有未付款订单时，便无须使用踢单话术。主播需根据直播间的实时情况，灵活调整话术策略，确保每一句话都能精准触达目标用户，实现销售转化的最大化。

踢单话术参考范例如下：

- 售后踢单话术参考：有些姐妹下了单犹犹豫豫不付款，姐妹们，我们家产品是什么品质，你在镜头前看得到，如果不是工厂直销，没有中间商赚差价，不可能这个价位卖，本来就是宠粉福利，结果价格太低、太优惠，你反而不敢付款，我直接送你 7 天无理由退换权益，你怕什么？收到货了和我讲的有任何不一样的地方，只要不影响二次销售，你直接给我退回来，你自己点开链接去看一看，我开通了运费险，你退回来的邮费都由我来承担，你放心大胆地去拍。
- 库存踢单话术参考：姐妹们，你跟这款产品有没有缘分，就看你手速快不快了。现在工厂的产能有点跟不上，现货呢，好像就剩 30 单了，后面的原材料我们还不知道能不能订得到。先拍先发，秒拍秒付，把名额先给占下来，别等到你想回来再抢的时候，那个时候库存可能就没有了。你晚上睡得着吗？最后 5 单拼手速。

课堂讨论

四大维度 14 种话术如何组装成一段高效的直播带货话术？

- 人群踢单话术参考：身材好的姐妹啊，这款入不入你随意，但是有肉肉、有小肚腩的姐妹们，上下身比例显腿短的姐妹，你就一定要入了。
- 主播在直播中对于这四大维度的 14 种话术要灵活运用，并且要根据产品的不同，举一反三地修改话术，不断优化直播讲解话术，才能提升带货转化。

8.3 培养带货主播拉人气的能力

留人之道，首在"3 秒看场"，短暂一瞥，场景布置与氛围营造便成关键；次则"30 秒看货"，商品展示需引人入胜，令人心生购买之念；终则"3 分钟看主播"，主播的魅力与表现力，往往决定了观众去留。货品与直播场景的精心策划都出自直播运营之手；而直播间的流程互动也需要运营团队提前设计、巧妙安排。然而，如何将精心设计的货品与场景完美呈现在观众眼前，使其停留更久、人气更旺、转化更强，则全赖主播之功。不同的主播，吸引观众、留住人气的能力各异，影响因素也纷繁复杂。但主播的表现往往决定了直播数据的上限，其重要性不言而喻。

8.3.1　互动氛围拉人气

在直播间互动的方式包括关注、点赞、评论，其中评论是互动的重点。跟主播互动的人越多，直播间人气越高，系统就会把直播间曝光给更多的人。新进入直播间的用户看到跟主播互动的人多，也会因为直播间热闹的气氛而停留更长的时间。提高粉丝的停留时长形成羊群效应，让新进入直播间的人有参与互动的欲望。跟用户互动是提升直播间人气、停留时间的常用方式。

1. 选择性话术

选择性话术是一种有效的直播互动方式，它不仅能够降低主播的发言成本，还能迅速吸引观众参与，增强直播的互动性和趣味性。选择性话术是一种简单而有效的直播互动方式，能够帮助主播快速吸引观众参与，提升直播的活跃度和观众满意度。

具体来说，选择性话术通过给粉丝抛出一个选择题，让粉丝在几个预设的答案中进行选择。这种方式的好处在于，无论粉丝选择哪个答案，都可以被视为有效参与，从而提高了互动的包容性和广泛性。

在直播过程中，主播可以根据直播内容和观众特点，灵活设计选择题和答案。例如，可以围绕直播主题设计相关问题，或者根据观众的喜好和兴趣点来设置选择题。同时，主播还可以通过调整问题的难易程度、增加趣味性元素等方式，进一步提升观众参与的积极性。

需要注意，在使用选择性话术时，主播应确保问题的公正性和客观性，避免引导粉丝做出特定的选择。此外，主播还应及时回应粉丝的选择和反馈，以增强与粉丝之间的互动和联系。

2. 发问式互动话术

发问式互动话术是一种高效的直播互动方式，它主要通过设计只能回答"是"或"否"的问题，来引导粉丝快速参与互动。粉丝打一两个字就能发言了，主播也能快速得到粉丝的答案，不会在答复时冷场。在设计发问式互动话术时，主播需要注意问题的针对性和趣味性。问题应该紧扣直播主题，能够引发粉丝的兴趣和思考。同时，主播还可以通过调整问题的语气和措辞，使得问题更加贴近粉丝的日常生活和感受，从而增强粉丝的参与感和归属感。

参考话术： 姐妹们，平时你们在网上买衣服是不是经常遇到模特穿起来显高、显瘦、显腿长，自己拿回去穿上就完全没有这个效果，回答是的姐妹扣1。

3. 拉新互动话术

拉新互动话术在直播中扮演着至关重要的角色，它专为吸引并提升新进入直播间的客户的互动度而设计。有效的拉新互动话术不仅能够迅速拉近主播与新观众之间的距离，还能激发他们参与直播的兴趣和热情。

参考话术： 今天是不是有很多新来的姐妹，第一次来的给主播飘一个 1，新人见面礼，马上安排上。

4. 点对点互动话术

点对点互动话术在直播中是一种非常有效的互动方式。当主播直接点出来直播间看播的粉丝名字时，这种个性化的关注往往能够迅速吸引粉丝的注意力，并使他们习惯性地停留下来。

这种互动方式的核心在于给粉丝一种被重视和关注的感觉。每个人都希望得到他人的认可和关注，而主播通过点名的方式，正好满足了粉丝的这种心理需求。当粉丝听到自己的名字被提及时，他们会感到一种特殊的亲切感和归属感，从而更愿意继续停留在直播间，并参与互动。

参考话术：欢迎路西姐妹来到咱们的直播间，今天直播间的王炸福利，赶紧报名参加。

5. 标杆互动话术

标杆互动话术是指用直播间某个粉丝的一个典型行为来进行表扬，进而让其他人将这个粉丝的做法作为标杆。这种做法可以为直播间拉动更多的互动和停留。

参考话术：我们家丽丽说收到的货非常好用来回购，来，运营登记一下，给咱们家丽丽送一条价值 59.9 元的毛衣链，直播间还有没有其他老粉也是来回购的？来，抢到了回来给主播扣抢到了，给你们加送运费险加毛衣链一条。

6. 高情商回答式互动话术

高情商回答式互动话术在直播中尤为重要，特别是在面对那些棘手或难以直接回答的问题时。主播需要展现出灵活应变和善于处理复杂情况的能力，同时保持对粉丝的尊重和友好态度。当遇到不好回答的问题时，主播可以通过转化问题的角度来回应。例如，可以将问题转换为一个更广泛或更深入的讨论点，从而避免直接回答可能带来的尴尬或冲突。这种方式不仅能够化解紧张氛围，还能引导粉丝从另一个角度思考问题。

参考话术：在直播间有粉丝问：这条裤子身高155cm 能穿吗？主播不能简单地回复能或者不能。逮住一个问题举一反三地回复，不要机器人式地回复，回复越长，粉丝会觉得主播越重视他，黏性就越高，

> **课堂讨论**
> 这 7 种互动方式分别在什么情况下讲更合适呢？

对于后进入直播间和之前对同一问题有疑惑的粉丝也能听到答案。针对这个问题的回复话术：刚刚 XX 姐妹说身高 155cm 能穿吗？能穿的，主播身高就是 158cm 左右，155cm 去拍 S 码，2 号链接，你点进去就能看到码数，对应码数拍就行，都是标准码数，放心，我们 7 天无理由退货，无忧购买，这一款呢，高个子、矮个子都适合穿呢。

7. 需求互动话术

需求互动话术是指用痛点去引起用户共鸣，让用户主动跟着主播互动。

参考话术：有没有姐妹初夏裙子还没有买的，有没有姐妹想要一条遮肉显瘦的裙子？有的扣个"有"字告诉我，人多的话，我今天把这款新品裙子给你们炸一波福利好不好？

互动越多，直播间的人气越高，同时也会拉高用户的停留时长，从而增强直播间的留人能力。

8.3.2　活动话术拉人气

活动话术拉人气是直播间留人非常重要的组成部分，常见的直播带货活动有福利优惠、买 XX 送 XX、满减、搭配销售、优惠券、秒杀、打折、团购优惠、包邮、运费险、试用、拍一发多、直播间的抽奖，以及第一件 XX 元、第二件 XX 元等活动。主播在了解运营人员策划的营销活动后，就要把营销活动转换成直播话术，根据直播间的情况适时穿插活动话术留人。

想要通过活动话术留住人，把直播间的人气拉起来，主播在讲解的时候就需要有一定的节奏感和激情。常见的活动话术公式为：活动目的+活动规则+活动产品价值塑造+互动佐证。除一般的活动话术外，以下几种活动话术较为复杂。

1. 抽奖话术

抽奖话术是指利用免单活动让用户跟主播互动，被抽中的用户免费获得活动产品。免单活动利用了用户好奇和贪便宜的心理，抽奖可以快速地提升直播间的互动率和转化率，用户在等待抽免单的结果时，拉长了在直播间停留的时长。主播讲解抽免单的重心应放在产品价值的塑造上，而不是渲染免单活动。

知识加油站

抽奖话术该如何打造？

话术结构：抛福利+抽奖规则+产品福利介绍+塑造产品价值+抽奖规则+倒计时+抽中中奖者+留人+公布中奖者+转利润款。

话术举例：欢迎新进直播间的姐妹，给主播一分钟时间，咱们现在刚开播，来一波福利，抽奖，怎么抽，左上方先关注，加入粉丝团，在公屏上扣：一号拍一发三。刷屏刷起来，刷的越多中奖率越高，抽咱们这款价值 199 元的护肤大礼包：礼包里面有氨基酸洁面乳 100g、清爽护肤水 80ml、保湿面霜 30g、15g 的眼霜四件套，皮肤容易干的姐妹可以使用，化妆容易出油卡粉的姐妹也可以使用，起到深层保湿补水的作用，让皮肤每天都是水嫩嫩的。今天在直播间直接送，左上方先关注，加入粉丝团，在公屏上扣：1 号拍一发三。刷屏刷起来，刷得越多中奖率越高，抽咱们这款价值 199 元的护肤大礼包。如果等下抽到你没有粉丝标，那么我将顺延到下一位，价值 199 元的护肤大礼包是给咱们家的粉丝的福利。如果想中奖概率高，还可以分享我的直播间给你身边的亲朋好友一起来抽，这样中奖概率更高。准备倒计时 5 秒，看看自己有没有关注，没有关注赶紧关注，加入粉丝团，否则中奖不算，抽完奖之后还有福利秒杀，准备倒计时 5、4、3、2、1（自定义选中评论区任意头像为中奖人员），没有中奖的宝宝不要灰心，还想不想要，想要把"想要"扣在公屏上，人数多的话咱们再来一波。恭喜 XX 宝宝中奖，点击下方小黄车咨询客服，把你的地址发给客服，客服会 0 元包邮把这个 199 元大礼包送到家，刚才看到还有很多姐妹说想要福利，这个时候右上角有 50 个姐妹在线，那咱们只要再关注 30 个就可以了。姐妹们今天这么给力，那么主播也必须给力，这个时候已经有 20 个关注了，还差 10 个关注，就可以上咱们今天的王炸福利，已经有 30 个姐妹关注了，助理，把我今天准备的王炸福利提前请上来。

2. 福袋话术

福袋话术是指抖音官方的一种抽奖工具，中控在后台创建好链接，链接里是一款实物产品。主播利用话术引导用户点击福袋，福袋打开后，就会自带一条评论发到直播间，拉升直播间的互动率和用户停留时长。

知识加油站

福袋话术该如何打造？

福袋介绍的流程：引导福袋→产品介绍→引导福袋→产品介绍……。

话术举例：欢迎新进直播间的姐妹，咱们这个时候刚开播，福利来一波，左上角的福袋领取一下，福袋里面有价值199元的护肤大礼包，礼包里面有氨基酸洁面乳100g、清爽护肤水80ml、保湿面霜30g、15g的眼霜四件套，皮肤容易干的姐妹可以使用，化妆容易出油卡粉的姐妹也可以使用，起到深层保湿补水的作用，让皮肤每天都是水嫩嫩的，今天在直播间直接送，平时咱们这个去专柜都是199元一套。但是今天咱们刚开播，想宠粉，直接送，在左上角福袋里面。进来的姐妹直接去领取……欢迎新进直播间的姐妹，咱们的福袋还有1分钟就要开了，福袋领完咱们还有红包，来，运营，给姐妹们上一个红包，抓紧时间点击左上角的福袋领取咱们这个价值199元的护肤大礼包……。如图8-7所示为某美食直播间的福袋抽奖活动界面。

图 8-7　直播加抽福袋活动

8.3.3　转粉话术拉人气

转粉率在直播过程中是一个非常重要的数据指标，也是提升直播停留时长的重要方式。而要将观看直播的新用户转化成粉丝，最直接的方式就是强调给粉丝的专属福利来引导、激励路人关注直播间。另外，还要设置趣味的关注话术来引导用户点关注。当用户提问时，要及时给予反馈，并且在话术方面要把用户当自家人，营造亲切感，建立与用户的情感纽带，促使用户关注直播间，达成直播转粉的目的。

1. 粉丝专属福利转粉

粉丝专属福利转粉话术是强调粉丝的专属福利来激励路人关注直播间。

你在什么情况下，会关注一个主播、关注一个直播间？

参考话术 1：抢到的朋友回来加个粉丝团，运费险都是给到大家的，售后有保证。

参考话术 2：马上我们的福袋就要抽奖了，想要参与抽奖的朋友可以提前给主播点点关注。马上就给大家抽奖了。

2. 趣味关注顺口溜

直播间风格是偏轻松幽默的主播，可以在直播中穿插要求用户关注的顺口溜作为话术。

参考话术 1：看一下左上方的小头像，一定要点头像加关注，关注川哥买酒不迷路，免费的关注来一波。

参考话术 2：你第一次来我直播间也是缘分，来波关注好不好？

3. 夸奖式要关注

夸奖式要关注话术是指利用直播间用户夸奖产品，主播引导用户关注的话术，话术结构：有人夸奖+自夸+感谢+要关注。直播间如果没有用户夸奖，也可以由团队成员发出类似的评论。

参考话术：丽丽姐妹说咱们家的衣服啊，舒适又保暖。出门感觉回头率都变高了，咱们 10 年的服装工厂可不是吹的哦，面料和设计都想给你最好的体验，谢谢你的反馈，谢谢大家啊，在左上角给咱们点个关注。

4. 无中生有要关注

无中生有话术是指直播间没有人点关注，团队的人可以去点点关注，或是主播随意点一些名字把他们当作点过关注的人。

参考话术：感谢张三的关注，感谢李四在左上角帮我点的关注。在我的直播间下单，没有中间商赚差价，全部都是工厂直发，每周上新，想买衣服了大家就回来看看。咱们粉丝群里好多姐妹还会发自己的反馈照，我看着可高兴了，想要一起变美的姐妹呢，在左上角点关注就能进入粉丝群。

8.3.4　卡点拉人气三部曲

抖音平台底层的推流逻辑是互动越高，推流越快，停留也就越好。在直播过程中，很多商家都会遇到直播间没有人气或者在某个时间段直播间的人气会掉得很快，甚至只有几个人在直播间。这

你怎么理解直播带货"憋单"的意思？

个时候，就需要靠一些运营手段来提升人气。其中，最广泛应用的一种手段叫作"憋单"。憋单是目前直播中常见的一种拉人气手段，它结合直播间的推流逻辑及平台推流节点，让用户跟着自己的讲解节奏进行互动、停留、点关注，用户不能随时下单，只能在主播讲开款话术，等产品上架之后才能去下单购买。例如，抖音平台的实时推流节点为 5 分钟，主播在每个 5 分钟节点通过营造产品性价比高、福利抢购氛围来拉高在线人数，同时又有很多用户扣屏互动，营造出直播间人气很高的热闹氛围。

1. 开场福利留人

直播开场一般不直接卖货，而是先通过营销活动调动一波人气，留住更多的人。开场的数据主要是互动，把互动拉起来之后再卖货。直播开场的人气数据越好，直播间的曝光可能就越大。开场进行

你看过的直播间刚开播的时候是如何讲解的？

简单的欢迎之后，抛诱饵留人，直接告诉观众本场直播的福利是什么，福利的价值很高，可遇不可求，再告诉观众得到开场福利的方式，引导观众互动。

开场话术框架：称呼+产品的核心卖点+本场福利+互动邀请+互动理由。直播中对用户的称呼，可以根据粉丝画像给自己的粉丝起一个亲切的昵称，例如姐妹们、家人们、宝妈们等，如表 8-9 所示。

表8-9 开场话术参考

话术作用	话术结构	话术参考
黄金开头	开场自我介绍	姐妹们+咱家这款深度补水保湿提亮皮肤的烟酰胺面膜+今天开播福利秒杀 10 盒包邮+喜欢的宝宝回复喜欢+扣得越多上的数量越多
	福利产品突出性价比	今天咱们首次新人新号刚开播，左上角加号点一点，加粉丝团，咱们线下做了 20 多年的实体工厂以及院线，在线下就是所有的姐妹支持，咱们今天转线上就是为了实力宠粉，给我们家的粉丝来点王炸福利，一盒送 9 盒不过百，给不给力

2. 中途讲品拉停留互动

"憋单"的核心逻辑是：将路人留在直播间，形成互动氛围，最终获得的效果是将部分路人形成转化。所以在开场之后就对产品进行讲解，组装 14 种话术提升互动氛围、提高用户停留。重点就是塑造产品价值与互动、关注话术之间的穿插。如果直播间的人数拉起来，就尽快开款上车；如果人气没有拉起来，可以试着按照表 8-10 所示的话术重新拉一轮；如果人气还没上来，可以重新改变话术组合。

表8-10 拉停留的话术参考

作 用	话术结构	话术参考
拉人停留互动	产品价值留人	秋冬补水，男女老少都少不了，皮肤容易干裂，还脱皮，化妆卡粉出油，特别是出门在外，脸上的厚重感都能感觉毛孔无法呼吸，或者满脸冒油，都可以照镜子了
	产品福利留人	咱们刚开播不卖货，直接送，想要的姐妹把面膜刷刷起来，不要因为咱们是做福利，就不敢用。来看下咱们这款面膜，XX 综艺上的同款，补水嫩肤是主打功能。你们去院线做一次小气泡，不说了，一次要多少，起码 398 元，也只能管半个月，如果你皮肤干，经常花钱去做小气泡，今天一定要留在我直播间，我送给你使用

（续表）

作　用	话术结构	话术参考
拉人停留互动	点对点加库存互动	来，后台，给 XX 加一盒面膜，给 XX 加一盒面膜，刚刚我点到名字的不要着急走，福利库存加好，马上上车，新进直播间的姐妹想要体验咱们的面膜，把面膜扣起来，后台，统计好上库存，不要多上一盒，没有关注加下关注，加个粉丝团，小助理，加粉丝团是不是要花 1 毛钱？（是的），那这样，今天小号开播第一次，你们待在我直播间，我已经很开心了，哪里有让你们掏钱的道理，来，上一个零钱福袋，你们去领，领完了再来加个粉丝团
	产品卖点留人（原料）	来，姐妹们，注意了，好的产品自己都会开口说话，看清楚，咱们今天的诚意，送的福利有多么大，想不想让自己的皮肤亮一点，一白遮三丑，今天咱们这款烟酰胺面膜里面有 5% 的烟酰胺黄金浓度，能够在根源上干扰黑色素的传递，让你的肤色从根源上提亮，不像其他的面膜只给你加 2%，连咱们这款的一半都不到，怎么可能让你的肤色提亮一个度呢，用完之后假白，没过几天就打回原形，咱们添加双倍烟酰胺，全方位的提量，来，给大家看看咱们的成分表，烟酰胺的浓度是多少（出示证据）
	产品成本分析留人	能留在咱们直播间观看的姐妹，都是知道烟酰胺的用途的，在外面普通加 2% 比例的烟酰胺面膜要多少钱？不要你 99 元也要 88 元了吧，甚至大 V 直播间都要 100 元出头了，咱们不做一次性客户号，今天体验也给你们都是 5% 浓度的烟酰胺面膜，一盒 99 元不要了，直接送了，大不大气（大气）
	口头 5S 上车	来，运营，看一下，有多少姐妹扣面膜了？（中控：已经有 10 个宝妈扣了想要面膜，还差 3 个关注），所有的姐妹们，没有点关注加团的，点个关注，加个团，实在是不想动手也不要紧，你可以在我直播间停留 30 秒，你看我今天是如何拿我的口碑产品来宠娘家人的，等下不用我说你也会关注我的，所有新进直播间的姐妹们，给你们 5 秒的时间去领零钱袋，咱们福利马上上车，来，有没有新来的，想要在秋冬皮肤润润，不至于干皮，肤色暗淡，后台，5 秒钟准备好烟酰胺面膜的链接，（好的），今天咱们按照扣了面膜的 ID 去送，来，给 XX 备注一单，给 XX 备注一单，（好的），凡是我叫到名字的姐妹，后台，都给我备注好，不能漏了。3 秒钟统计好此时此刻所有扣了面膜的 ID，准备马上上车（好的）

拉人气的重点是让直播间的用户感到产品随时可能会放库存，开款上车，同时又需要压慢节奏，拉长直播间观众的停留时长，帮助直播间留住更多的人气和流量。这个阶段，由于话题不断，直播间的热度不停，就会表现出流量稳定、互动良好的效果，系统会往你的直播间推流，此时在线人数就不会降得太低。

3. 上车逼单拉转化

当人气拉到想要的数据时，结合推流的节点，以抖音平台的 5 分钟为例，主播及团队要及时调整开款话术，上架产品让用户抢购。产品上架后，重点做逼单、踢单拉高直播间转化，如表 8-11 所示。

表8-11 逼单话术参考

作　用	话术结构	话术参考
产品上车留人	开款话术	来，今天听好了，点了关注，扣了三遍以上面膜的 ID，来，运营，给我优先匹配，开播王炸福利，运营，昨天大号卖的 5 盒 495 元，是出了多少单？（也不多吧，就两千多单）还有库存吗？（也不多了，只有一百来单了），这么少了吗？（是的），来，咱们库存不多了，有好多新人进咱们直播间不认识我的，那这样，我拿这个大号，还有我院线返单爆款来给你们结交朋友炸一波，但是先说好，我只有这 150 单，6 盒是 594 元不要了，7 盒 693 元也不要了，直接加码给你们到 10 盒一组，今天 5 盒 495 元都不要了，连三盒 297 元也不要了，准备好你们的手速，瞄准 1 号链接，5、4、3、2、1，10 盒到手 99 元，秒拍秒付，库存不多，哪里都找不到的价格，并且今天不是只有面膜，还有面霜，同样给你一个邮费的价格飞走
上架产品之后催单，提升下单率	互动催单	另外，记得朋友们抢到扣抢到了，如果赶时间的姐妹，回来在公屏上扣三遍加急，后台登记一日发货，不着急，按照正常 3~5 日货，另外，今天送出 15 个运费险的名额，前 15 个拍下并且卡了灯牌的姐妹，7 天无理由退换货，跟直播间说的不一样，到手收到的不是 10 盒直接退回来
	稀缺催单	大家放心去拍，这种蚕丝膜布不是盛产的，这一批膜布没有了，下批膜布涨价还要等很久，没有下单的姐妹们抓紧时间去拍
	人设催单	还有一点，朋友们注意检查一下主播在这里说到的东西。全部做到，我给你炸的是我自己的院线口碑品牌。抓紧时间去拍，10 盒给你们 99 元，到手整整 50 片，"三无"产品都不敢这样卖，更何况咱们是有专利的 XX 品牌，各大城市院线都有得卖，但是是 99 元一盒，今天咱们少量库存 99 元给你们 10 盒，闭眼拍，闭眼入
	发货速度逼单	所有在 X 点前拍的宝宝下午就给大家及时发货，快递 6 点就不接单了，6 点之前拍下的，今天之前都能给大家快递发走，按拍下的时间顺序给大家发货
	购买服务售后逼单	来，全部点好关注。我把运费险加上去，给你们拿回家，如果跟直播间说的不一样，不喜欢、不合适怎么办？（退），今天但凡你们拿回去，没有让你皮肤水嫩嫩，一个字"退"，如果用了有过敏的，也是一个字"退"，如果拿回去刺鼻还催泪，还是一个字"退"
提升下单付款率	邮费售后	来回邮费我们怎么做？（我们全包），没错，全包。听好了，运费险送了还不够，像新疆偏远地区的要运费险是不够的，退回来的时候可能多少得倒贴一点，今天我给你们全包，这样做放不放心？放心的满屏面膜飘起来。 另外，今天把 15 个运费险的名额送给前 15 个拍下并且卡了灯牌的姐妹们，7 天无理由退换货，跟直播间说的不一样，到手不是 10 盒直接退回来，免费试用，用得好你留下，感觉一般随时退给我，关注点一下，方便日后找到我，但是我对我的面膜非常自信，你们一定会喜欢，咱们家这款滋润还深层补水的面膜一定给你们惊喜
	演戏踢单	运营：已经没有了，但是有 3 个拍下没有付款
	售后踢单	没有付款的朋友们，我也不多说了，今天开播才有这个价格给你们，今天 99 元不是给你们 1 盒、2 盒，而是给你们整整 10 盒，如果你们还有犹豫的地方，售后无忧安心购，但凡有任何不满意，7 天随时一个字（退），来回运费（全包），哪怕是你心情不好，同样一个字（退），这样子，没有付款的，运营，给他们 10 秒钟考虑，倒计时 10 秒踢库存，把库存给刚才没有抢到的朋友们（好的），倒计时 10、9、8、7、6、5、4、3、2、1（已经踢出 2 个库存），来，刚刚我看到有人说没有抢到的，已经清出库存，直接去拍

　　憋单话术的讲解主要是主播和团队要控制好节奏，根据平台的推流时间节点做好互动、关注、转化的数据，利用氛围、羊群效应留人，直播间的人气自然就高了。总结憋单拉人气、留人的框架：开场欢迎→介绍直播间福利→如何参与福利→为什么要参与→价值塑造/痛点场景→互动→价值塑造→上车→催单→逼单→踢单→下一轮欢迎直播间的人。

第9章

直播运营实战

【学习目标】

了解带货直播的两种方式；理解带货直播流量盈利路径；掌握不同直播间货品规划的方式；理解直播脚本策略的逻辑；掌握直播营销活动的方式；理解带货直播的 3 种主流策略；理解直播复盘及数据分析的思路。

【导入案例】

县长代言，东西协作——举办助农扶贫系列直播

鹊华 MCN 在 2020 年年初率先与合作方贝壳视频合力推出商河网红副县长王小帅带货商河扒鸡的短视频，掀起了全国县长带货的风潮。推出 3 场平阴县副县长游伟民抖音带货，单场直播 80 余万人次观看，在全网推广了平阴"玫瑰之都"的品牌。

2020 年 3 月 5 日晚，商河县常务副县长陈晓东应济南广播电视台、贝壳视频、鹊华 MCN 的邀请，走进快手平台，与主持人 yoyo 共同开启"百城县长，直播助农"快手扶贫直播首秀。仅仅一个小时就售出 6000 支扶郎花。"东西协作"电商直播扶贫专场系列活动利用主流媒体平台的影响力，创新宣传手段，通过消费扶贫新模式，将古丈县原汁原味的生态有机茶呈现给广大消费者，帮助湘西古丈县贫困茶农，促进茶产业的健康发展。

第十四届中国（济南）国际茶产业博览会期间，济南广播电视台举办了多场茶旅专场直播。主持人 yoyo、宏刚、反辰分别担任"古丈茶推介官"，与古丈县茶企代表联袂直播带货，链接济南广电鹊华严选电商销售平台，打开线上新销路。古丈毛尖再一次以"代言+直播+电商"的形式，走进大众的视野，为古丈毛尖品牌背书，极大地促进了古丈茶产品的销售。

直播带货让农产品流通找到了新出路，成了乡村产业发展的"加速器"。对农村经济而言，直播带货不仅把滞销的农产品卖到全国各地，也让贫困群众脱贫致富的信心更强了。立足于"人、货、场"三要素，开展直播带货销售，不但推广了优质产品，升级了配套产业链，孵化了地标农特产品品牌，而且打通了农村产业转型发展"最后一公里"，为推进乡村振兴提供了源源不断的"内生动力"。

9.1 解读电商直播

直播电商是基于对人的信任、以销售为本质、以直播为形态三位一体的模式，而直播底层逻辑

是打破次元销售，媒介和形式更为具象化。随着电商直播的爆发，直播带货越发成为品牌营销的标配。可以说直播带货是一门艺术，但也需要技术，找对适合产品的平台，找准恰当的带货策略是开展直播带货的前提。

9.1.1 认识电商直播平台

随着直播带货的发展，直播平台也是全面开花。国内的几大主流电商直播平台各具特色。

1. 淘宝直播

淘宝直播是基于淘宝电商资源的直播平台，定位于"消费类直播"，直播商品涵盖范围广且购买方便。淘宝直播依托平台的粉丝量和自身流量，其强电商属性让用户感觉很直观、目的性强，用户进入淘宝平台的目的就是购物，所以主播只需要将产品讲解清楚，向用户展示出产品的特点，用户购买的意向就比较强。相对于其他平台，淘宝直播平台有以下特点。

1）品类覆盖范围广，商家数量基础大

经过多年的发展，拥有货源、品牌和电商运营技能的商家基数庞大，依托电商商家的直播，淘宝直播自上线后，各品类的商家就开始进入直播带货中，为自己的店铺增加流量渠道，同时也为平台提供了品类繁多的货品直播商家。

2）平台支持全程回放，商品与直播高度关联

淘宝直播从上线以来，就支持直播全程回放，并且商家在直播中设置了商品讲解功能，当直播结束之后，直播讲解的商品回放会呈现在商品页面，让从其他渠道看到直播商品的消费者可以在非直播时间看到主播的商品讲解，淘宝直播的商品与直播高度关联。如图 9-1 所示为某账号的直播回放页面。

图 9-1 淘宝直播回放页面

3）开通条件低

淘宝商家和淘宝达人开通直播带货权限的要求低，只需个人实名认证，没有粉丝数量要求。

4）有一定基础的淘宝店铺做直播更容易

淘宝直播与传统电商货架形成补充，品牌自播逐步成熟，相对来说在淘宝已有店铺，且有一定老用户沉淀的店铺更容易成功。直播团队需要做好店铺的日常运营，做好店铺直播引流。

2. 抖音直播

抖音属于内容平台，用户多为新一线及二、三、四线城市的年轻人群。抖音直播流量是偏公域流量的，带货模式以短视频+直播带货转化为主。

1）抖音直播流量大，直播形式丰富

依托平台 8 亿的用户体量，抖音直播的流量大，直播类型丰富。带货直播的形式并不是统一的纯产品讲解模式，在带货直播中也有部分主播融入了娱乐的形式。

2）抖音直播流量可以实现精准推送

抖音直播是重算法轻粉丝的逻辑，会依据用户偏好和浏览习惯对内容和用户进行匹配，通过算法进行精准推荐。

3）直播策略

普通人做抖音带货直播更适合选择垂直内容、垂类产品，即直播间售卖的产品是一类人群需要的，以更好地深化标签，获得精准推荐流量。利用短视频做好直播导流，做好产品卖点直播塑造，并进行适当的付费推广，引流到直播间。

3. 快手直播

快手平台也属于内容平台，快手直播被称为基于下沉市场的黏性直播，其用户集中在二线及以下城市，用户以 31 岁以上人群为主向两端辐射，31~35 岁的用户居多，41 岁及以上的用户占比最小。快手直播带货围绕"老铁关系"，形成"先认人再认货"的商业转化模式。快手平台用户黏性强，"草根"主播多，普通人也有机会逆袭为大主播并且用户基数大，用户的消费水平在逐渐升级。快手平台内容管控力度相对来说较弱，视频内容质量参差不齐，同质化模仿严重，优质原创内容薄弱。除这些特点外，还有以下两点：

（1）产品去中心化，社区社交属性强，用户黏性强。
（2）拥有较为完整的直播电商生态，覆盖了各种内容和各类电商模式。

相对于淘宝和抖音来说，快手的带货直播是最具私域属性的电商直播。基于快手平台用户黏性强、消费水平升级等特点，直播团队在快手平台开展直播营销可以考虑以下策略：

（1）先建立信任，再直播"带货"。
（2）直播货品和内容贴近生活、贴近用户。

选择快手平台直播带货需要拥抱平台的机制和人群，在直播中寻找更大的成长机会。

4. 视频号直播

视频号是基于社交关系的裂变直播。在平台属性中，视频号本身属于微信直播生态的一部分，依托基数庞大的微信用户，视频号带货虽然是后起之秀，但是直播方面的功能不容忽视。对比其他平台，视频号直播营销有以下特点：

（1）直播与公众号互相关联。

（2）通过朋友圈无门槛扩散。

（3）可以通过社群红包激活直播私域流量。

（4）可以通过企业微信一键宣传。

视频号扎根微信生态，有视频号、朋友圈等多个流量入口，并且视频号具有天然的社交优势，更有利于普通人成长。相对于其他平台来说，视频号更具商业价值，助力企业私域维护及复购营销。

5. 小红书直播

小红书是一个活跃度高、用户黏性强的分享社区平台，小红书直播的目的是分享美好生活，支持分享真实、美好、多元的生活方式，例如旅游、阅读、情感、育儿或好物分享。相较于抖音和淘宝直播，由于

课堂讨论

你还接触过哪些电商平台的直播？

小红书的日活数量和推荐机制，其直播量级远远小于抖音和淘宝。小红书是去中心化流量分发，对于中小商家、博主比较友好，不用投流就有机会获得系统推荐。小红书作为一线女性用户聚集地，用户人群和商品具有天然适配性，用户通过笔记进行种草，通过直播进行转化，实现从种草到拔草的转换。相比于抖音热闹的直播场景，小红书直播间相对理性，这也是小红书直播具备高客单价、高转化率和高复购率特点的原因。

9.1.2　电商直播面临的发展环境

"万物可直播，人人能带货"，直播电商发展至今，已经形成了数量巨多、类型各式、经营各样的直播企业。它的产生是伴随着科技革命、网络扩张、数字经济、消费升级而出现的。

1. 电商直播行业的发展现状

近年来，直播已经成为人们生活娱乐中不可或缺的一部分，满足不同娱乐需求的同时，各大电商平台纷纷推出直播功能，直播平台加速上线电商板块，电商直播化正在成为一种常态。2020 年疫情的发生如同催化剂激发了电商直播行业的活力，市场规模大幅度提升。

1）电商直播行业市场规模迅速增长

在 2022 年，我国网络零售市场呈现稳定增长的态势。其中，电商新业态新模式彰显活力，商务大数据重点监测电商平台累计直播超 1.2 亿场，累计观看超 1.1 万亿人次，直播商品超 9500 万个，活跃主播近 110 万人。

2）行业竞争拉动新供给，促进就业新机遇

除传统电商平台外，成熟的品牌企业也开始布局，加速进入直播电商领域，行业对电商直播的

资源、人力、产品投入等正在加大规模。围绕着电商直播发散开来的就业链条正走向高度职业化和专业化，已经形成了一个庞大、稳定、有序而复杂的就业体系，产生了如直播运营、主播、选品师等五大类超 20 种岗位机会，为国家稳就业、增就业提供了新渠道。

2. 电商直播行业带来的社会影响

电商直播行业不仅在促进消费、产业升级等方面起到重要作用，还在增加就业、乡村振兴和助力文化传播等领域发光发热，实现经济效益与社会效应双丰收。作为以直播+电商为核心的电商平台，电商直播致力于新经济创新发展与传统民族产业融合升级，赋能社会经济效益持续性增长。

1）新商业模式释放消费潜力，助推双循环

电商直播的商业模式重构了"人、货、场"三大要素。基于电商直播独有的社交属性，面对面互动可以有效建立用户与主播的信任机制；基于主播的分享或推荐，可以直接刺激用户消费。同时，直播可以直接呈现商品细节，搭建不同场景，为用户带来全场景体验。在商品的供应上实现用户与厂家的直接连接，压缩了中间渠道，实现"生产-销售-消费"无缝对接，减少"信息不对称"，让利给消费者，刺激消费者购买，进一步激发消费潜力。

2）赋能传统企业转型，带动产业升级

电商直播能优化电商生态，大幅降低中小企业进入市场的成本，同时直播进入企业，可以让消费者直接看到并了解商品的生产流程，或产品的原产地环境等，从线下延展至线上，进一步激发传统企业的数字化转型，带动产业升级。比如，通过直播开启原产地挖掘、发现好物的分享式直播，为消费者全面呈现好物来源、生产、制造过程，打造惊艳的、有差异化的一站式产品体验，提升产业升级，赋能当地农产品产业持续性增收。

3）催生新的就业形势，扩大就业机会

2021 年 11 月 25 日，人力资源和社会保障部等三部门联合发布《互联网营销师国家职业技能标准》，开启了直播从业人员知识与技能职业化的新篇章。在海量直播间中，创造了主播、助播、选品、脚本策划、运营、场控等多种新就业岗位。

3. 电商直播行业存在的风险隐患

直播电商凭借其即时性、互动性和趣味性迎来了"井喷式"增长，其在释放消费潜力、赋能产业转型升级等方面取得了一定成效。但是，粗放式的发展难免会暴露一些短板，涉及产品质量、产品售后、刷单及数据造假、虚假宣传等，以及直播过程中的造假与价值观偏颇等问题频现。2020 年，中国消费者协会调研数据显示，电商直播用户购物全流程的整体满意度低于 80%。当越来越多的消费者对直播带货持观望态度时，电商直播行业的发展将会放缓，也有可能陷入停滞期。

1）直播内容同质化，存在虚假营销

目前多数电商直播将焦点投向美妆、服装、家居和食品领域，但在直播打造"好内容"的同时，也带来了一些不合法现象，同质化直播内容的出现，使得各大平台之间的竞争较为激烈。

此外，某些产品为扩大知名度，利用低俗化或夸大、虚假宣传等方式来吸引用户，或许在短时间内可以引来用户的关注，但是从长远发展的角度来看，存在着巨大的法律风险，也不利于直播电商长期发展。

2）售假频出，产品存在售后风险

虽然如今多数直播平台对主播入驻持开放态度，但平台对商家及主播的资质审核力度仍然不足。即使热门直播的明星主播"亲鉴好用"，也不能保证商品的质量。主播和直播机构没有制定严格、规范的选品流程，或真假参半的销售方式，是直播电商中最为常见的"翻车"原因。比如，某网红主播带货的燕窝被职业打假人检测是糖水制作而成的，频发的售假问题直接降低了该主播的粉丝信任度以及购买意愿。

3）直播销售数据造假

平台直播数据造假也是一大问题，部分商家为营造产品销售火爆的假象进行刷单，雇佣"水军"来刷点击量和购买量，营造火热的氛围来显示带货的能力，以此吸引用户点击进入，进而下单购买。这样的虚假"繁荣"直接堆积电商直播行业泡沫，既损害了用户的利益，最终也损害了商家的利益。

例如，在某明星为一数码产品带货的直播场次中，直播间显示的 311 万观众实际上只有 11 万是真实数据。更有记者深入直播带货"数据造假"的灰色产业链上游，发现存在明码标价的数据造假软件。

4）偷税漏税，缺乏治理

随着直播电商的兴起，一些主播在享受时代的丰厚"馈赠"时，却没有树立起码的法治意识和社会责任。偷税漏税已是直播行业公开的秘密。大多数主播偷税漏税的办法是，通过虚构业务、增设公司，把个人所得转变为个人独资企业的经营所得，以逃避个人所得税。

课堂讨论

你平时是否遇到过直播电商的问题商家？

9.1.3 达人直播和店铺直播的区别

店铺直播是指利用店铺的账号进行直播，一般售卖的是自己店铺的商品，赚取的是商品的利润，并且可以进行品牌和企业形象的塑造。达人直播是在各直播平台的分销中心（例如，淘宝的淘宝联盟、抖音的精选联盟、视频号的优选联盟）挑选适合的产品，推广售卖成功之后即可获得佣金，赚取服务费和商品的佣金。如图 9-2 所示为淘宝联盟的"选品广场"页面。

店铺直播和达人直播的不同之处对比如下。

1. 主体不同

店铺直播主体是店铺员工或者工厂商家，达人直播主体是平台博主、达人或网红。

2. 粉丝不同

店铺直播吸引的粉丝只针对店铺或者产品。达人直播积累的不仅是对产品感兴趣的粉丝，还有被达人主播自身风格特点吸引的粉丝。达人账号粉丝喜欢主播，就会经常回直播间。而店铺直播是需求驱动，只有粉丝想买东西才来商家的直播间购物。

图 9-2　淘宝联盟的"选品广场"页面

3. 商品来源不同

店铺直播的商品就是自己店铺、品牌或者工厂的货；达人直播的商品不受限制，可以和多个商家或品牌合作，各品类都可以带货。店播账号也可以推广售卖其他店铺的产品，但为了保持店铺和品牌的形象，在选择产品上局限性较大；而达人直播间的产品上新频率较快，粉丝回购较多。

如果是中小企业或者普通个人商家，可以提升直播技能，进行店铺直播。因为与达人合作的佣金成本高，售卖出去的产品利润要给达人分成。

课堂讨论

达人直播和店铺直播的利弊各有哪些？

9.2　直播前的策划

直播前的策划至关重要，它涉及确定直播主题、制定内容框架、安排互动环节、选择适合的推广渠道等多个方面。通过精心策划，可以确保直播内容有趣、有料，同时能够吸引目标受众的关注，为直播的成功打下坚实基础。因此，直播前务必进行充分的策划，确保每个细节都经过深思熟虑，以呈现出最佳的直播效果。

9.2.1　直播流量盈利路径

在策划直播前要知晓直播带货的流量盈利路径。直播间的流量流转路径为"曝光→点击→停留→评论/点赞/互动/关注→下单→付款"，如图 9-3 所示为抖音直播成交转化漏斗图示例。

我们讲解一下图 9-3 所示的抖音直播成交转化漏斗图。直播间曝光人数是指直播间被看到或者被刷到的人数；直播间观看人数是指直播间被看到后，点击进入直播间的人数；商品曝光人数是指进入直播间的人，看到直播间产品的人数；商品点击人数是指看到直播间的直播产品，点击查看产品链接的人数；成交人数是指点击商品的人中，最终成功付款购买产品的人数。

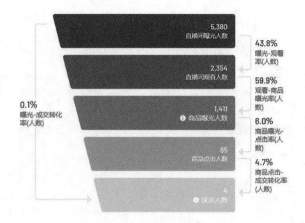

图 9-3　抖音直播成交转化漏斗

　　抖音直播成交转化漏斗图为我们清晰地展示了直播间从曝光到最终成交的完整转化过程。每个阶段的转化率都是衡量直播效果的重要指标，它们共同决定了直播间的自然流量推送和整体销售成绩。

　　直播间曝光人数是直播成功的第一步，而曝光-观看率则反映了直播间对潜在观众的吸引力。高曝光-观看率意味着直播间的标题、封面或推荐算法都做得相当出色，成功吸引了大量观众点击进入。

　　进入直播间后，观众是否会被产品吸引，则取决于观看-商品曝光率。这一指标越高，说明直播间内商品的展示越有效，越能吸引观众的注意力。

　　商品曝光后，商品曝光-点击率进一步体现了商品对观众的吸引力。如果商品展示得清晰、诱人，商品曝光-点击率自然会高。

　　最后，商品点击-成交转化率则是衡量直播销售效果的关键指标。即使前面三个阶段的转化率都很高，如果最终成交转化率低下，那么整个直播的销售效果也会大打折扣。

　　因此，作为运营人员，需要密切关注这 4 个数据比率，通过优化直播内容、提升商品展示效果、加强互动等方式来提高转化率。同时，也可以利用抖音平台提供的工具进行行业数据对比，以便更好地了解自身直播间的优势和不足，从而制定更有效的运营策略。

- 曝光-观看率是点击进入直播间人数与曝光人数的比率，在图 9-3 的示例中，曝光-观看率为 43.8%（2354/5380），即有 5380 人看到了直播间，其中有 2354 人点击进入直播间进行观看。
- 观看-商品曝光率是指直播间看到直播产品的人数与直播间总的观看人数的比率，在图 9-3 的示例中为 59.9%（1411/2354），也就是观看直播间的一共有 2354 人，其中 1411 人看到直播间上架的产品。
- 商品曝光-点击率是指点击直播商品的曝光人数，在图 9-3 的示例中为 6%（85/1411），即是在看到直播间上架的 1411 人中，有 85 人点击了产品的链接。
- 商品点击-成交转化率是指付款成交的人数与点击商品人数的比率，在图 9-3 的示例中为 4.7%（4/85），即在点击了产品链接的 85 人中，有 4 人下单购买了产品。

　　这 4 个数据比率在很大程度上会影响直播间的自然流量推送。不同行业的数据要求不同，以抖音平台为例，在运营人员不了解行业参考数据指标时，可以查看官网巨量创意中的"直播诊断"功能进行参考。如图9-4所示，选择运营的行业，填写直播间的数据，就可以诊断出数据指标与行业的对比。

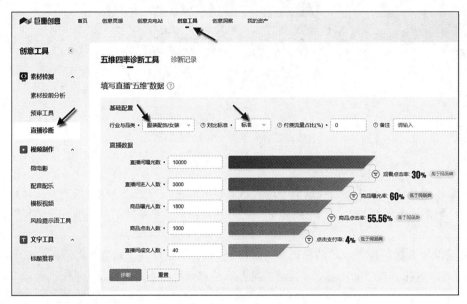

图9-4　巨量创意中的"直播诊断"

成交转化漏斗不仅是直播间的盈利路径，也是系统对直播间推流的重要数据指标。盈利路径上的各项指标数值越高，直播间就能获得越大的曝光，反过来则只能获得较少的自然曝光。

9.2.2　直播人货场链接

直播运营是一个内部相互联结的复杂系统，它需要人与人的链接、人与货的链接和人与场的链接。直播运营体系是"人、货、场"链接的谐调。"人、货、场"的不断重构才能让带货直播间持续性输出能留住用户的内容。

"人"涉及直播团队搭建与人员岗位职责划分，包括优质主播人设如何搭建，以及如何培养和提升主播的心理素质和技能。

"货"也是直播运营频频讨论的核心，重点在于爆款选品技巧与整理产品卖点的方法。其中，优质的直播间产品架构是一条完整的链条，由优质的策略出发，将产品和直播间真正做到紧密连接。通过引流品促成第一次握手成交，再推出直播间的利润品，还有单款单件的孤品模式，以及明显的价格层次对比，都是吸引粉丝持续消费的有效手段。只有各方面都做好，才能让直播间稳健向前。

在"场"方面，既要对自身的"场"有足够的把控，包括直播间灯光设备、布景准备等细节都要做到尽善尽美，又要对平台的"场"有足够的了解，比如平台直播系统算法与流量分发机制，直播间快速吸粉、爆破观看的方案等，对这些都要有全面、准确的认知。

"人、货、场"的本质就是从用户的核心痛点解决问题。在一个新账号开播前，需要对"人、货、场"进行周密的规划和搭建，并在前几场不断测试"人、货、场"的数据，从而更好地留人和转化。

9.2.3　直播间的货品规划

直播营销首先要明确直播间卖什么、有什么货品、粉丝需求是什么、什么东西好卖，明确这些要点之后才能进行直播间选品。

1. 选品策略

互联网时代的营销是买方市场，需要以用户为核心来选品，直播间的选品策略是以粉丝需求为核心，有以下 4 种方式：

（1）从用户需求出发——洞察用户。
（2）从主播人设出发——匹配标签。
（3）从产品质量出发——监管品控。
（4）从地域季节出发——寻找差异。

2. 直播间货品规划

直播间的货品选择原则是粉丝需求大、产品卖相好、消费门槛低、辐射能力强。如何选择受用户喜欢的货品，可以从以下三个方面来选择：

（1）大盘数据——行业搜索词，行业爆款属性。
（2）渠道热点——活动氛围，大主播动向舆论诉求。
（3）粉丝偏好——人群需求。

3. 直播间选品的核心原则

如何选品是直播团队运营的关键，货品是决定直播营销成败的重心。如图 9-5 所示，对于直播间选品来说，第一，要选择几款钩子产品用来做福利以吸引人气；第二，选择的产品要具有高权重，就是产品本身是爆款产品；第三，直播间各种产品之间要具备关联性或者相互之间可以搭配使用；第四，产品之间的同质化程度不能太高，否则会让用户失去观看的兴趣。

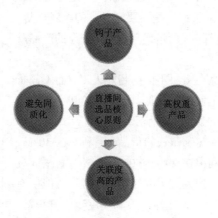

图 9-5　直播间选品核心原则

4. 直播间货品结构及定价

直播间货品一般分为以下 4 种。

（1）利润品：直播间销售主力，从供应链中选出的具有爆款潜质的产品。大概占直播间货品的 60%。

（2）新品：持续不断上新品，才能养成粉丝回访的习惯，大概占直播间商品的 20%。

（3）引流款：主要作用是吸粉，在直播间互动引流，提高互动率，大概占直播间货品的 10%。引流款款式受欢迎，但性价比超高的引流款产品通常被用于新号阶段及成熟账号刚开播的阶段。新号刚开播时，由于账号没有权重、没有标签，为了能够撕开流量推荐的口子，直播间就有必要按照算法来完成自然流量推荐的指标数据，比如停留时长、互动率等。

知识加油站
引流款定价及选择：引流款在价格方面并非低得离谱，比如 0.01 元或者 9.9 元，引流款的价格是相对于自己店铺利润款的价格来说比较低而已。 　　**引流款的价格在利润款价格的 1/3**：比如，一个女装直播间，日常价位是 100~200 元，那么引流款就可以选择成本在 80 元左右的爆款，折价 59 元、69 元，让利给直播间客户。 　　**引流款选择的品类**：引流款在产品的选择上最好不与利润款是相同的产品。比如直播间利润款主打螺蛳粉，如果引流款也用螺蛳粉，就会导致用户关注度在福利活动上，一旦卖正价款就卖不动。正确的方式是选择非同一个细分品类的产品或者互补的产品。比如同样是女装直播间，主要卖外套，就可以拿打底裤作为引流款。

（4）福利款：众所周知，福利款也是用于直播间的活动商品，大概占比 10%。但为什么已经有引流款了，还需要福利款？那是因为即便引流款做了相对低价，但距离利润款的正价还是有一定的差距。经常遇到的情况是引流款过款后，正价款卖不出去。很大原因就是引流款与利润款的价位衔接问题。为了尽可能避免这个问题，福利款就非常有必要。

福利款的选择主要满足两点：一是只选爆款，不是市面上认可度较高的产品做福利也送不出去；二是不要定亏本的绝对低价，价格与成本基本持平即可。如图 9-6 所示，售价为 8.8 元的产品就是福利款。

如图 9-7 所示，不同的货品会吸引不同的粉丝人群，而不同货品的定价也是不同的。引流品毛利率比较低甚至可能会略亏本，毛利率一般在 -10%~10%；福利品属于店铺活动的主打品，毛利率在 10%~30%；利润品是直播间盈利赚钱的货品，毛利率在 30%~60%；新品根据定位不同，毛利率在 20%~60%。另外，直播间处于不同阶段，定价也有所不同，例如直播刚开始的阶段，可能所有产品的毛利率都比较低，直播间稳定之后，毛利率逐步恢复正常。不同品类的产品毛利率也有比较大的区别，这里说的是一般产品。

图 9-6　直播排品

合理的货品组合和定价可以让直播间形成良性的循环，并给予不同粉丝不同的货品，形成长效盈利的直播间。

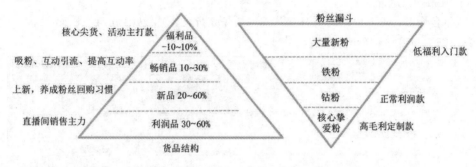

图 9-7　货品结构和粉丝漏斗

5. 直播间的货品分类和排品

直播间排品是考验直播团队运营管理能力的核心要素。所谓排品，就是根据直播目标等因素，事先设计好产品在直播间讲解的时间节点，最终在直播脚本中体现出来。排品原则是让合适的产品在合理的位置爆发出最大的价值。在排品的时候，要控制产品的数量，有一定逻辑，并且货品要不断地迭代更新。

如表 9-1 所示，直播间主要是卖运动鞋，为了提升直播数据，设计了引流款和福利款，引流款和福利款会准备 1～3 个，目的是测试不同产品的数据效果，避免因一个产品数据表现不好导致直播实时调整受影响。不同的直播方式选品和排品都有所不同。如果直播间采取平播策略，则可以把引流款和福利款作为赠品进行买赠销售。

表9-1　直播间排品

商品用途	商品别称	小窗车序号	代　　码	电　商　价	促销方式	抖　音　价
引流款	运动手包	1	A1-1	¥39.00		¥9.90
	运动水杯	1	A1-2	¥49.00		¥19.90
	运动耳机	1	A1-3	¥59.90	改库存	¥1.90
福利款	运动袜子	2	A2-1	¥29.90		¥3.90
	运动毛巾	2	A2-2	¥39.90	无库存	¥9.90
过渡款	运动鞋	3	B1	¥139.90	秒杀	¥39.90
	运动鞋	4	B2	¥169.90	秒杀	¥69.90
利润款	运动鞋	5	C1	¥299.00	秒杀	¥99.00
	运动鞋	6	C2	¥359.00	秒杀	¥159.00
	运动鞋	7	C3	¥399.00	秒杀	¥199.00

如何选择引流款和福利款产品？首先，它们的基本要求是目标人群需与利润款产品相匹配，能够激发复购需求。用户在购买引流款产品后，应仍有较大可能购买利润款中性价比高的产品。此外，引流款和福利款产品不局限于自有产品，也可以通过平台的产品排行榜来寻找合适的选项。找到合适的产品后，可以通过平台的精选联盟将其引入自己的直播间，作为引流款产品。

课堂讨论

如果产品为炒锅，那么引流款、福利款可以选择哪些呢？

知识加油站

引流款如何选品？

找平台爆款：进入蝉妈妈（抖音第三方数据分析软件），从目标品类排行榜选择（如食品饮料），如图9-8所示。

图9-8　蝉妈妈商品销量榜

分析引流款的目标用户：引流款的选择要跟自己的利润款不重复，且目标用户一致。点击进入产品，可以分析产品对应的目标用户数据以及产品销售的基础数据，如图9-9所示。

图9-9　爆款产品的人群画像

分析引流款：如果产品是爆款，目标用户跟利润款一致，那么就要对引流款是否有强复购属性、是否有相对高的性价比、引流款所在店铺的评价等方面进行分析。如果产品合适，则可以在精选联盟中找到该产品作为引流款。

9.2.4 直播脚本的策划

直播带货脚本是直播带货的框架，没有提前做好直播计划，实时直播容易手忙脚乱。直播带货脚本可以分为整场脚本和单品脚本。

1. 整场脚本

整场直播脚本就是以整场直播为单位，规范正常直播节奏流程和内容，示例如图 9-10 所示。整场脚本框架包括直播主题、开播时间、直播时长和直播目标，以及定好各个岗位的分工内容。结合直播"人、货、场"的内容，脚本中包括直播前、中、后主播应该做的事情及其目的，不同的直播阶段应该配什么样的福利，开场话术、产品讲解话术、互动话术、结束话术应该如何讲等。

直播脚本

直播主题	狂欢节多重惊喜，回馈优越老客户，感恩优越新客户									
主播	丽丽 、小琪			直播时间			2 小时 9:00~11:00			
直播目标	订单量80 增粉120			道具			计算机, 秒表			
产品	宠粉秒杀款: 湿巾 9.9元, 常规款: 水杯29.9元, 利润款: 无线耳机99元									

时间	内容	主播	助理 1	话术目标	中控	运营	商品卖点	活动	目标	道具
14:00~14:05	暖场预热	和粉丝打招呼 预热今日直播品类 预热今日直播活动	和粉丝打招呼 配合主播暖场气氛	引导关注指示牌	通知粉丝开播信息, 发布福袋	数据监控, 及时调整优化直播策略(包括产品、活动、直播时长、推广)		全店满299元减30元(优惠券100张) 粉丝开播福利-抽奖-xx奖品-xx份, 口号随机	涨粉 30	纸巾、水杯, 无线耳机, 关注指示牌 kt牌、1份抽奖规则KT板
14:05~14:15	开播抽奖品	奖品展示 规则口号	引导关注分享直播间	抽奖牌展示 抽奖引导话术 关注引导话术	设置抽奖 提醒抽奖	随时查看关注的数据		耳机 XX 份		
14:15~14:20	宠粉款	产品讲解节奏把控 内容传递 粉丝维护	尺码推荐 颜色展示 优惠券领取 购买路径演示	讲解商品, 销售产品	1.样品传递 颜色展示 2.活动提示牌 3.根据主播节奏及时上架对应的产品 维护公平	数据监控查看流量、转粉、产品、转化数据, 及时进行直播节奏的优化调整, 及时调整直播间的氛围、团队配合、付费推广	宠粉款: F: 柔软轻抚, 婴儿手口湿巾大包家庭装 A: 柔韧耐拉扯, 不易撕烂, 双重锁水更久 B: 贴近婴儿肌肤的弱酸性(清洁宝宝的同时, 不会	宠粉款: 拍一件 9.9元 拍两件 10.9元 常规款: 送赠品(杯刷托套) 利润款: 买两件减20元	销售额: 1800 涨粉: 20	书写了价格对比的纸张 水, 纸巾 水质检报告
14:20~14:25	常规款									
14:25~14:30	利润款									
14:30~14:35	宠粉款									
14:35~14:40	常规款									

图 9-10 直播脚本方案

图9-10可以看成是直播间的整个直播框架，将一场直播拆解成不同的部分，每一个环节占用多长时间都要做好规划，以免在直播过程中出现产品解说和产品上架时间错乱等情况。

课堂讨论

不同活动的直播脚本方案是否会有区别？

2. 单品脚本

单品脚本是主播讲解单个产品的脚本。作为新手主播，产品讲解的时间不超过 10 分钟，如果直播间只卖一种产品，则单品继续循环讲解。如果是秒杀产品，则讲解控制在 3～5 分钟，不同产品的讲解时间可以根据下文中的节奏进行调整。

1）挖掘痛点引出产品

挖掘用户痛点，引出产品卖点，通常是以互动的形式让用户参与进来。比如，介绍一款拥有去油功能的洗面奶，可以说"有没有脸总爱出油的宝宝？有的在评论区扣 1 告诉主播，看有多少宝宝跟主播以前一样，总受油皮影响"，这是提高互动率的一个小技巧。

2）产品讲解

产品讲解主要介绍产品卖点，可以参考产品的详情页，但是千万不要照搬照念，一定要加入自己的话术。比如，某主播在介绍口红的时候会说"像小精灵在你嘴巴上跳舞"。

3）资质证明

这一阶段主要是证明产品卖点的可信度。例如，用户评价、老客户口碑等。

4）促单销售

这一阶段的促单销售，主播可以直接说出秒杀价格是多少、前 3 个下单有什么优惠、加入粉丝团有什么优惠等，促进买家下单。

比如，5 分钟和 10 分钟两种单品脚本的讲解节奏如表 9-2 所示，主播可以根据产品选择不同的时间单品讲解节奏。

表9-2　出单讲解节奏

5 分钟单品节奏	10 分钟单品节奏	讲解节奏
0~1 分钟	0~2 分钟	挖掘痛点，引出产品
1~3 分钟	2~5 分钟	产品讲解
	5~8 分钟	资质证明
3~5 分钟	8~10 分钟	促单销售

9.2.5　直播封面图设计

直播封面就是直播间的门面，在一些流量渠道会直接影响用户是否进入直播间，不同平台直播封面图展示的流量渠道不同，如图 9-11 所示为淘宝平台的封面图。

1. 封面图的基本要求

直播封面图=文案+图片，图片是直播间的门户，是比标题更重要的一个因素。不同平台对封面图的要求略有差异，但是在高人气直播间，一幅能吸引人的封面，首先要满足以下基本要求。

1）干净与整洁

保持干净与整洁，让人看到的第一眼就感觉舒适。封面图不加标题和文字，不允许加水印，不允许用表情包、不允许放商家 LOGO（部分平台活动会要求用统一的 LOGO），不允许放二维码、电话号码等联系方式，不允许使用没有版权的明星肖像，图片不能涉黄，不能过分暴露，画面要完整，主题要突出，不能有细碎物体。

图 9-11 淘宝直播封面图展示

2）完整

使用一幅完整的图片，而不是拼图，因为封面图本身就不大，拼图会压缩清晰度。推荐尺寸是 540×960，这个尺寸是官方尺寸，上传也不会被压缩，清晰度和比例都会完美保留。

3）一致性

封面图尽量和直播商品或者主播形象一致，避免因不一致导致落差。最好就是直播间的截图，也可以用主播照片或者产品图设计一幅图片。

4）与封面标题呼应

封面图与封面标题是互补的，封面图在体现标题内容的同时，尽量要给粉丝更多的想象空间，让粉丝迫不及待地想要观看。

不同产品类目有不同玩法，比如平价女装一般卖的是款式，彩妆卖的是色号颜色，护肤品卖的是使用效果，生鲜、水果、农产品、土特产主要突出新鲜采摘，大部分强调产地直发、现摘现发，封面图没有统一标准，主要是能抓住目标用户的眼球。

2. 不同类目封面图的思路

一幅优秀的直播封面图，不但可以吸引意向用户点击，还能更好地筛选精准流量。如果封面是卖衣服，那么看到封面进来的用户都是对衣服感兴趣的。

1）彩妆直播间封面

彩妆需要的是视觉冲突，彩妆直播间封面一般有两种设计思路，分别是强调高级氛围感和强调产品款式多。

（1）强调高级时尚好看，可以直接特写产品，突出产品颜色或者突出产品的时尚精致感，吸引大部分女生，或者特写主播使用产品后的脸部，凸显主播的颜值及使用效果，如图9-12所示。

（2）强调产品款式多、客户选择多，封面图可以是主播+产品+货架背景方式，直接把化妆品成堆摆放在一起进行特写，也可以是主播+工厂大堆货的场景。

2）女装直播间封面

女装的封面图以突出产品款式为主，设计思路有以下4个：

（1）突出单款款式好看，时尚大方，带货主播以试穿直播间当季爆款为主。

（2）多款式，给客户的选择足够多，以展厅实景拍摄为主，可以展示店铺衣架的特写，主播+服装店铺衣服丰满陈列，多个主播+穿上多款产品进行展示。

（3）价格便宜，价格是王道，极致性价比，不买就是吃亏。封面图可以是主播+仓库内部场景+文案，或者仓库堆积成山（不要摆放得太精致）+文案。

（4）突出产品的品质可靠，品牌店播。封面图为主播+宽敞、明亮、高端、专业的店面内部背景+文案，让用户一看就觉得高大上，精致大气的服饰，贵气十足的背景，对于追求品质的女性来说，是一定要进来看看的，买不买无所谓，长长眼总是不吃亏的。

如图9-13所示为某淘宝直播间的封面图。

图9-12　彩妆直播封面图

图9-13　女装直播封面图

3）饰品直播间封面

设计思路有以下4种：

（1）着重展现饰品的时尚与美观，与彩妆的展示思路相契合。封面图设计将融合手部特写与产品细节，搭配吸引人的文案；主播在直播中则需要展示产品穿戴效果，并配以文案，全面展现饰品的精致细节与上手后的实际效果。在多数消费者眼中，是否购买饰品、外观是否吸引人以及品质如何，这些都是相对次要的考虑因素。

（2）强调产品品质的可靠性，因为除追求美观的消费者外，还有注重品质的顾客群体。封面图将展示纯店面场景，利用大景深镜头凸显商家的实力；主播在直播中则需要结合店面的真实销售场景，搭配文案进行展示。商家的实力是影响消费者信任度的关键因素，店面规模大、现货充足，无疑会增强消费者的信任感。

（3）主打款式独特、新颖，强调设计师款与个性魅力。封面图将直接展示足够独特且新颖的产品陈列图，并搭配吸引人的文案；强调设计师款与限量发售的特点，彰显款式个性，这样的产品不仅能以高价销售，还能赢得良好的口碑。

（4）以价格优势为卖点，任何品类都难以抗拒性价比高的诱惑。封面图将展示饰品成堆摆放的场景，搭配文案；同时，饰品货架丰满的陈列图也是封面图的一种选择，进一步强调产品的丰富性与高性价比。

4）箱包直播间封面

设计思路有以下 3 种：

（1）重点展现包包的独特风格，并强调其与不同穿搭的匹配度，展现其百搭且时尚的魅力。封面图设计方面，主播穿着不同风格的服装，搭配包包并配上相应的文案，分别展示淑女风、通勤风及学院风等多种搭配效果，使观众能够直观地感受到包包的多样性和搭配潜力。

（2）强调款式多样，选择丰富，直播间以款式多样为最大亮点。封面图展示包包在货架上的陈列效果，同时主播手持包包站在包架背景前，以及多个主播手持不同款式的包包，均配以文案，凸显款式多样性和选择的丰富性，让观众感受到直播间内的无尽惊喜。

（3）以价格优势为卖点，通过堆放包包或文案加持的方式，突出低价特点。封面图设计方面，将大量包包成堆摆放，并配以醒目的低价文案；同时主播在店面陈列背景下，展示包包并强调价格优势，让观众一眼就能感受到产品较高的性价比。

5）鞋子直播封面图

设计思路有以下 3 种：

（1）聚焦于款式的时尚与美观。在封面图中，主播试穿产品并展示特写镜头，搭配吸引人的文案，凸显产品的好看与精致。视觉效果是吸引观众进入直播间的首要因素，只有视觉效果出色，才能有效吸引观众的注意力。

（2）主打款式多样与选择丰富。封面图展示主播手持多款鞋子，同时呈现多款鞋子的陈列效果，并配以文案。精致且多样的爆款款式是吸引消费者的关键卖点。

（3）强调品质可靠，而品质的最好证明便是品牌。封面图以大牌实体店面为背景，结合品牌承诺和文案，向用户传递品牌的可靠性。在用户未拿到产品前，品牌的认可成为他们信任品质的唯一途径。

至于其他品类，其设计思路与鞋子、服装、首饰、彩妆大致相同，主要区别在于展示手法的运用。例如，3C 数码类产品可以重点突出品牌或功能性，而生鲜类产品则强调源产地和发货速度等要素。通过这些差异化的展示方式，能够更好地满足不同品类产品的推广需求。

9.2.6 直播标题撰写

不同的产品，不同的直播目标，标题也应该不同，但都有章可循。我们可以收集同行的直播标题进行总结，再进行撰写和优化。

1. 标题撰写的维度

不同的产品可以参考以下几个方面来撰写标题。

（1）品质：正品、定制、原装、大牌、国货、高端、专柜、特产、正宗、土货等。

（2）款式：爆款、新款、经典款、新品、明星同款等。

（3）价格：9.9 元包邮、平价、特价、低价、半价等。

（4）货源：一手货源、工厂直销、厂家清货、甩货、清仓等。

（5）促销：一手货源、工厂直销、直供、工厂源头、厂家清货、清仓、捡漏、撤柜等。

（6）应季：春季、夏季、冬季、换季、反季等。

（7）节点：父亲节、母亲节、情人节、七夕节、春节、开学季等。

（8）用户/客户群体：妈妈、爸爸、小仙女、淑女、气质女性等。

2. 标题撰写的结构

结合标题撰写的维度，进行不同的组合，就可以写出面对不同目标用户的标题。在组合标题时，主要点明该场直播最大的利益点，吸引精准用户点击进入直播间。

（1）节日+用户+产品。在大型促销活动中，用这类标题的是最多的，可以简单明了地提出这场直播的主题，方便目标人群对号入座，比如"三八女神美妆节""男人节潮男购机首选"等。

（2）产品+利益点。这是锁定目标人群的一种方法，直接把利益点摆在外面，就给了用户一个冲动消费的理由，用户可能冲着这个利益点进来，有个心理预设，比如"A 级猫山王 9.9 元秒杀"。

（3）节日+产品+促销。一般是当季热销产品的标题结构，这种标题写法目标明确，利益明确，比如"夏季连衣裙 19.9 元秒杀""冬季羽绒服 99 元清仓""第一波冬草莓 1 折抢"。

（4）客群+产品。把自己的客户群体直接写在标题上，比如"平民女孩的夏日穿搭"，就是直接点明了这些衣服很便宜，普通人也买得起。

（5）利益诱导式标题，比如"进入直播间免费领红包""关注红包抢不停"，就是直接用"红包/免费/免单"这种标题。

（6）纯标题党。用一个唬人的标题，刺激人们的好奇心，进而点击进入直播间，比如"没有洗脸，胆小勿入"。

（7）蹭热点。蹭热点是互联网永远好用的办法，因为热点自带流量，比如《三十而已》热播的时候，写标题"三十而已的上位秘诀"。

直播标题不是一成不变，要根据不同的直播目标、活动目标、时间节点更换，以达到更好的引流效果，但也要注意不能违反广告法，否则会导致审核通不过或者导致直播违规断播。

9.3　直播运营玩法

直播运营玩法多种多样，核心在于精准定位目标受众，打造独特的内容吸引观众，并通过互动、优惠等手段，提升观众的参与度和购买意愿。同时，利用数据分析优化运营策略，持续提高直播效果和转化率，从而实现品牌传播和销售增长的双重目标。

9.3.1　直播算法与成长阶段

直播运营是建立在平台底层算法的基础上的。以抖音平台为例，抖音本质是互联网产品，产品的背后是代码，代码的底层是算法。想要做好直播带货，就必须理解抖音底层的算法体系。

1. 指标

1）流量

级别	场观	在线峰值
E 级	300~500	1~30 人
D 级	1000~3000	30~80 人
C 级	8000~1.3 万	100~300 人
B 级	3~6 万	600~5 千人
A 级	10~30 万	3 千~5 万人
S 级	200 万以上	2~60 万人

图 9-14　抖音直播间流量池

流量作为底层算法最基础的要素，用于衡量直播间的观看规模。场观大小按流量可分成几个维度，大致如图 9-14 所示：E 级是百人场观，D 级是 5000 以下场观，C 级是万人场观，B 级是 5 万人场观，A 级是几十万人场观，S 级是百万人场观。

流量池的概念并不是官方说法，而且运营者根据数据规律总结出来的作为运营参考的。直播间的不同级别对应不同的场观，同时也可以理解为不同层级的直播间获得的平台直播推荐不同。

2）数据指标

流量盈利路径的数据指标作为衡量直播间质量的标准，并不是单一存在的，而是涉及 3 个层次：用户行为、商业价值和流量规模，对应的指标为互动指标、交易指标和流量指标，这 3 个指标分别对应的数据指标如图 9-15 所示。

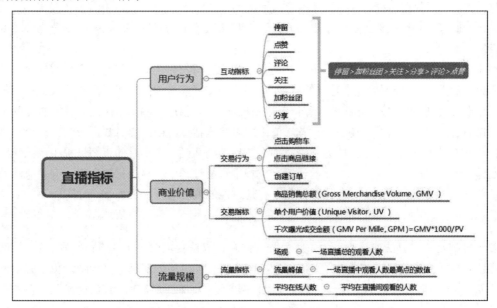

图 9-15　直播数据指标

互动指标包含直播间所有的用户行为，如停留、点赞、评论、关注、加粉丝团、分享等都属于互动指标。停留是所有互动指标中最基础的，也是最重要的指标。首先，所有数据的产生都必须以停留为前提。其次，评论大于点赞，但又弱于关注、加粉丝团、分享。互动指标大体上反映了一个直播间的人气状态。从算法的角度，互动指标是衡量直播间能否有效留住用户的重要维度之一。如果说一个直播间的互动指标做得好，数据回传到数据库，通过与竞争对手的互动指标对比，数据好于对方的情况下，账号就可以优先获得系统的推荐流量。

一个账号只靠互动指标并不能驱动电商精准流量。作为带货直播间，能够有效获得停留，只是证明了目标直播间的留人能力，其次还要考量留人之上的盈利能力。这时涉及的就是交易指标。一切跟交易行为相关的指标均为交易指标。

> **知识加油站**
>
> 交易指标有哪些？交易指标可以分为交易行为和交易数据。交易行为包含购物车点击、商品链接点击、订单创建等；交易数据包含 GMV、UV 价值、人均 GMV、GPM 等。遵循"最基础的指标最重要"的原则，在交易行为中，购物车点击是最核心的指标。没有购物车点击，所谓转化成单都是泡影。同样，在交易数据中，UV 价值作为最小的单元，地位首当其冲，UV 价值*场观得出 GMV，GMV/下单人数得出人均 GMV。

综上所述，对于指标的优先排序，有利于直播间的运营者在每个阶段制定相应的竞争策略。比如起号阶段对停留的追求；流量上升时，对于购物车点击率、UV 价值的要求。但是在实际的算法体系中，指标的优先排序并不是简单的线性排序，而是线性基础上的交叉排序。

直播间不会单纯因为某个指标的增长而迅速获得流量推荐，而是需要多个指标在优先排序的基础上交叉增长。互动指标、交易指标是直播间的数据体现，而数据体现对应的就是流量指标，

> **课堂讨论**
>
> 影响直播间推荐流量的指标还有哪些？

如场观、峰值等。场观大体上决定了直播间在过去几场直播中的流量高低，峰值则分为开场峰值与推荐峰值。

举个例子，一个账号只要开播，就会在直播广场中占有一席之地。但是这个位置能否靠前，得到更多的流量推荐，就需要看往期直播的质量。如果一个账号多次关闭直播时的在线人数在高位点，那么按照推荐机制，就会按上一次的推荐位置重新推送，让直播广场源源不断地为你的直播间上人，这就是我们经常说的卡直播广场。而推荐峰值则更多受直播过程中的实时数据影响。一个直播间开播，若开场前半小时的整体承接能力不错，那么在后续的两到三个小时的直播过程中，系统对于流量的推送会远高于同级别账号。算法的计算则依赖于直播过程中交易指标的表现。但是算法的衡量并非以半小时为周期，而是实时地计算，并带有延迟性的流量回传。

3）赛马机制

赛马机制是直播算法的核心，为了避免强弱同食，算法提取了三个要素：级别、类目和时段，并以此划分不同的竞争赛道。通过采取同级别、同类目、同时段的赛马，极大地避免了强者欺压弱者的情况，作为同时段开局的新账号，各自分配相同的筹码，谁排名靠前，谁就能拿到更多的奖励，获得更多的流量推荐。例如，如图 9-16 所示，一个新的女装商家处于 E 级，同时段有 95 个同级别的商家开播，同级别里面有 50 家在播女装，那么在同时间段，数据指标处于前 20%的账号就可以获得更大的流量推荐，从而进入下一流量层级，数据指标较弱的商家直播间曝光就会越来越少。

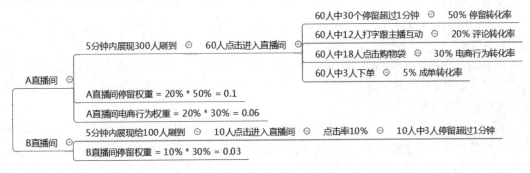

图 9-16　直播间等级

　　直播相对于传统电商来说，实时反馈的数据影响更大，曝光的奖励是分多个时间节点来进行的。以抖音平台为例，赛马的时间节点是，以每 5 分钟、开播前 30 分钟、每一自然小时也就是每 60 分钟的流量进行赛马的考核和流量的奖励。例如，A 和 B 都是新直播间，在同一时间段直播，假设两个直播间在 5 分钟的时间段都给了 300 的曝光，数据反馈如图 9-17 所示，从 A 和 B 两个直播间的数据来看，A 直播间的数据更好，那么下一波的曝光 A 直播间会获得更多奖励，A 和 B 两个直播间的目标用户也会优先刷到 A 直播间。当然，抖音考核的数据指标维度非常多，此例仅是列举其中的重点数据进行对比以方便读者理解，并非平台真实的计算维度。

图 9-17　赛马数据指标计算

　　赛马机制的成绩并不是实行积分累计制，而是每一场直播都相当于是一次新的比赛，逆水行舟，不进则退。如果第一场直播层级到达了 D 级，第二场的基础流量就会根据 D 级的流量进行曝光展现，如果第二场赛马的数据很差，第三场的基础曝光可能不会从 D 级开始，会以比 D 级更低的层级进行曝光，层级越低，

课堂讨论

　　平台的流量分配是完全按照赛马机制进行分配的吗？

获得的开播基础曝光就越少。直播间时刻在产生用户行为，系统对于数据指标的计算同样是秒级的，在直播过程中，5 分钟的数据赛马，对于综合维度的指标拉升难度很大，退而求其次，把时间维度拉升到 10 分钟，难度就会小很多，再往后，同样可以拉升到 30 分钟。

2. 标签

直播间的数据指标越高，获得的流量推荐就越多，但推荐流量的精准度还受标签指标的影响。标签即直播间的身份。身份越明确，算法越能知道直播间需要什么类型的用户，进而推送该类型的用户。如图 9-18 所示，标签一般有基础标签、偏好标签、交易标签，这些标签共同影响着直播间的标签指标。

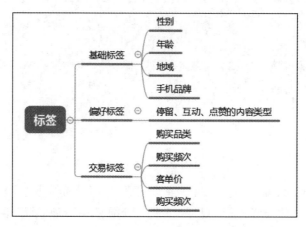

图 9-18 直播标签

基础标签包含用户的性别、年龄、地域等基础信息。具备基础标签的直播间，算法会提供满足基础标签的用户流量。大多数直播间，只要开播超过一周，算法会通过学习摸索到开播直播间的基础标签，这时会发现，原本男女、年龄混杂的用户群，开始变得精准化。

偏好标签包含用户的观看倾向，即喜欢在什么类型的直播间互动。具备偏好标签的直播间，算法推送进来的用户，开始喜欢停留、点赞，但未必热衷购物。因为这个类型只是偏好，并非交易决策的目标人群。

交易标签包含用户下单品类、购买频次、客单价等属性。一个直播间有交易行为的用户越多，那么其交易指标的完成度就越高。然而，如果直播间中低客单价的交易频繁发生，这可能表明直播间难以吸引或维持高客单价产品的交易。

总而言之，一个具备良好交易标签的直播间，往往就是标签精准的直播间，转化率远远高于新号水平。如图 9-19 所示是抖音平台的八大人群及其说明，随着直播间标签的不断深入，系统就会将某一两类人群定位为直播间的主要人群，从而将直播间推送给目标人群。如何让直播间的标签精准化是运营过程中需要重点关心的指标。

人群	计算逻辑
Genz	年龄在24岁以下，城市等级在一、二、三线城市
精致妈妈	已婚有孩，消费水平在中、高以上，年龄在25~35岁的一、二、三线城市女性
新锐白领	消费水平在中、高水平，年龄在25~35岁的一、二、三线城市女性(和精致妈妈互斥)
都市蓝领	年龄在25~35岁，消费水平属于中、低或者消费水平未覆盖的人群
小镇青年	年龄在18~35岁(含18岁以下)，城市等级在四线及以下
资深中产	消费水平在中、高水平，年龄在36~50岁的一、二、三线城市人群
都市银发	年龄在50岁以上的一、二、三线城市人群
小镇中老年	年龄在35岁以上，城市等级在四线及以下

图 9-19　抖音八大人群

如何查看账号的标签是否精准，是否符合产品的目标用户人群？如图 9-20 所示，以抖音平台为例，可以通过"巨量百应"→"数据参谋"→"人群分析"进行查看，也可以通过"巨量百应"→"达人主页设置"→"个人主页"→"直播详情"进行查看。

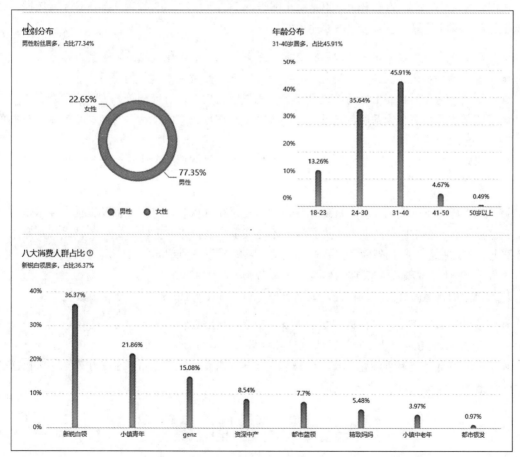

图 9-20　抖音账号人群画像

3. 成长阶段

所有直播间的成长都是从零基础开始的，它们各自遵循着不同的成长轨迹。不同阶段的直播间的流量规模和标签不同。直播间的成长阶段并非平台给出的明确定义，而是运营者根据直播间数据及流量的变化总结、归纳出来的成长流程。运营者了解直播间不同阶段的特征及对应的数据指标，可以有针对性地进行直播策划。如图9-21所示，一般来说，抖音直播分为5个阶段，风控期、冷启动期、成长期、成熟期和矩阵布局期，但不是每个商家都会遇到所有的阶段。

图 9-21　直播成长阶段

1）风控期

风控是指新号在直播间前几场，系统通过多维度判定账号可能存在一定的风险，从而限制直播间的直播推荐曝光。由于各类商家鱼龙混杂，平台需要在账号初期就去掉有风险的账号，避免过多的用户接触到可能有风险的直播间。不是每个账号都会遇到风控，也不是只有新号才有风控，如何避免账号遇到风控是每一个商家都需要注意的事情。

- 不要多个直播账号用一个Wi-Fi直播，避免其中一个账号违规而影响其他账号。
- 直播的手机之前因为严重违规导致封号，新账号登录在封过号的手机上。
- 直播中有做假数据的行为，例如刷粉、刷流量、刷单、引流到第三方平台等操作。
- 直播中售卖高仿大品牌的产品，售卖未经平台许可销售的产品，例如象牙制品、犀牛角等平台禁止出售的产品。
- 保持一部手机一张手机卡一个账号，尽量避免一部手机上登录多个账号并进行频繁的切换登录。

避免以上行为可以很大程度上规避风控，同时建议在直播前7~10天以及直播中经常带着直播手机到直播地点5公里以外的地方"旅游"，不能让手机只待在一个地方。避免被系统判定账号为机器账号。除这些基本行为外，还需要在开播前"养账号"。所谓养账号，就是模拟真实用户的行为对账号进行操作。养账号的具体操作可参考本书5.3节的内容。

出现风控的直播间会有一些特征，大概表现在以下3个方面：

- 直播间推流很少，某段时间自然流量可能没有或非常少。
- 直播在线20人以上，但是没人互动（主播有互动能力）。
- 管理员账号查看直播在线观众的资料，大部分观众的账号是0关注、0作品，可以通过如图9-22所示的路径进行查看。

图 9-22　管理员查看直播间观众的账号

经过检测，直播间确实遇到风控，可以通过以下措施化解风控：

- 检查出现风控的可能原因，根据原因进行调整。
- 多用福利品、活动来引导少部分真实用户进行互动、成交等。
- 利用付费推广，例如随心推，引入部分真实流量，让直播间活跃起来。

2）冷启动期

冷启动是指新账号没有任何推广，也没有大量粉丝，完全依靠平台免费的流量来进行账号初期的数据和标签的积累。冷启动期平台并不能确定直播间售卖的产品类型，也不能确定需要的人群类型，所以这个时期人群标签不精准，不同性别、各个年龄层的人群都有，系统会在这个阶段通过初期的数据反馈测试直播间的标签。在这个阶段，系统主要做的事情如下：

- 建立人群模型：系统将为账号创建标签，构建基于性别、年龄和喜好的人群模型标签。
- 留人与转化能力评估：系统将评估直播间的观众留存和转化能力，以决定是否增加流量推送。
- 生成标签的机器学习原理：算法会根据直播间小黄车挂接的大部分产品所属的类目进行大类划分。系统将流量分配给不同的人群包，用于测试不同标签用户在直播间的行为数据。那些具有较高点击率和转化率的共有特征人群是直播间希望吸引的目标流量。系统将逐步减少对无点击、无转化人群的曝光，专注于推送那些点击率高、转化率高的目标人群标签。

破冷启动主要是针对以直播推荐自然流量为主的直播间，一般在3~5场破冷启动。判断破冷启动并没有绝对的数据指标，大概可以通过以下维度进行简单的判断：

- 直播流速比较稳定，每场刚开播有一波较高的急速流，如图9-23所示。

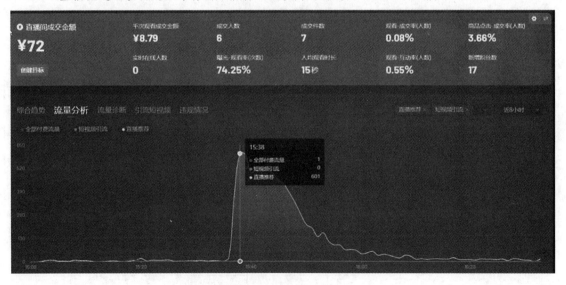

图9-23 直播急速流

- 直播间曝光相对稳定，在线人数稳定在30人以上。
- 直播等级达到L3级，查看账号等级的方式为"巨量百应"→"成长中心"→"达人等级"，如图9-24所示。达人等级是根据自然月的销售金额进行计算的。

图 9-24 达人等级

这个阶段直播间主要以留人和成交为主，让平台从数据反馈中了解账号是认真做直播的，同时，直播间的成交记录将作为平台为直播间打上基础标签的依据，帮助平台更准确地定位直播间的目标受众。

3）成长期

当账号进入成长期，也就代表直播进入了中期，这时直播间的各项数据相对比较稳定。此阶段的商家开始不断尝试创作短视频和直播场景，通过大量的测试来找到用户感兴趣的产品，并增加新产品的方向。

建议此阶段的账号每天至少发布两条视频，单场直播建议在 4~6 小时；重点关注的数据为千次观看成交金额 GPM、销售总额 GMV 和 UV 价值，可以根据直播间的能力放大付费推广的投入。账号的成长路径和重点数据指标参考表 9-3 所示的内容。

表9-3 直播账号成长的周期汇总

周期	阶段	场次	重点指标
冷启动期	第一阶段：标签阶段	1~3 场内	人群指标（性别、年龄、喜好） 转粉率，加粉人群画像 互动率，互动人群画像
	第二阶段：破流阶段	3~7 场内	曝光量、观看量、流速 流量来源渠道占比 成交单量、成交密度
	第三阶段：建模雏形阶段	7~20 场内	转化漏斗、曝光成交转化率 千次观看成交金额 GPM、GMV 及增长
成长期	第四阶段：稳定产值阶段	15~40 场内	客单价稳定 转化率稳定、场观稳定 成单量稳定、利润稳定
	第五阶段：建立付费阶段	20~40 场内	测试付费模型 测试付费人群 建立付费财务预算
	第六阶段：盈利扩张阶段	30~40 场内	加大付费预算 探索 UV、GMV 突破

（续表）

周　　期	阶　　段	场　　次	重点指标
成熟期	第七阶段：数据维稳阶段	40~60 场内	GMV 区间波动稳定 数据指标区间稳定 退货退款率、利润率稳定
	第八阶段：付费稳产阶段	40 场至长期	付费预算稳定 ROI 稳定
	第九阶段：长效经营阶段	长效经营	综合盈利稳定 方法可总结，模式可复制

4）成熟期

当账号进入成长期，直播间销售额数据相对稳定在 20 场左右，重点关注付费推广渠道的投入产出是否稳定，如果直播间整体销售额和付费推广投产都相对稳定，那么直播间就进入成熟期。

当直播间进入成熟期后，就可以根据自身供应链货品和人员情况布局直播间矩阵，把成熟的直播玩法复制到同品类的不同直播间或者不同品类的直播间。

9.3.2　直播营销活动

直播的玩法都是建立在营销活动的基础上的，带货直播间的活动既有传统电商的基本营销活动，也有基于带货直播特点的活动。直播间的活动主要以提升直播间互动、人气、转化为主，常见的有以下几种。

1. 直播抽奖

如果直播间没有评论、互动，就可以拿出福利品进行一波抽奖。抽奖互动对于直播间的用户来说，一方面是想购买到更实惠的商品，另一方面是想体验直播的乐趣。玩抽奖是抓住用户好奇、好玩、刺激的心理来调动用户的积极性。

在抽奖活动中，截屏抽奖更能提升直播间的氛围。截屏抽奖是指在直播中，主播通过话术反复强调，告诉用户有这个环节，并说明抽奖的规则。例如，让用户回复"新品折扣"，在指定时间点进行截屏，截屏回复中的第一个粉丝用户为中奖用户，可以获得高价值的奖品，让用户在直播间驻留更久。正式抽奖时，通

课堂讨论

除截屏抽奖外，你平时还见过哪些抽奖方式？

过关注+回复相应关键词的方式来操作，这样一是可以提高直播间的粉丝数，二是让用户把弹幕刷起来，营造积极的直播间氛围。

值得注意的是，主播在进行手机截屏抽奖时，要让手机对着直播镜头，保持公正性，抽完一个奖品不要忙着结束，而是告诉用户下一个抽奖节点。

2. 点赞活动

直播间的点赞代表着主播的人气，体现了直播间的活跃人数，点赞越多，直播间的人气越高，也越能吸引用户来观看。

规则是点赞数达到一定量就给粉丝发福利、发红包、上秒杀品等。点赞数对于用户来说比较容易达到。例如，直播间当前的点赞数是 5000，直播间同时在线有 200 人，那么主播可以通过话术引

导点赞到 10000，每人点赞 25 下即可领取福利。如果主播说点赞到 50000，每个人需要点赞 225，对于用户来说行动成本太高，就有很多用户不愿意去做这个动作。

3. 秒杀活动

秒杀是通过发布一些超低价格的商品来吸引人气，往往秒杀产品一上架就会被一抢而空。秒杀产品不是随意定的，一般选择比较热门、受欢迎的产品，时间上也要分段规划，例如刚开播福利品秒杀、半点秒杀、整点秒杀等，隔一段时间秒杀一次，引导用户关注、分享直播间。

4. 吸睛道具

首先，道具必须好玩，能吸引人眼球。比如，主播拿出一个巨型骰子玩互动游戏，互动率很高，给截屏截到的用户送礼物，用掷骰子掷到的数字决定送什么东西，别样的小游戏会让直播间的人气瞬间快速增长。

5. 电商类促销活动

电商类促销活动在传统电商平台、内容电商平台都很常见。促销活动类型总结归纳为两种：第一种是单品促销，包括买赠、限时购、特价、预售、加价购；第 2 种是多品促销，包括满减、满赠、满件折、套装。

1）单品促销

（1）买赠：包括向消费者赠送新品、小包装及金额较低的小件商品，买 X 件送 X 件等形式，目的是提高新品认知率，提升支付转化率。

（2）限时购：限制在某个时间段内进行购买，目的是提高限时商品的下单率。

（3）特价：同一个商品比同款的市场价格低，目的是减少库存量。

（4）预售：产品未正式进入市场或者销量大于生产能力时的销售行为，目的是连带销售，提升带货率。

（5）加价购：在原来购买的基础上，只要再少量增加一部分费用就可以购得原价比较高的商品，目的是提高用户黏性，提升客单价。

2）多品促销

（1）满减：买家所购买的商品满足多少金额、数量后立刻减价多少元。如图 9-25 所示为不同的满减方式，这种促销方式的主要目的是提升客单价。

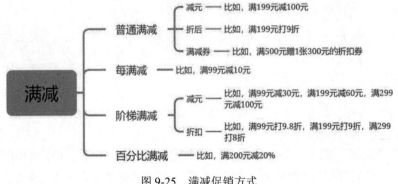

图 9-25 满减促销方式

（2）满赠：消费者购买商品满 X 元时，可获得商家赠送的另一种物品。满赠的主要目的是促进用户从不买到买，提升客单数。满赠促销方式如图 9-26 所示。

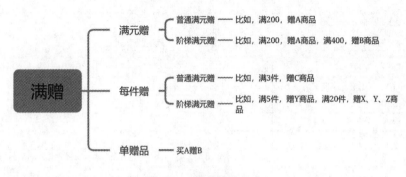

图 9-26　满赠促销方式

（3）满件折：满多少金额可以打多少折叫作满件折。普通满件折的表现形式：买 1 件是原价，买 2 件打 8 折；阶梯满件折的表现形式：买 2 件打 8 折，买 3 件打 7 折。满件折的主要目的是清库存，提升客单数。

（4）套装：同一用途的多个商品组合在一起。例如，买单个剃须刀是 200 元，买单个牙刷是 80 元，如果分开买，总共要 280 元，但是买剃须刀和牙刷的套装就是 240 元。套装组合销售的目的是进行连带销售，提升客单价。

总之，直播运营离不开营销活动的使用，一场直播可能有多个活动叠加使用。活动组合使用要符合系统推流的逻辑。好的活动策划可以让直播间人气或转化数据都得到提升。

9.3.3　递进式直播策略

对于目前主流的直播平台，直播策略可以归为三大类，即依靠视频端的短视频测款玩法、付费推广的单品直播间玩法以及直播推荐的免费流量活动玩法。递进式直播策略也称为低转高活动起号策略，属于免费流量直播策略的一种，即通过在新号期及权重比较低的时间段利用行业低价爆款起号，快速拉升直播间的人气和成交量，获取数据指标拉升及平台直播推荐，再利用承接款过渡到利润款做爆品直播间。直播产品的价格随着直播间人气的拉动逐渐变高，直到直播间主推的产品为利润品。这种直播方式适合客单价中低的产品。

1. 递进式直播排品

在冷启动期，引流款要做到极致性价比，价格可以是利润款的 1/3~1/4。例如，利润款卖 100 元，可以去找引流款为 30 元左右的产品，且购买引流款的用户同时也有需求购买利润款。引流款不一定是自己的产品，需要特别注意选择行业爆品，且购买人跟利润款的用户目标一致，更有利于利润款的承接。

如表 9-4 所示为递进式低价转高价的产品排列的一个范例，第一场用 19.9 元的引流款 A1 直播做基础的成交数据，第二场开始接入 59 元的承接款 B，承接款 B 的销量并不要求很高，但可以有效提升直播间的客单价，到第五场开始削弱引流款 A1 的讲解时长及销量，同时开始介入引流款 A2 和利润款 C，目的是慢慢减少低客单价的成交，提升店铺的客单价。

表9-4　递进式直播冷启动排品策略

直播天数		第1天	第2天	第3天	第4天	第5天	第6天	第7天	第8天	第9天	第10天	第11天
开播场次		第1场	第2场	第3场	第4场	第5场	第6场	第7场	第8场	第9场	第10场	第11场
场次阶段		起号-冷启动				筛人		打标		起量		
开播时长		120	120	180	180	180	180	180	180	180	180	240
A1款	讲解次数	6	8	8	8	8	6	6				
	单场销量	50	100	200	300	200	100	50				
	客单价	¥19.9	¥19.9	¥19.9	¥19.9	¥19.9	¥19.9	¥19.9				
A2款	讲解次数					8	12	12	36	36	36	48
	单场销量					100	150	150	300	300	300	400
	客单价					¥39.9	¥39.9	¥39.9	¥39.9	¥39.9	¥39.9	¥39.9
B款	讲解次数		4	4	4	8	6	6	8	8	6	12
	单场销量		20	30	40	120	120	120	120	60	60	80
	客单价		¥59.0	¥59.0	¥59.0	¥59.0	¥59.0	¥59.0	¥59.0	¥59.0	¥59.0	¥59.0
C款	讲解次数					8	12	12	28	28	30	36
	单场销量					40	60	80	200	280	300	500
	客单价					¥89.0	¥89.0	¥89.0	¥89.0	¥89.0	¥89.0	¥89.0

一般来说，第1~3场货品以行业爆款为主，第4~6场货品50%行业爆款+50%自有货盘，第7~15场货品20%行业爆款+80%自有货盘。在这个过程中，A1、A2、B、C款可能需要多款产品才能完成数据目标，特别是C款需要不断地测款，才能选取一个合格的直播间爆品，承接住低价引来的流量进行转化。

值得注意的是，从开播第1场，就是通过活动的塑造让用户感受到引流款A1、A2的价值，不是单纯的便宜，而是因为新账号有活动才有的福利，并通过分析数据成交转化漏斗和数据复盘，不断进行场景的优化调整。

2. 策略节奏

低转高直播策略主要通过极致性价比的福利品来触发拉停留、互动、成交的数据。话术结构以低客单价的产品+高价值的话术塑造来引导用户完成需要的数据指标，刺激冲动消费。主播的话术以憋单、微憋单为主，对主播的话术要求、临场反应、流量感知和节奏把控要求很高。这种直播方式前期用成熟主播起号，稳定转到正价产品后可以慢慢带新主播。

总的来说，递进式低价转高价策略的特点是：第一，讲究流量的分层管理，冷启动撕开直播推荐，承接期完成成交密度，爆品期专注测爆品；第二，讲究排品的渐进渗透，冷启动专注引流款，承接期专注福利款，爆品期看重爆品期的测品效果；第三，讲究场景的氛围营造，在转正价的影响因子上，把场景塑造放在最优先的级别。

3. 低价转高价节奏

任何一场转品，产品在没报价格上架前，所有的动作都叫铺垫，开价后只需要促单，大部分优秀的直播间转品，基本80%的时间都花费在铺垫上。转款首先要给出一个强势的理由，让用户对后续的货品产生期待，保证用户留下来。第一：引流款

课堂讨论

递进式直播策略在直播过程中还可能遇到哪些问题？

进行少量放单，只满足部分用户的成交，证明主播活动真实有效，做好把控。如果人数较少，放单量可以根据评论比例来定，比如 20% 放单比例；如果在线人数多，有 500 人甚至更多，就直接固定按照 30 单、50 单的比例进行放单。第二：在话术上，做转款上的话术前置。例如，这个是不及格的话术："宝宝们，福利马上上车，手速要快，来倒计时"；转品前置及格的话术："想要的宝宝们很多，但主播这个货品实在单量有限，等下如果很多人没抢到，我再给大家放一波更大的福利"。

9.3.4　直播平播策略

平播是指主播按照常规顺序介绍产品，主要精力集中在产品讲解上，并不追求复杂的直播节奏。在这种直播模式下，直播间不依赖花哨的宣传手段，也不直接向用户推销产品。许多知名主播，如罗永浩，就采用了这种直播风格。这种方式不要求主播在节奏上做太多变化，而是侧重于清晰展示产品的卖点。主播的销售能力主要取决于以下几个策略。

1. 排品策略

平播的直播策略相对于低转高式直播策略来说，直播间氛围较差，没有所谓的福利抢购，在产品上没有引流款、福利款、利润款之分，几乎所有的产品都是正常售卖，但为了提升直播的转化，排品更多是以买赠的方式吸引单品的转化。如图 9-27 所示，店铺主卖运动鞋，主播在直播过程中以买鞋送运动系列的其他产品来提升直播间的停留和转化。排品方式为 1 号链接放价值 59.9 元的运动耳机，2 号链接放价值 39.9 元的毛巾，3 号链接放 299 元的运动鞋，1 号和 2 号链接都写上只送不卖，主播话术以塑造 299 元鞋子和 1、2 号链接的价值为主，拉用户停留。

商品用途	商品别称	小窗车序号	代码	电商价
赠品款	运动手包	1	A1-1	￥39.00
	运动水杯	1	A1-2	￥49.00
	运动耳机	1	A1-3	￥59.90
	运动袜子	2	A2-1	￥29.90
	运动毛巾	2	A2-2	￥39.90
利润款	运动鞋	5	C1	￥299.00
	运动鞋	6	C2	￥359.00
	运动鞋	7	C3	￥399.00

图 9-27　平播排品策略

2. 直播策略

初期平播的目标是稳定在 20~30 个人在线，产品直接设置好开款价格，直播话术以产品价值塑造为主。开播避开同行大主播的直播时间，可以选在晚上 11 点到凌晨 2 点或者凌晨 4~7 点的时间。

1) 产品节奏

产品数量比较多的直播间过款节奏可以按照 2~3 分钟讲解一款，80% 的时间用于产品价值塑造，20% 的时间用于开价催单。具体讲解话术参考 8.2 节。

2) 短视频

以内容平台著称的电商直播，短视频渠道是平播直播持续稳定的引流入口。作为平播类型的直播间，短视频的拍摄和发布都需要一定的技巧。如表 9-5 所示，短视频的内容以产品展示为主，至少开播前 7 天开始发视频，每天发布 3~6 条，短视频采取 3 种不同的拍摄模板，发布之后进行数据分析，按照数据好的内容模板多拍视频。

表9-5 平播短视频发布排布

时 间	人出镜口播+产品展示	纯产品展示	手播+产品展示	
第1天	2条	2条	2条	
第2天	2条	2条	2条	
第3天	2条	2条	2条	
*结合数据看，手播+产品展示的完播、点赞率更高				
时间	出镜口播+ 产品展示	纯产品展示	手播+产品展示 文案类型1	手播+产品展示 文案类型2
第4天	1条	1条	2条	2条
第5天	1条	1条	2条	2条
第6天	1条	1条	2条	2条
*结合数据看， 手播+产品展示文案类型1的完播、点赞率更高				

以此类推，测试出数据比较好的内容展示模板。短视频前期以展示产品、吸引目标人群为主，标品视频时长在8~15秒，非标品视频在15~30秒。直播期间的短视频脚本的结构：开头3秒吸引人+中间3~15秒展示产品+结尾引导进入直播间，向直播间导流。

通过不断地优化短视频内容，等到短视频有小爆量的时候，就可以开始进入直播。一般来说，达到1万+播放量时，就可以快速地接入直播了。

3）少量付费加持

想要加快内容的数据反馈，可以介入少量的付费加速内容的测试。以抖音平台为例，为提升内容模板的数据反馈，可以在测试模板期间用DOU+进行批量投放。例如，第1~3天每一天都用100元批量投放3个视频，加速视频的数据反馈，DOU+的具体投放可以参考5.4节。

由于平播直播间相对缺乏性价比高的福利品，也没有噱头，所以整体的氛围较弱，因此，在账号冷启动期可能需要根据直播的情况介入一定的付费推广。平播直播间的流量贵在精而不在多，通过付费推广让精准流量进入直播间，从而产生更多的成交。平播只是一种方法，以性价比、货品量取胜过款类的直播间，短视频和付费流量为主的直播间，都可能会采取这种直播方式。

9.3.5 短视频直播玩法策略

短视频直播策略是让用户通过视频内容种草，让用户对产品感兴趣，再进入直播间，通过主播的讲解进行转化。由于这种策略对于短视频的内容和数量都有一定要求，因此主要是以付费投流视频的方式测试短视频内容和模板，通过短视频导流进直播间，配合直播间的付费精准流量，为直播间导入更多意向用户，进而快速完成销售数据，给直播间打上精准标签。短视频流量为主的直播间数据如图9-28所示。

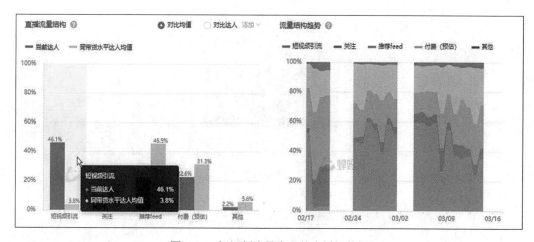

图 9-28　短视频流量为主的直播间数据

1. 测试优质短视频

视频内容以直接展示产品的垂直短视频为主。前期以测试短视频内容类型为主，每天发布 3 条不同内容和展示形式的短视频，再用付费投放进行测试。

1）批量投放测试

如表 9-6 所示，用少量的预算进行批量投放的方式测试视频的内容，适用于预算较少的商家。

表9-6　DOU+批量短视频投放策略

视频类型	投放金额	投放方式	投放策略	投放目标	推广设置 自定义定向
室外+模特展示	100 元	批量投放	账号经营	账号粉丝数＜1000，投粉丝量。 账号粉丝数＞1000，投点赞评论	卡性别，地域不限。 选择 2~3 个年龄层。 投放时间为 12~24 个小时。 兴趣标签选择 3~5 个
室内+模特展示					
纯产品展示					

一般来说，用 100 元投放 3 条视频，设置 12 小时的投放时间，投放结束之后统计投放视频数据，从整体完播率、5 秒完播率、点击率、评论率 4 个维度进行分析。如果投放出来的数据是室外+模特展示的视频较好，就可以多发布室外+模特展示的视频内容。紧接着可以细化视频+模特展示拍摄的场景，例如背景为现代化建筑+模特展示、人行道+模特展示、公园+模特展示，再用表 9-6 的投放方式进行测试。批量投放设置如图 9-29 所示。同时，应选择数据表现良好的视频进行针对性投放，并扩大其推广范围，以观察这些视频是否具备成为爆款的潜力。

图 9-29　DOU+批量投放设置

2）单独投放测试

如表 9-7 所示，单独投放测试是指每一条视频投放的金额差不多。其他设置参考批量投放。单独投放可以避免由于视频数据量较小，从而影响数据分析结果的准确性。

表9-7　单独投放视频

视频类型	投放金额	投放方式	投放策略	投放目标	推广设置
室外+模特展示	100 元	单独投放	账号经营	账号粉丝数＜1000，投粉丝量。账号粉丝数＞1000，投点赞评论	卡性别，地域不限。选择 2~3 个年龄层。投放时间为 12~24 个小时。兴趣标签选择 3~5 个
室内+模特展示	100 元	单独投放			
纯产品展示	100 元	单独投放			

值得注意的是，视频投放的设置和时间保持一致，最终根据整体完播率、5 秒完播率、点击率、评论率 4 个维度进行分析，好的内容则继续保持单独投放，从而挖掘潜在爆款视频。

2. 开播前 DOU+加热

经过前面的视频内容测试，账号中有小爆的短视频时开始直播，直播前再次用 DOU+进行短视频投放加热，目的是使直播时有更多的精准流量进入直播间，具体的投放设置如表 9-8 所示。

表9-8　开播前DOU+投放

组　　别	投放金额	投放策略	投放目标	推广设置
第 1 组	100 元	账号经营	点赞评论	卡性别，地域不限。选择 2~3 个年龄层。投放时间为 2 个小时。兴趣标签选择 3~5 个
	100 元		主页浏览	
	100 元		粉丝提升	

（续表）

组 别	投放金额	投放策略	投放目标	推广设置
第 2 组	100 元	账号经营	点赞评论	达人定向（每个计划选取 20 个以上对标账号）。
	100 元		主页浏览	
	100 元		粉丝提升	投放时长为 2 个小时

第一组和第二组视频可以是一样的，也可以是不同的爆款视频。从表 9-8 可以看出，第一组以基础定位进行投放，第二组是投放达人定向。通过表 9-8 的组合，可以让视频放量的同时又有更多精准用户。通过第一轮投放进行短视频和直播的数据分析，后续投放直播入口点击率高的视频，如图 9-30 所示。

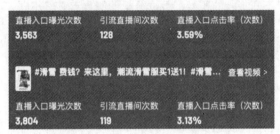

图 9-30 短视频直播入口点击率

3. 直播策略

短视频排品比较单一，就是不断重复、循环讲解爆款短视频对应的产品，讲解一轮产品的时间在 3～5 分钟，直播话术以塑造产品价值+逼单话术为主。

课堂讨论

短视频直播策略有哪些优缺点？

9.4 直播复盘与优化

9.4.1 直播复盘的基本思路

一个能够形成闭环的复盘分析流程应该包含数据、问题、方案、优化 4 个要素。例如，商品点击率差是数据，数据背后对应的原因可能是商品诱惑力，或者主播讲款话术，问题对应的是解决方案，比如调整直播间选品、强化主播讲款话术。收集数据、分析问题、提出解决方法、执行优化的方案是复盘的基本思路。通过调整直播数据获得效果，才算复盘的闭环，即数据反映问题，问题推导方案，方案实现优化，如图 9-31 所示。

图 9-31 直播复盘分析思路

1. 理解数据的 3 个层次

真正具备数据分析的团队，要理解数据的 3 个层次。

第一，概括性复盘，只能解决结果呈现，但却无法直达问题的本质。直播数据包含流量、用户、商品、内容、投放、数据漏斗、主播等 10 个模块，一场好的数据分析，不只是汇总式展现。

第二，缺乏时间线，以及交叉型的数据分析，无法逼近答案的最优解。直播数据的任何一个要素，单向时间去看没有任何意义，需要引入周期性的同比、环比，才能发现规律。同样，仅从单一维度来审视直播数据也无益于问题的解决，例如，如果不结合流量变化趋势单独考虑在线观众数，我们无法准确识别问题所在。

第三，不同模式、不同阶段的账号，数据分析的侧重点必然不同。不同的直播玩法，侧重关注的数据不一样；账号位于不同阶段，侧重关注的数据也不一样。数据分析不求大，只求精。

2. 直播复盘有一定的思路

在进行数据拆解的过程中，从数据模块的角度，工业化拆解数据模型，直播复盘按照一定的思路可以更高效。

第一步，记录直播数据。直播结束后，运营人员应该记录好直播中重要的数据。任何一场直播的直观分析都需要一张数据总表，可以参考图 9-32 的模板进行数据填写。

									人气指标										数据漏斗								数据大屏			
日期	时间	时长	直播间浏览量		人均观看时长	最高在线人数	平均在线人数	新增粉丝	转粉率>2.5%	点赞次数	评论次数	互动率	加团人数	加团率	付费人数	商品曝光人数	商品点击人数	商品点击率	创建订单人数	订单创建率	成交人数	订单支付率	曝光成交转化	销售总额	成交件数	成交人数	客单价	UV价值	成交粉丝占	看播粉丝占比
7.12	21:00 -	1.28	9483	1.13	47秒	228	86	435	5.21%	2929	1042	12%	12	0.14%	42	6925	2086	30.10%	289	13.90%	254	87.90%	3.70%	3124	274	354	12.3	0.37	4.33%	3.85%
7.13	21:00 -	1.50	23600	1.12	43秒	1177	231	968	4.62%	7223	2018	10%	19	0.14%	70	15400	3642	23.70%	498	13.70%	448	90%	2.90%	5424	492	448	12.11	0.26	4.24	2.10%
7.14	21:00 -	1.44	18900	1.15	46秒	525	137	749	4.53%	8077	2027	12%	28	0.17%	68	12600	2853	22.70%	454	15.90%	423	93.20%	3.40%	5073	472	423	11.99	0.31	8.04%	3.47%
7.15	21:03-	1.37	15500	1.14	48秒	767	140	694	5.09%	11200	1978	15%	82	0.60%	111	10500	2635	25.20%	522	19.80%	478	91.60%	4.60%	5223	512	478	10.93	0.38	5.44%	4.20%
7.17	21:00 -	2.01	10800	1.14	1分47秒	615	163	397	4.18%	64700	1061	11%	144	1.52%	165	7375	1520	20.60%	191	12.60%	158	82.70%	2.10%	3485	188	158	22.06	0.37	22.78%	6.62%
7.18	21:00 -	2.19	21500	1.16	46秒	609	124	711	3.83%	1.43w	1857	10%	62	0.33%	111	15000	3835	25.50%	475	12.40%	411	86.50%	2.70%	6034	470	410	14.72	0.32	6.83%	4.09%
7.19	21:00 -	1.50	26900	1.15	46秒	1047	262	806	3.45%	1.24w	2191	9%	86	0.37%	124	18900	4495	23.80%	550	12.20%	488	88.70%	2.60%	7398	562	487	15.19	0.32	8.62%	3.63%
7.20	21:00 -	0.43	583	1.26	2分14秒	55	35	1	0.22%	5899	249	54%	1	0.22%	8	395	182	46.10%	30	16.50%	24	80%	6.10%	267	27	24	11.14	0.38	100%	88.25%
7.21	21:00 -	1.29	1515	1.25	0	247	149	11	0.91%	2.22w	332	27%	5	0.41%	16	664	224	33.70%	38	17.00%	35	92.10%	5.30%	1404	42	35	40.12	1.16	80%	61.50%
7.22	21:00 -	1.57	24400	1.13	47秒	1674	257	965	4.50%	2.56w	2415	11%	68	0.32%	113	17000	4371	25.80%	462	10.60%	402	87.00%	2.40%	7908	444	402	19.67	0.37	5.97%	3.74%
7.23	21:00 -	2	16900	1.15	52秒	925	137	607	4.12%	2.64w	1198	8%	40	0.27%	64	11500	2415	21%	219	9.10%	185	84.50%	1.60%	2494	198	185	13.48	0.17	11.35%	5.89%
7.25	21:00 -	2	11600	1.14	41秒	231	59	248	2.43%	1232	678	7%	17	0.17%	36	7681	1384	18.00%	126	9.10%	114	90.50%	1.50%	3035	131	114	26.62	0.30	25.44%	8.50%
7.26	21:34-	1.12	3773	1.16	51秒	154	47	58	1.78%	5259	430	13%	6	0.18%	13	1565	509	19.80%	48	9.40%	42	87.50%	1.60%	2458	47	42	58.53	0.75	38.10%	17.65%
7.27	17:05-	2.02	8901	1.18	52秒	107	60	280	3.70%	2548	1073	14%	39	0.52%	54	5959	1277	21.40%	153	12.00%	134	87.60%	2.20%	4765	134	134	35.56	0.63	11.94%	7.40%
7.28	17:00-	1.29	6801	1.14	0	225	157	186	3.12%	2.85w	737	12%	24	0.40%	35	4666	877	18.80%	116	13.20%	99	85.30%	2.10%	2457	107	99	24.82	0.41	21.21%	8.85%
7.29	17:00-	1.31	9309	1.14	48秒	230	77	279	3.42%	453	699	9%	8	0.10%	23	6682	1356	20.30%	150	11.10%	124	82.70%	1.90%	2379	137	124	19	0.29	17.74%	6.45%
7.30	17:55 -	1.31	15300	1.13	45秒	213	116	409	3.01%	769	971	7%	20	0.15%		10200	2063	20.20%	199	9.60%	172	86.40%	1.70%	2466	185	172	14.34	0.18	13.95%	4.92%
7.31	17:15 -	1.27	8364	1.16	54秒	599	92	259	3.60%	3105	685	10%	12	0.17%		5837	1454	24.90%	126	8.70%	105	83.30%	1.80%	2208	120	105	21.04	0.31	19.05%	7.60%

图 9-32　记录数据模板

第二步，直播团队各岗位总结自己在本场直播中做得不好的地方，再用数据分析的方法对数据进行分析，结合直播的数据图和直播录屏来找问题。

第三步，根据数据和问题，团队讨论找出解决方法，并执行优化方案。

9.4.2 直播复盘数据分析指标

在日常分析中，复盘总表的数据一般分为 4 个大类，分别为流量数据、人气数据、交易数据、商品数据。

- 流量数据：包含场观、峰值（开场、下播、人气、平均）、流速（开场、场中、下播）。
- 人气数据：包含停留时长、互动次数&互动率、增粉&增粉率、增团&增团率、老粉数&占比。
- 交易数据：包含 GMV、千次成交、UV 价值、看播转化率、点击转化率、老粉成交占比率。
- 商品数据：包含成交 TOP 商品、成交件数、成交人数、退款率、退款 GMV、退款人数。

通过这 4 个模块的汇总，基本能看出一场直播的数据，但是数据分析的结果不是为了得到数据，而是为了分析数据潜在的问题。发现问题常用的方法就是时间线分析、流量结构分析、商品数据分析。

1. 时间线分析

按照时间线对多场直播数据进行周期性排列对比，就能通过时间周期发现哪些数据递增、哪些数据出现了异常。以下是数据分析的几个维度描述分析的逻辑。

1）在流量数据中，进行开场流速&在线分析

在对比账号权重增长时，首先去对比整场场观、流速跟 GMV 规模，但实际从更为精确的角度，开场速流的规模更能代表权重。

如图 9-33 所示为通过开场流速&在线数据，周期性查看权重的变化。一般情况下，如果账号呈现递增趋势，开场流速基本持稳或者处于递增状态，但是如果权重下移，就会呈现多场下跌的情况。

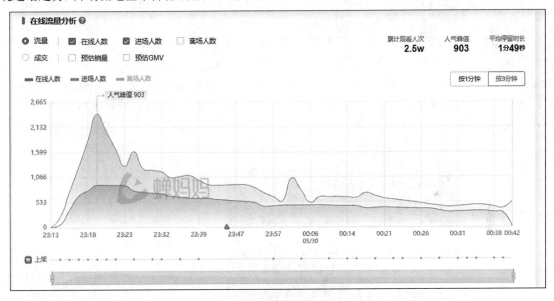

图 9-33　直播在线数据

从图 9-33 可看到，这场直播一开场基础流量并不多，开播的流速很慢，可以判定直播间的权重并不高。

2）在人气数据中，进行用户行为分析

在新号阶段，为了吸引平台的自然流量，需要专注于提升互动指标，呈现在表格上，就是要看到停留、互动率、转粉率、转团率增长，这是很好的辨别账号权重是否爬升的手段。直播账号新号启动失败，在数据记录表中，互动数据指标的螺旋上涨一定是缺失的，结合数据客观分析，可以极大地降低运营人员的主观臆想，找到真正存在问题的地方。如图 9-34 所示就是人气数据，通过环比以及同比的方式，找出数据的变动情况。

日期	人均观看次数	人均观看时长	最高在线人数	平均在线人数	新增粉丝	转粉率>2.5%	点赞次数	评论次数	互动率	加团人数	加团率	付费人数
7.12	1.13	47秒	228	86	435	5.21%	2929	1042	12%	12	0.14%	42
7.13	1.12	43秒	1177	231	968	4.62%	7223	2018	10%	19	0.14%	70
7.14	1.15	46秒	525	137	749	4.53%	8077	2027	12%	28	0.17%	68
7.15	1.14	48秒	767	140	694	5.09%	11200	1978	15%	82	0.60%	111
7.17	1.14	1分47秒	615	163	397	4.18%	64700	1061	11%	144	1.52%	165
7.18	1.16	46秒	609	124	711	3.83%	1.43w	1857	10%	62	0.33%	111
7.19	1.15	46秒	1047	262	806	3.45%	1.24w	2191	9%	86	0.37%	124
7.20	1.26	2分14秒	55	35	1	0.22%	5899	249	54%	1	0.22%	8
7.21	1.25	0	247	149	11	0.91%	2.22w	332	27%	5	0.41%	16
7.22	1.13	47秒	1674	257	965	4.50%	2.56w	2415	11%	68	0.32%	113
7.23	1.15	52秒	925	137	607	4.12%	2.64w	1198	8%	40	0.27%	64
7.25	1.14	41秒	231	59	248	2.43%	1232	678	7%	17	0.17%	36
7.26	1.16	51秒	154	47	58	1.78%	5259	430	13%	6	0.18%	54
7.27	1.18	52秒	107	60	280	3.70%	2548	1073	14%	39	0.52%	54
7.28	1.14	0	225	157	186	3.12%	2.85w	737	12%	24	0.40%	35
7.29	1.14	48秒	230	77	279	3.42%	453	699	9%	8	0.10%	23
7.30	1.13	45秒	213	116	409	3.01%	769	971	7%	20	0.15%	
7.31	1.16	54秒	599	92	259	3.60%	3105	685	10%	12	0.17%	

图 9-34 直播复盘人气数据

3）在成交数据中，进行交易指标分析

直播最难处理的地方就是过程中的不确定性，核心是流量盈利路径的数据指标，呈现出来的就是营销漏斗的分析。看播进入率代表画面（直播画面/短视频）的质量，在流量结构不变的情况下，看播进入率持续下跌，就要检查直播间"人、货、场"是否有需要调整的地方。如果侧重短视频流量，就需要检测作品是否存在引导性偏差，如果是付费推广引流，就需要检测投放内容出现了什么问题。我们可以利用成交数据漏斗图，从上到下分析各个环节的问题，找出问题并加以优化。以抖音平台为例，直播复盘尤为重要的一个工具是复盘转化漏斗，如图 9-35 所示。

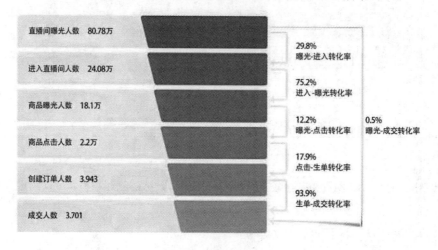

图 9-35 成交转化漏斗

（1）曝光-观看率

从直播交易流程的角度，营销漏斗的 5 层对应用户经历的展现、探寻、点击、下单、支付环节。这个流程从最宽泛的展现量到最终的订单量逐渐收窄，反映了用户在决策过程中的逐步流失，可能是由于失去兴趣或决定不购买。营销漏斗的第一层是曝光点击率的数值分析。曝光点击率从用户看到内容形式的角度，分为短视频内容和直播内容。直播间在内容呈现上离不开场景、产品、主播 3 个维度，如图 9-36 所示。

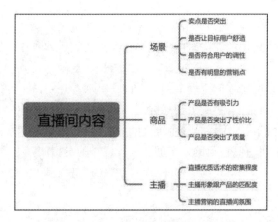

图 9-36　直播间内容呈现

　　首先是场景。场景的基本布局可以通过背景板、商品台、灯光等硬件来实现。而点击率好的直播间，一定会在直播场景上下功夫，例如，某直播间所选的背景为雪山，用来突出产品的抗寒性，如图 9-37 所示。直播期间的活动福利可以通过贴纸的形式突出。

图 9-37　雪山背景

　　其次是直播产品的呈现。产品本身的吸引力是第一要素，没有人愿意为不喜欢的产品浪费时间。产品的展示也很重要，很多直播间产品本身是很不错的，但没有把卖点展示出来，反而影响用户的第一观感。视觉效果的冲击性远远大于语言，例如都是卖小白鞋清洗剂这个产品，一个直播间讲得天花乱坠，另一个直播间做现场演示，用户刷到现场演示直播间的时候更愿意点击进入直播间观看。

　　最后是主播的呈现效果。虽然直播间的成功不仅仅依赖于主播的颜值，但主播的仪表和形象仍然非常重要。在服装类直播间尤其如此，一个外形得体的主播可以成为展示服装的活体衣架，有时甚至无须多言即可促使用户下单。主播需要保持良好的形象，并且掌握与此相关的话术技巧。由于用户可能在任何时间进入直播间，主播必须能够灵活并有效地传达产品的卖点。

为了让尽可能多的用户在刷到直播间的那一刻就被主播的话术吸引，应当增加话术中卖点的密集度，不因话术的空泛导致用户的流失。特别是平播型直播间，本身在气氛上就很平淡，就更需要靠话术的卖点来吸引用户。跟主播相关的还有气氛的营造。热闹、人气值高的直播间，比平淡型的直播间更受欢迎。人向来喜欢看热闹，看到气氛浓厚、语速急切的直播间，多数人都想驻足看看发生了什么。综合来说，影响直播间曝光点击的因素是多个维度的，在复盘过程中，如果发现曝光点击有问题，可对照自己的直播间和同行优秀的直播间，给出优化调整的措施。

课堂讨论

曝光进入率还受哪些因素影响？

（2）购物车点击率

购物车曝光点击率下的购物车点击率需要从以下 4 个层面来进行分析。

第一，素材层面。用户通过短视频进入直播间，但如果短视频内容与直播商品不匹配，即便曝光点击率很好，用户进入直播间发现商品无法匹配需求，自然就会流失。

第二，商品层面。画面素材虽然与直播间商品相关，但是如果直播商品的卖点得不到展现，则会适得其反。用户会觉得，短视频看起来很好，但是从直播间看不过如此。

第三，主播层面。用户是否点击购物车，很大程度上取决于主播，可细化为对商品讲解的吸引程度，讲款、催单的质量，以及主播对用户点击购物车的有效引导。

第四，界面层面。界面就是用户在直播间看到的画面。比如，商品弹窗弹出频率，以及直播间动态箭头贴纸的引导等。购物车点击率是撬动用户接触产品的窗口，而链接点击率则反映了用户对产品是否感兴趣。

（3）商品链接点击率

商品链接点击率是用户下单前的一步，直接影响商品点击成交转化率。商品链接点击率的影响因素包括主播、界面和商品 3 个层面，如图 9-38 所示。

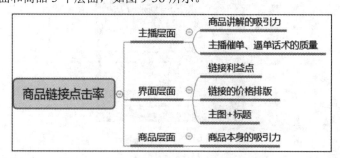

图 9-38　商品链接点击率的影响因素

首先，主播的表现是影响商品点击率的关键因素。点击高峰往往出现在主播对某一款式进行详细讲解，特别是在定价或即将定价的阶段。主播在催促下单和逼单时使用的话术质量，会直接影响用户对特定商品链接的点击次数。

其次，界面设计同样重要。用户在购物车中浏览商品时，会受到视觉元素的影响，包括商品链接的主图、标题以及特别标注的卖点，如图 9-39 所示。这些卖点和利益点可以通过直播后台进行自定义设置。此外，商品在购物车中的价格排序也是需要日常优化以提高商品点击率的要素。例如，对于同一款衣服，A 链接的卖点标注为"冬季新款，先到先得"，而 B 链接的卖点标注为"新款限量，不超 20 单"，后者可能更符合界面设计中对卖点的强调。

图 9-39　商品利益点、卖点

最后，商品层面。用户可能对弹窗的商品感兴趣，但是并不代表对所有的上架商品都感兴趣。用户抱着逛街的心态，如果购物车内大多数商品的质量、价位不符合预期，同样也会降低商品的点击率。

（4）订单创建率

到了订单创建的阶段，意味着用户完成了卖点、兴趣层面的种草，真正进入下单支付阶段。订单创建率的影响因素如图 9-40 所示。

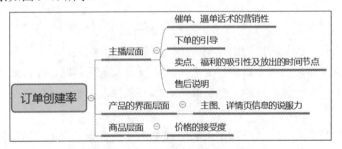

图 9-40　订单创建率的影响因素

从图 9-40 中可以看到，讲款话术是让用户去点击商品，如果主播在引导下单方面的说明技巧不足，就会导致订单创建率偏低。站在用户的角度，主播讲解让用户知道产品很好，但是却说服不了用户购买这款产品。其次是直播间卖点、福利的放出逻辑。订单创建率高的直播间，一定会在开价前不断烘托直播氛围（即控制节奏）、明确展示产品的独特价值（即强调卖点）以及推出激励用户购买的活动（即提供福利）来吸引用户成交。

除主播因素外，商品界面的视觉化也很重要，如商品的主图、详情页优化。例如，一个做女装的账号，选品、主播直播能力不差，但是详情页制作上，由于拍摄、设计能力不行，部分用户到了下单环节，看到产品主图、详情页质感低，就会有一定的心理落差，导致不下单甚至关闭订单。

另外，商品本身的属性也不容忽视，用户对商品确实感兴趣，但是受限于规格、颜色、价位等因素，无法选择与兴趣匹配的商品，也会影响直播间的订单创建效果。

（5）订单转化率

用户是否能完成最后一步的付款行为是产品转化为订单的关键，即订单转化率。既然用户已经创建了订单，但最终没有支付，主要有如图 9-41 所示的因素，在复盘时要逐个分析、查找原因，再思考出对应的解决方案。

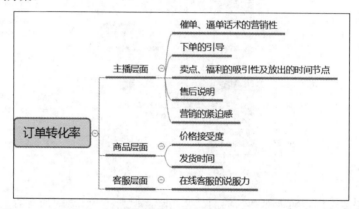

图 9-41　订单转化率

首先，从主播层面来看，在成交的最后阶段，主播是否能够充分利用商品的附加福利，对用户进行有效的促成交易，这是我们所说的"福利式逼单"。此外，直播间的氛围营造也至关重要，成功的直播间能够持续给用户营造一种紧迫感，仿佛错过了这次机会就不再有。主播需要根据直播节奏适时发放福利，并巧妙把控用户心理，激发购买欲望。这样的直播间，用户的实际付款率通常较高。

其次，从商品层面分析，实际支付环节可能出现的问题主要有两个方面：一是价格接受度问题，即便用户对商品感兴趣，如果价格超出预期，他们可能会放弃购买。数据显示，客单价较高的直播间，订单创建率与支付率之间的差距往往更大。二是发货和售后问题，在付款前，用户会特别关注这些问题，如发货时间、正品保证和退换货政策。如果主播未能明确传达这些信息，也可能影响用户的最终购买决定。

第三，从客服层面来说，直播过程中的逼单环节往往是客服工作最为繁忙的时刻。用户会提出关于优惠、价格、发货和售后等众多问题，如果客服响应不及时，同样会影响用户的支付意愿。

这些分析虽不能涵盖所有情况，但通过细致拆解，一旦发现问题所在，就能够更有针对性地寻求解决方案，进而优化直播间的运营。

（6）商品数据中退款指标的分析

按照一周的数据统计，假设 GMV 处于稳定或者稳定上升的阶段，但是退款的递增规模远远高于成交规模，那么就要去分析，是什么因素导致了退款率的上升，是因为更换了款式，还是直播间节奏渲染的问题。

结合近期发货异常的环境，周期性地分析退款指标很有必要，在推广活动中，如果由于某种原因导致发货延迟或采用预售模式，我们明显观察到退款率激增，这时权衡是否需要调整投放区域，或者降低投放规模。

2. 流量结构分析

在日常数据分析中，流量结构包括自然推荐、直播广场、短视频引流、随心推、关注、搜索等多个渠道，同时在每个渠道下，用时间轴周期性对比流量、互动以及成交数据，如图 9-42 所示。

流量渠道分析表																										
成交率	直播广场占比	进入次数	成交金额	成交订单数	成交率	短视频引流占	进入次数	成交金额	成交订单书	成交率	随心推占比	进入次数	成交金额	成交订单数	成交率	关注占比	进入次数	成交金额	成交订单数	成交率	搜索占比	进入次数	成交金额	成交订单数	成交率	

图 9-42　流量结构数据分析表

3. 商品数据分析

在日常数据分析中，将商品划分为单场商品、重点商品、7 天商品、15 天商品 4 个维度，分析的数据维度如图 9-43 所示。

实时直播商品分析表（X月X日）											
成交订单数	成交金额	商品曝光	点击人数	曝光-点击转化率	成交订单数	成交金额	点击成交转化率	下单支付率	退款金额（6小时）	退款率（6小时）	退货件数（15天）

图 9-43　商品数据分析表

9.4.3　直播复盘调整优化

一个闭环的直播间的数据验证方法是数据呈现→问题挖掘→方案组合→优化跟进。在分析了数据之后，就要形成复盘优化方案，以更好地指导后期直播的开展。复盘优化方案的形成需要团队共同努力，也需要熟知数据指标受哪些因素影响，再结合问题和直播回放视频，才能针对性地做好提升。如图 9-44 所示，可以看到各个数据指标受哪些因素影响，在调整优化方案的过程中，可以逐个因素排查原因，从而进行全面的调整。

	数据漏斗复盘表（隔日统计）														
时间	直播间曝光人数	进入直播间人数	曝光进入转化率	当日中位数	商品曝光人数	观看-商品曝光转化率	商品点击人数	商品曝光点击率	当日中位数	成交人数	生单成交转化率	当日中位数	互动人数	观看互动率	当日中位数
	数据下降，素材点击率不够，提升素材质量、营销力				数据下降：产品卖点不够吸引力，没有对用户产生价值（兴趣）飘说解点击率不够，更加强			数据下降，直播间优惠、玩法、组合不够吸引人			数据下降，主播讲单能力不够，需要帮助找到方式调整			查看数据方式隔日统计		
20230910-2	890	151	16.97%	9.41%	119	78.81%			21.99%	0	0.00%		8		7.05%
20230910-1	1440	361	9.17%	9.17%	154	63.64%	10		22.10%	0	0.00%	1.01%	7		6.80%
20230909	7678	577	7.51%	7.51%	317	84.78%	70		46.34%	3	9.14%	0.40%	47		23.61%
20230908	12700	704	5.54%	8.60%	448	87.10%	115		27.87%	11	24.42%	0.21%	44		21.15%
20230907-2	5926	947	15.90%	15.18%	773	81.63%	397	150.26%	9.11%	1	0.25%		264	17.73%	20.33%
20230907-1	201	92	45.77%	13.90%	63	85.96%	4		24.27%	0%	0.25%		8		14.49%
20230906	21200	1523	12.92%	12.92%	1237	81.22%	522	42.20%	25.36%	1	0.71%		307		16.60%
20230905	662	267	40.33%	13.56%	217	80.23%	13		9.11%	0		4.04%	5		16.43%
优化方案	★说明：当各种转化率高于中位数则保持绿色标注，如果高于于中位数则与中位数相同的线绿色标注；如果微小于中位数则背黄色标注；如果重度低于中位数，则用大红色标注，红色标注多的转化率列，代表此项需要优化点多，作为重点复盘分析				1.继续弹窗B链接，2.主播话术中重点塑造下饰的概念，配合B链接引导			1.增加AD轴的轴猎量，增加用户点击，2.挑选精选联盟的部分产品进行挂车，做速营销接			继续观察			1.流量精准度方面，增加贴心福和果卡，强化精准观众进入，2.主播中控氛围加强，尤其是对15分钟互动。3.产品继续优化更优质的产品，好产品自带话题。		

图 9-44 转化漏斗复盘表

以上是直播所用的营销漏斗优化表，其中，横轴展示了营销漏斗的各个要素，而纵轴则按照时间顺序排列。通过横纵轴的交叉点，我们可以直观地观察到在不同时间点上，同一环节的关键指标在环比和同比方面的变化情况。

除进行时间轴的对比外，数据还需要进行优化目标的设定，即将来想达到什么指标。可以按照两种方式设定目标值，第一种是将上一周期的最佳数据作为下一周期的目标。比如，上一周期的购物车点击率最好的数据是92%，那么92%就可以作为本轮每天的购物车点击的对标数值。第二种是根据市场的同行数据来进行设定，如图9-45所示为根据自身的付费流量占比及类目情况得出行业中的数据指标参考值。

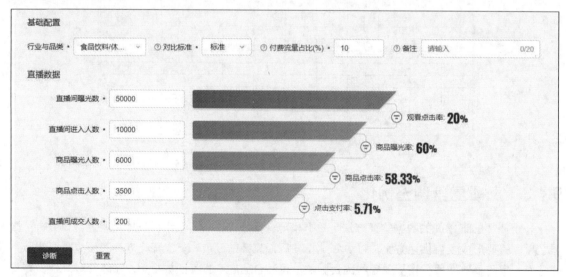

图 9-45 行业五维数据指标标准值

漏斗数据的对比，建议以一周为周期，因为一两天的数据具备多因子的波动性，按周对比后，再按月对比，就能有效地根据时间轴对考核结果进行管理。

如图9-46所示，直播间的问题是UV价值太低，那么原因可能是流量不精准，主播展示、主播引导不够好，或者产品款式不够好，导致转化率不高，没有关联销售等方面，在找到具体原因后，需要根据原因找出复盘结论,结论是针对问题的优化方案,下一场直播就要根据优化方案进行调整,从而更好地提升直播间的整体数据。

抖音直播复盘表							
数据概览	账号		开播日期	5.21	开播时长	5.4小时	直播时间段	下午1点
	观众总数	13000	付款总人数	92	付款订单数	159	销售额	773.58
直播内容质量分析							
直播吸引力指标		关联因素	问题记录		复盘结论		
最高在线人数	188	流量精准度 选品吸引力 产品展现力 营销活动力 主播引导力	1、男性占比,从35%降到25% 2、留存还不错,转化差 3、过款的节奏可以更快 4、直播时间出错		1、信息展示吸引人,直播商品展示充足 2、目前产品以拖鞋、筷子、置物架为主		
平均停留时长	0.7分钟						
转粉率	4.22%						
评论人数	571						
互动率	4.39%						
直播销售效率分析							
销售效率指标		关联因素	问题记录		复盘结论		
转化率	0.71%	流量精准度 产品给力 关联销售 直播展示 主播引导	1、UV价值太低,需要通过产品的选品和定价来设置过款顺序		1、重新优化产品组合		
订单转化率	1.22%						
客单价	8.41						
客单件	1.73						
UV价值	0.06						

图 9-46　抖音直播复盘表

根据收集的直播数据分析,我们发现直播内容版块存在不足,需要进行优化。优化直播内容版块的具体维度可以参考图 9-36 所示的指导。举例来说,通过比较历史数据、自身直播间内容以及竞争对手的直播表现,我们可以发现在最近的大规模促销活动中,竞争对手都展示了明确的营销亮点,而我们的直播间则没有。因此,我们可以考虑针对下一场直播调整营销策略,比如制作 KT 板或贴图,并将营销信息融入直播背景中,以增强营销效果。